베트남 문화의 오디세이

베트남 문화의 오디세이

2013년 2월 28일 초판 1쇄 발행
2014년 8월 15일 초판 2쇄 발행

지은이 * 김영순 · 응웬 반 히에우 외
펴낸이 * 이찬규
펴낸곳 * 북코리아
등록번호 * 제03-01240호
주소 * 462-807 경기도 성남시 중원구 사기막골로 45번길
14 (우림2차) A동 1007호
전화 * 02) 704-7840
팩스 * 02) 704-7848
이메일 * sunhaksa@korea.com
홈페이지 * www.북코리아.kr
ISBN * 978-89-6324-287-3 (03300)

값 18,000원

- 이 도서의 국립중앙도서관 출판시도서목록(CIP)은 서지정보유통지원시스템 홈페이지(http://seoji.nl.go.kr)와 국가자료공동목록시스템(http://www.nl.go.kr/kolisnet)에서 이용하실 수 있습니다.
(CIP제어번호: CIP2013001103)

베트남 문화의 오디세이

김영순·응웬 반 히에우 외 지음

북코리아

●●● 머리말

베트남, 이 나라는 우리 한국 사람에게 양가의 감정을 불러일으키는 결코 예사로운 나라가 아니다. 베트남은 지구상 그 어떤 나라보다도 우리 한국인의 가슴에서 다양한 감정이 우러나오게 한다.

'애절하면서도 강인하고, 슬프면서도 꿋꿋하며, 미안하면서 감사'하기도 하다. 더 나아가서 혈연과도 같은 어떤 묘한 친근감마저 느껴지기도 한다. 왜 이렇게 복잡한 감정과 함께 친밀한 생각이 드는 것일까?

그것은 다양한 이유가 있겠지만, 우선 우리나라와 비슷한 베트남의 지정학적인 위치와 역사를 꼽을 수 있다. 베트남의 역사는 우리나라와 너무 유사해서 깜짝 놀랄 정도이다.

베트남은 중국문화권의 변방에서 중국의 역사와 맞물려 예속되기도 하고 저항하며 물리치기도 한 굴곡의 역사를 이어오면서, 끈질기게 유지되어 온 독립국가라는 점에서 우리나라와 예사롭지 않은 공동체의식이 느껴진다. 이 과정에서 두 나라는 유교적인 영향으로 효를 중시하는 가부장적인 전통과 근면, 성실, 인내 등 기본적인 가치관을 공유하게 되었으며, 예를 중시하고 정이 깊은 비슷한 민족성을 지니게 되었다.

뿐만 아니라 두 나라는 근세에 들어와서도 서구 열강들의 각축장이 되어 식민지화되어 가는 과정과 굴욕적인 식민통치 기간, 그리고 2차 대전 후 포츠담 회담에 따라 국토가 분단되는 상황과 동족상잔의 전쟁을 겪는 경험까지 동일한 하나의 '일란성 쌍둥이'와 같은 운명을 가지고 태어난 혈연의 정마저 느껴진다.

생활양식에 있어서도 많은 것들이 우리와 같아서 신기함이 느껴질 정도이다. 어른들은 길거리 군데군데에서 장기를 두고, 아이들은 팽이치기, 구슬치기, 연날리기, 자치기, 널뛰기 등을 즐기며, 음식도 두부, 순대국, 장아찌, 빈대떡 등 우리의 먹거리 문화와 유사한 것이 많고 우리의 입맛에도 잘 맞는다.

그러나 안타깝게도 베트남과 우리나라는 비극이라고 할 수밖에 없는 역사도 공유하고 있다. 우리나라가 베트남전쟁에 참전한 것이다. 1964년부터 1973년까지 9년여에 걸쳐 약 30여만 명의 우리 군인이 참전하였고, 4만여 명의 근로자가 월남 땅을 밟았다. 이 과정에 많은 사람들이 서로 죽고 죽였으며, 참혹한 전쟁의 상처를 남겼다. 많은 군인들의 전사와 부상도 있었지만 통계에 잡히지 않은 민간인들의 사상도 적지 않았다. 그리고 남아 있는 라이따이한 문제 등 잊고 싶은 뼈아픈 자취도 많다.

한국과 베트남은 이러한 아픈 역사를 공유하고 있지만, 이제는 미래지향적인 동반자 관계로 발전되고 있다. 우리나라의 기업들이 베트남에 활발히 진출하고 있으며, 수많은 베트남의 젊은이들이 우리 기업에서 일하며 꿈을 키워가고 있다. 또한 많은 베트남 젊은이들이 대한민국으로 들어와 코리언 드림을 키워가고 있으며, 베트남 신부들이 한국으로 시집을 와 둥지를 틀고 우리와 한가족으로 살아가고 있다.

다가오는 미래는 다문화사회이며, 다문화는 우리의 안정적인 발전에 필수적인 요소가 될 것이다. 이러한 상황에서 한국과 베트남은 더욱 긴밀한 관계가 유지될 것이며, 상호보완적으로 도움을 줄 수 있는 동반자로서 한층 더 발전할 것이다. 특히 2012년은 한국과 베트남이 수교를 맺은 지 20년이 되는 해이자, 한국과 베트남이 자유무역협정(FTA) 협상 개시를 공식 선언한 해이기도 하다. 양국 간 FTA 협상이 체결될 경우, 정치 · 경제 · 문화 등 전 분야에 걸쳐 상호협력이 강화될 것이며, 양국 간의 관계도 이전보다는 훨씬 더 증진될 것이다.

이러한 상황에서 기본적인 전제는 우리 한국과 베트남이 서로를 잘 알고 이해하며 발전적인 미래를 도모해야 하는 것이다. 다행스럽게도 텔레비전 드라마와 영화 등 최근의 한류 바람을 타고 베트남 사람들이 우리나라에 대한 이미지를 매우 긍정적으로 생각하고 있다는 것이다. 그러나 우리나라가 베트남과 동일한 역사적인 과정을 함께하고, 문화와 경제적인 교류도 상당한 반면, 우리나라 사람들은 베트남에 대해서 제대로 이해하고 있지 못한 것이 현실이다. 알지 못하면 이해하지 못하고, 이해하지 못하면 오해하여 우호적이고 발전적인 관계의 걸림돌이 될 수 있다.

따라서 이 책은 우리나라 사람들이 베트남을 쉽게 알고 이해할 수 있도록 베트남의 자연환경과 역사, 문화, 예술 그리고 풍습, 신앙 등 일상생활을 종합적으로 소개하였다. 기존에 출간되어 나온 베트남에 관련 서적들은 대부분 여행 가이드를 목적으로 출간되었지만, 이 책은 전문가들의 눈으로 베트남에 관한 정치, 경제, 사회, 문화를 심도 있게 다루는 한편 베트남의 전반적인 문화를 이해하기 위한 심화된 교양수준의 내용으로 꾸며졌다.

다시 말하면, 이 책은 여행, 사업뿐만 아니라 베트남을 이해하기 위한 모든 독자층들을 위해 교양과 학문을 넘나드는 내용을 기록하였다. 이런 이유로 대학교의 교양수업 교재로도 사용될 수 있을 것으로 기대된다.

특히 이 책은 내용의 정확성과 사실성을 높이기 위해서 한국의 집필진과 하노이 국립대학교 교수들이 3년간 협력하여 공동집필하였다. 하노이 동수언 거리에서 북부 라오까이 지역 사파에 이르기까지, 다낭의 해안가에 있는 불교사원에서 역사의 도시 후에에 이르기까지 발로 뛰며 자료를 수집했다. 이런 가운데 집필에 도움을 준 베트남 하노이 인문사회대 소수민족연구소와 국제교류처, 베트남 행정학원 관계자 분들께 진심으로 감사드리는 바이다.

끝으로 이 책의 저자 인세 전액은 한국으로 유학 온 베트남 유학생들의 장학금으로 사용될 것임을 밝혀 둔다. 아울러 이 한 권의 책이 한국과 베트남의 미래지향적인 발전을 위해 든든한 디딤돌이 되었으면 하는 바람이다.

2013년 1월

한 · 베 수교 20주년을 기념하며

대표 저자 김영순 · 응웬 반 히에우

●●● 차례

제Ⅲ부 베트남의 생활문화

제V부 베트남의 전통예술과 문화

I

베트남의 일반 현황

VIETNAM ODYSSEY

응웬 반 히에우
Nguyen Van Hieu

응웬 쑤언 화
Nguyen Xuan Hoa

응웬 뚜언 아잉
Nguyen Tuan Anh

김재민
Kim, Jae Min

베트남 사회주의 공화국은 인도차이나 반도의 동쪽에 위치하고 있으며, 'S' 자형으로 길게 뻗어 있다. 북쪽으로 중국, 서쪽으로 라오스Laos와 캄보디아와 접하고 있으며, 동쪽과 남쪽으로는 남중국해南中國海-베트남의 동해와 접해 있다. 베트남은 북위 8°35′~23°24′에 위치하며, 남북 방향으로 1,650km 길이로 한반도의 약 1.6배에 해당한다.

동서 방향의 폭 중 가장 넓은 곳은 북부지방의 600km 정도이고, 가장 좁은 곳은 중부지방의 약 50km이다.

국기	국장	내용
		• 국명: 베트남 사회주의 공화국 (Socialist Republic of Vietnam) • 국가: 진군가(Tiến quân ca) • 국기: 금성홍기(金星紅旗) ~ 바탕의 적색은 혁명의 피를, 황색의 별은 민족의 단결을 상징 • 국화: 연꽃 • 수도: 하노이(Hanoi) • 독립선언일: 9월 2일 • 공용어: 베트남어 • 면적: 33만 1,689km²(한반도의 약 1.5배) • 대륙붕 면적: 70만km² • 인구: 약 9,000만 명(2012) • 통화의 단위: 동(VND) 1달러(USD)는 약 2만 1,000VND(2012) • GMT 표준시간: +7 (우리나라보다 2시간 느림) • 인터넷 도메인: vn • 국제전화 국가코드: 84 • 국가 홈페이지: www.chinhphu.vn

01

베트남의 지형과 기후

지형

베트남은 높고 험한 산악지역뿐만 아니라, 광활하게 펼쳐지는 삼각주Delta들이 있어 매우 다양한 자연경관을 나타낸다. 베트남의 면적은 약 33만km^{2}로 한반도의 약 1.5배에 해당하며, 국토의 약 3/4이 산악지대이고, 약 1/4이 평야지대이다.

베트남 국토의 모양은 베트남 사람들이 일상생활에서 물건운반용으로 많이 사용하는 '가인Gánh'이라는 도구와 비슷하게 생겼다. 가인은 기다란 대나무 막대기 양 끝에 바구니를 매단 것으로 쯔엉선Trường Sơn, 長山 산맥이라는 대나무 양 끝에 홍하 삼각주Red River Delta와 메콩 삼각주Mekong River Delta라는 쌀바구니가 매달려있는 형태이다. 쯔엉 산맥은 안남 산맥安南山脈이라고 부르기도 하며, 마치 우리나라의 백두대간白頭大幹처럼 베트남의 남북을 가로지르는, 국토의 축을 이루고 있는 산맥이다.

베트남은 예로부터 박보北部, 쭝보中部, 남보南部로 나뉘어 각기 역사를 달리하며 뚜렷한 개성을 가지게 되었다. 19세기 후반 프랑스에 의해 식민지화되어서도 통킹Tong King, 안남Annam, 코친차이나Cochin China의 세 지역으로 나뉘어 통치되었다.

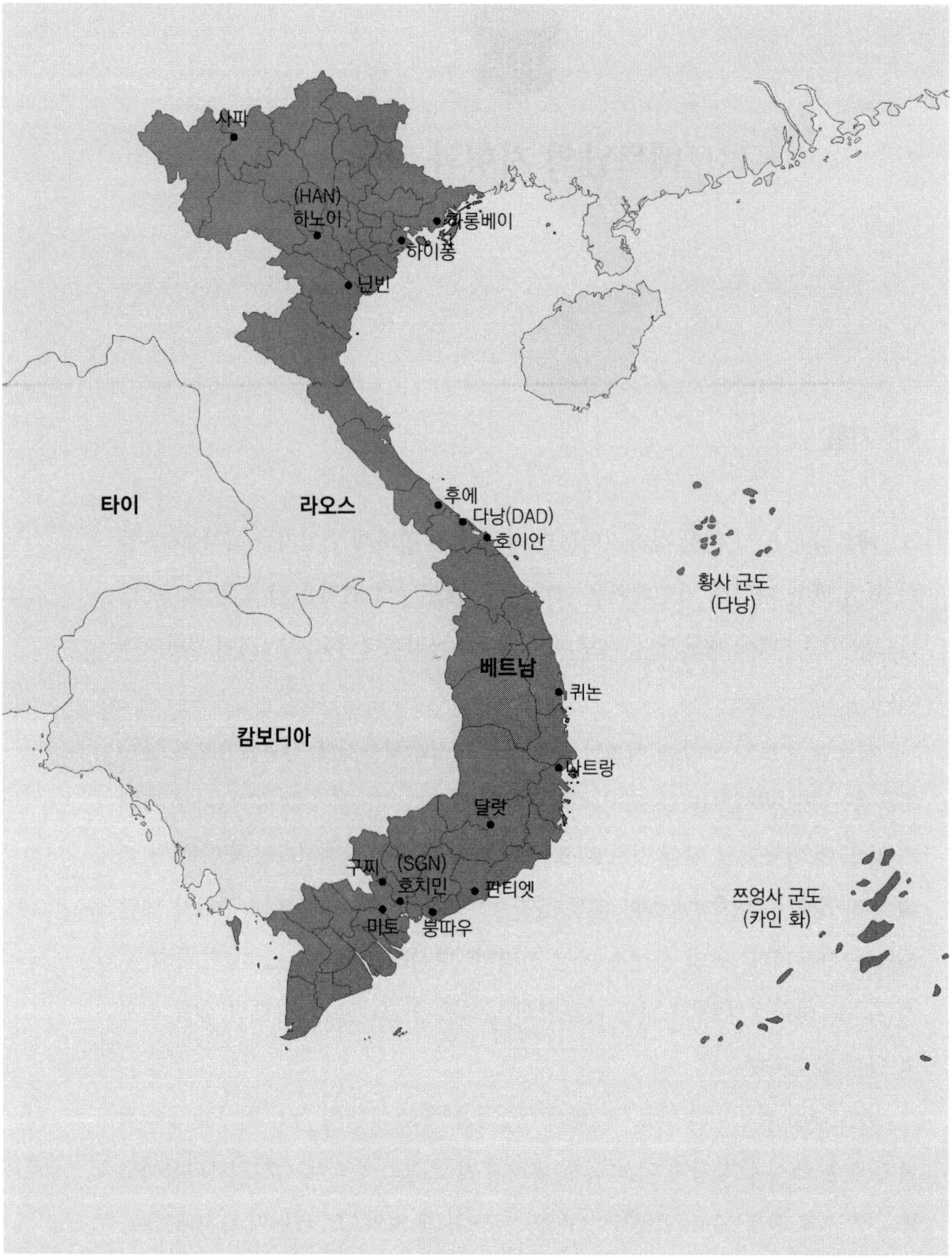
사파
(HAN)
하노이
하롱베이
하이퐁
닌빈
타이
라오스
후에
다낭(DAD)
호이안
황사 군도
(다낭)
베트남
퀴논
캄보디아
나트랑
달랏
구찌
(SGN)
호치민
판티엣
미토
붕따우
쯔엉사 군도
(카인 화)

인도차이나 반도에서 가장 높은 3,143m의 판시판 산

하노이를 중심으로 하는 박보 지방은 홍하洪河가 펼쳐놓은 약 1만 6,000km^2 경기도의 약 1.5배의 삼각주를 배경으로 발달된 지역이다. 이곳은 이모작을 할 수 있는 기름진 땅으로 일찍이 대륙으로부터 월越 - Việt족들이 넘어와 자리를 잡았다. 이 지역의 역사는 북쪽에서 침입하는 대륙세력을 막으려는 고난과 남쪽으로 진출하려는 진취적 투쟁의 연속이었다. 결국 이들은 현재 외세를 몰아내고 남쪽으로 진출하여 베트남을 통일한 중심세력이 되었다. 이 지역의 북서부에는 높고 험한 산악지역으로 여러 소수부족들이 거주하고 있다. 인도차이나 반도에서 가장 높은 3,143m의 판시판Phanxipang 산이 이곳에 위치하고 있다.

다낭ĐàNẵng과 후에Huế를 중심으로 하는 쭝보 지방은 산맥이 해안에까지 접근하여 발달해 있고, 평야는 해안선을 따라 약간 발달되어 있다. 이 지역에는 옛날부터 인도네시아 등지로부터 해양으로 접근한 힌두교도들인 참Cham족들이 15세기까지 참파왕국Champa을 유지해오다가 북부에서 침입해온 비엣족에게 점령당하였다.

호치민 중심의 남보 지방은 약 2만 2,000km^2 경기도의 약 2배나 되는 광대한 메콩 강구룡강(Sông Cửu Long)과 동나이강(Sông Đồng Nai) 유역 삼각주를 배경으로 발달되어 있다. 이 지역은 6세기까지 인도문화권의 영향을 받은 후난Funan 왕조가 유지되다가 7세기경부터는 크메르 왕국에 편입되었으며, 당시는 농경지로 잘 활용할 수 없는 습지대가 대부분을 차지했다. 그러다가 17세기에 이르러 중부지방의 응웬Nguyễn 왕조에 의해 점령되어 뒤늦게 베트남화되었다.

베트남의 바다는 길이 3,260km로 북쪽의 몽까이에서 남서쪽의 하띠엔까지 뻗어 있다. 베트남 북부의 하롱베이HạLong, 下龍에는 바이드롱Bái TửLong, 깟하이Cát Hải, 깟바Cát Bà 등 약 3,000여 개의 아름다운 섬이 자리 잡고 있다. 베트남의 남쪽 바다에 있는 푸꿕PhúQuốc, 富國도 아름다운 섬으로 최근 관광지로 각광받고 있다. 동쪽 먼 바다에는 황사군도quần Đảo Hoàng Sa, 群島黃沙와 쯔엉사 군도quần Đảo Trường Sa, 群島長沙 등이 베트남의 영토에 속한다.

●● 기후

베트남은 위도상 북위 8°34′에서 23°22′ 사이에 위치하여 전체적으로 열대몬순계절풍 기후를 나타낸다. 그러나 남북으로 길게 뻗어 남북의 기후 차이가 심하며, 높고 험한 산지가 많아 고도에 따른 기후 차이도 심하다.

베트남의 북부지방, 즉 다낭의 하이 반Hải Vân, 海雲 고개를 중심으로 그 북쪽은 중국대륙의 영향으로 대륙성 기후의 특징이 나타난다. 즉, 겨울에는 중국대륙으로부터 불어오는 서늘한 동북 계절풍의 영향으로 평균 온도는 같은 위도에

중부지방무이네의 사막 – 가인Gánh으로 물건을 운반하고 있다.

위치한 다른 아시아 지역보다 낮은 편이다. 하노이 중심의 북부지방은 겨울철인 2~3월에 비가 많이 오며, 16°C 내외의 선선한 기후를 나타낸다. 특히 고도가 높은 사파Sa pa, 담다우Tam Đảo, 황리엔썬Hoàng Liên Sơn 등 북서부 산악지역의 경우, 기온이 0°C까지 내려가며, 가끔 눈이 내릴 때도 있다. 그러나 이 기간 외에는 고온현상이 나타나며, 특히 여름에 비가 적어 30°C 이상의 무더위가 지속된다.

냐짱이나 다낭 등의 중부지방도 북부지방과 마찬가지로 동계다우冬季多雨의 지중해성 기후를 나타낸다. 즉, 남부지방과는 우기와 건기가 반대가 되는 셈이다. 일반적으로 중부지방은 남부나 북부지방보다 건조하여 사막도 있으며 선인장이 많이 자란다.

호치민을 중심으로 하는 남부지방의 기온은 최저 20°C, 최고 35°C 정도를 나타낸다. 계절풍의 영향으로 우기는 5~10월 사이이고, 건기는 11~4월 사이

한낮의 무더위를 식혀주는 스콜

이다. 우기에 해당하는 5~10월에는 여름철이라 매우 덥지만, 하루에 한 번씩 내리는 비스콜가 뜨거운 대지를 식혀서 견딜 만하며, 비도 한 시간 정도 내리다 그쳐서 여행하는 데 불편을 주지 않는다. 호치민 지역은 3월~5월이 가장 더우며 습도도 높다. 그러나 달랏Đà Lạt - Lâm Đồng성과 같은 고산지역은 일 년 내내 가을과 같은 상쾌한 기후가 나타나 관광지로 각광을 받는다.

베트남의 강수량은 대체로 연 1,800mm 이상이나 지형적인 영향으로 3,000mm 이상 되는 곳이 있는가하면, 중부지방에는 연 800mm도 안 되는 소우지도 있다. 해양으로부터 불어오는 고온다습한 바람이 쯔엉선 산맥에 부딪혀 산맥의 동편에 지형성 강우가 집중된다.

동식물

전체적으로 고온다습한 기후의 베트남은 다양한 식물군이 분포하며, 그 종류는 약 1만 4,600여 종에 이른다. 대부분의 초목은 높은 온도와 습도에 적응하는 열대림에 해당한다.

베트남에 서식하는 동물 역시 매우 다양하다. 특히 IUCNInternational Union for Conservation of Nature에 등록된 세계적 보호종 동물들이 많다. 현재 통계상으로 포유동물은 275종, 조류는 800종, 파충류는 180종, 어류는 2,400종, 곤충류는 5,000종이 서식하고 있다. 울창한 숲이 있는 산악지역에는 랑구르 원숭이, 살쾡이와 침팬지 등이 많이 살고 있다. 베트남에 서식하는 세계적으로 독특한 랑구르 원숭이는 흰머리 랑구르Trachypithecus poliocephalus, 델라쿠르 랑구르Trachypithecus delacouri, 프랑수아 랑구르Trachypithecus francoisi 등이 있다. 북부의 고산지대에는 아시아 흑곰Ursus thibetanus, 말레이곰Helarctos malayanus, 여우, 사향고양이Viverridae 등의 야생동물들이 살고 있다.

흰머리 랑구르 원숭이

베트남에는 판시판Phanxipang 산의 황리엔썬Hoàng Liên Sơn 국립공원, 광닝Quảng Ninh 성의 깟바Cát Bà 국립공원, 닝빙Ninh Bình 성의 꾹프엉Cúc Phương 국립공원, 응에안Nghệ An 성의 부맛Pùmát 국립공원 등 자연환경이 잘 보존되어 있는 국립공원들이 많이 지정되어 있으며, 이곳에는 다양한 종류의 생물들이 서식하고 있다.

02

베트남의 역사

신화시대

어느 나라에나 건국신화가 있다. 베트남도 마찬가지이다. 베트남의 건국신화는 홍방Hồng Bàng, 鴻龐신화이며, 천사인 띠엔Tiên과 용Rồng, 龍이 서로 인연을 맺음으로써 베트남의 기원을 설명하고 있다. 띠엔은 룩꿕땅의 나라에 사는 어우꺼Âu Cơ이고, 용은 튀꿕물의 나라에 사는 락롱꿘Lạc Long Quân, 貉龍君이다.

베트남의 시조, 훙브엉

락롱꿘이 바다에 살고 있는데, 하루는 북쪽으로부터 데라이라는 왕이 침략한다. 이에 락롱꿘은 육지로 올라와 데라이의 부인인 어우꺼를 유인하여 깊은 산속으로 데리고 가자, 이에 낙심한 데라이가 스스로 물러가 버린다. 그후 어우꺼는 큰 알을 낳았으며, 그 알로부터 100명의 아들이 태어났다. 그중 50명은 락롱꿘을 따라 바다로 가고, 50명은 어우꺼와 함께 산에 머무른다. 이 산에 남은 50명 중 가장 강한 자가 반랑국文郞國을 세우고 베트남의 시조인 홍브엉vua Hùng, 雄王이 된다. 이 전설은 상징적인 의미를 담고 있다. 베트남은 락롱꿘이 상징하는 해양세력과 어우꺼가 상징하는 대륙세력의 결합으로 이루어졌다는 의미이다.

선사시대BC 7C

베트남의 북부지방에는 약 20~30만 년 전인 플라이스토세Pleistocence부터 유인원의 거주흔적이 발견되었다. 유인원의 치아가 랑선Lạng Sơn 성의 탐퀜Thẩm Khuyên 동굴과 탐하이Thẩm Hai 동굴에서 발굴되었으며, 이들이 사용한 간단한 도구들이 타잉화Thanh Hóa 성의 더산núi Đọ, 관이엔Quan Yên 등에서 발굴되었다. 베트남에서는 기원전 15세기경 청동기문화가 시작되었다. 북쪽의 중국으로부터 전래되어온 것으로 보이는 이 청동기문화는 기원전 7세기를 전후하여 동썬Đông Sơn 문화로 발전되었으며, 홍하 주변에 그 근거지를 두고 있다.

베트남의 선사시대 문화는 많은 고고학적 유물들을 통해 증명되고 있다. 예를 들어, 퐁쩌우Phong Châu 현의 선비Sơn Vi 문화는 구석기시대에 속하며, 화빙Hòa Bình 문화, 박선Bắc Sơn 문화, 하롱HạLong 문화, 바우쩍Bàu Tró 문화 등은 신석기시대에 속한다. 또한 청동기시대는 풍응웬Phùng Nguyên 문화, 화록Hoa Lộc 문화 등의 유물들이 포함된다.

건국시대BC 7C ~ BC 179

베트남의 북부 홍하 주변에는 일찍부터 국가 형태의 문명이 발달되었다. 동손 문명과 비엣고越古, Việt cổ 문명은 치수와 방어기능을 토대로 홍하 주변에서 발달하여 기원전 7세기에는 반랑文郎, Văn Lang국을 형성하였다. 홍방Hồng Bàng신화

동썬 문화의 청동북

와 같이 반랑국文郎國의 왕은 훙브엉vua Hùng이었으며, 퐁쩌우Phong Châu를 수도로 15부로 나누어져 있었다. 반랑국은 이를 계승한 안즈엉브엉An Dương Vương, 安陽王의 어우락국nước Âu Lạc, 甌雒國, BC 208~179과 함께 동남아시아 지역의 반랑-어우락Văn Lang-Âu Lạc 문화를 형성하였다. 반랑-어우락 문화를 포함한 홍하문명Văn minh Sông Hồng은 기본적으로 '벼농사 문명'이며, 수준 높은 합금 주조술도 발달하였다. 대표적인 유물은 유명한 동썬 청동북Trống Đồng Đông Sơn이다. 동썬 청동북은 세련된 문양이 새겨진 청동주조 제품이며, 1m 정도의 높이에, 무게는 100kg에 달한다. 동썬 청동북은 우리나라의 징처럼 제례 의식 등에서 악기로 사용된 것으로 추측된다. 이 청동북은 인도네시아에서 베트남 그리고 중국 남부에 이르기까지 200여 개 이상이 발굴되었으며, 그 자체가 무역과 보물의 상징이었다.

중국의 지배와 항쟁BC 179 ~ AD 938

베트남의 역사는 기원 전부터 약 1000여 년 동안 중국의 침략과 이에 대한 끊임없는 항쟁의 연속이었다. 즉 어우락국nước Âu Lạc 이후 베트남에서는 우리나라와 마찬가지로 대륙 세력과 항쟁의 역사가 전개되었다. 그러다가 우리나라에 한사군이 설치되기 3년 전인 기원전 111년에 베트남 북부 역시 한나라에 병합되어 7군이 설치되었다. 그 후 베트남은 고려가 한반도를 통일AD 936할 때, 서기 938년까지 약 1,000년 동안 중국의 지배를 받는다.

그러나 베트남 사람들은 우리나라와 마찬가지로 중국에 동화되는 것을 강력히 거부하고 베트남 나름대로의 정체성을 굳건히 지켜나갔다. 특히 서기 40년 쯩자매쯩짝(Trưng Trắc)과 쯩니(Trưng Nhị)의 항쟁은 유명하여 지금까지 베트남 국민들 사이에 우상이 되고 있다. 그것은 중국에 의해 처형당한 한 영주의 부인이 그의 자매와 함께 중국을 몰아내려고 군사를 일으킨 사건이다. 이러한 항쟁은 서기 43년에 성공하였으나, 전열을 재정비한 중국의 반격을 이겨내지 못하고 두 자매는 항복하기보다는 강물에 몸을 던져 목숨을 스스로 끊었다. 그래서 지금까지 많은 사당에는 이 쯩자매가 모셔져 있고, 도시의 거리에도 '두 분 쯩자매 할머니'라는 뜻인 '하이바쯩Hai Ba Trưng'이라는 이름을 붙여 이들을 기리고 있다. 이후 대륙의 위진남북조의 분열기를 틈타 리남대Lý Nam Đế, 李南帝 장군이 중국세력을 몰아내고 약 50년간 독립을 누리다가 다시 중국의 지배하에 놓이게 된다. 이후 중국을 통일한 당나라는 679년 이 지역을 안남安南으로 명명하고 지배를 더욱 강화하게 된다. 그 후에도 찌에우꽝푹Triệu Quang Phục, 趙光復, 즈엉타잉Dương Thanh, 楊清 등의 독립투쟁이 끊임없이 이어져 오다가 마침내 응오꾸옌Ngô Quyền, 吳權이 박당강Bạch Đằng, 白藤江에서 남한南漢군을 격퇴시킴으로써 중국으로부터 1,000여 년의 지배시대를 종식하였다.

한편, 베트남의 중부지방에는 2세기경부터 힌두교도들의 참파Champa 왕국이 사횡Sa Huỳnh 문화에 속한 원주민들과 서로 교류하며 발전하고 있었다. 또한 남부지방에는 인도의 영향을 받은 푸남Phù Nam, 扶南 왕국이 현지의 동나이Đồng Nai, 옥애우Óc Eo 문화를 바탕으로 6세기까지 유지되어오다가, 7세기경부터는 크메르의 앙코르 캄부자 왕국에 편입되었다.

●● 독립왕조의 흥망성쇠939~1426

수와 당에 의해 오랫동안 지배당해오던 베트남의 북부지방은 중국이 5대10국의 혼란기를 겪는 틈을 타서 938년 응오꾸엔NgôQuyên이 박당강Bạch Đằng 전투에서 남한南漢군을 격퇴하고 중국세력을 베트남에서 몰아냈다. 이 사건은 베트남 역사상 최초의 독립왕조인 응오吳 왕조를 성립시키는 역사적인 획을 그었다. 그러나 응오꾸엔이 6년 만에 죽고, 968년 딘보린Đinh Bộ Lĩnh, 丁部領이 정권을 잡아 딘 왕조nhàĐinh, 丁朝, 968~980 시대를 열었다. 딘 왕조가 성립하여 초기에는 독자적인 행보를 하지만, 중국의 재침을 우려해서 속국을 자처하며 나라를 운영하였다. 이 딘 왕조도 980년 붕괴되고, 레환LêHoàn, 黎桓이 전기 레Lê, 黎, 981~1009 왕조를 일으키고 중앙집권에 노력하다가 레환 동생의 포악한 정치 끝에 리꽁우언Lý Công Uẩn, 李公蘊에게 정권을 빼앗겼다. 리꽁우언에 의한 리 왕조李朝, NhàLý, 1009~1225는 국호를 다이비엣大越으로 정하고 외세를 격퇴하려고 노력하였으며, 1010년부터 1225년까지 200여 년 동안 존속한 베트남 최초의 장기 독립왕조를 이루었다는 데 의미가 크다. 이 기간 동안 왕조들은 불교와 유교를 장려하고 중앙집권을 도모함으로써 베트남 문화의 형성에 큰 영향을 끼쳤다.

베트남 최초의 장기 독립왕조를 이룬 이태조

1220년 이후 리 왕조 세력은 약화되어 쩐nhàTrần, 陳 왕조에 권력을 이양하였으며, 쩐 왕조 역시 1225년부터 1400년까지 약 200년 동안 유지되었다. 이 기간 동안 세 차례의 몽고원 침입이 있었으나, 유명한 쩐홍다오 장군의 탁월한

우리나라 이순신 장군과 같은 위상의 쩐흥다오 장군 동상

전략으로 격퇴시켰다. 이 몽고와의 항쟁은 베트남 고유의 민족의식이 크게 고양되었다는 점에서 의미가 크다. 이후 쩐흥다오 장군은 민족의 영웅으로 추앙되어 지금도 곳곳에 이 장군의 동상이 세워져 외세 배격의 상징이 되고 있다. 쩐흥다오 장군은 마치 우리나라의 이순신 장군과 같은 위상을 차지하고 있다.

●● 후기 레Lê 왕조1427~1789

원이 쇠퇴하고 명나라 세력이 강화되자, 명은 다시 베트남에 진출하게 되었다. 이에 레러이Lê Lợi, 黎利의 지휘 아래 20여 년간의 대명투쟁對明鬪爭 끝에 명을 물리치고, 후기 레 왕조1427~1789를 세웠다. 이 기간 동안에 레 왕조는 남부의 참파

Champa 왕국을 점령하고 베트남 문화의 황금기를 이루면서 독자적인 베트남 문화를 창조하였다.

그러나 후기 레 왕조는 처음 100년 동안만 부흥하였으며, 1527년부터는 막당중Mạc Đăng Dung, 莫太祖에 의해 왕위를 빼앗겼다. 이 막씨의 찬탈로부터 18세기 말 레 왕조의 멸망까지 약 2세기 반 동안은 분열과 혼란의 시기였다. 막씨가 왕위에 오른 후, 찡Trịnh, 鄭씨와 응웬Nguyễn, 阮씨에 의해 레왕조 부흥운동이 일어나고 막씨가 쫓겨나자, 찡씨는 북부를, 응웬씨는 중남부를 근거로 대립Trịnh – Nguyễn 내전하게 되어, 나라는 혼란에 빠지게 되었다.

이때 서구세력은 이미 베트남에 발을 들여놓고 있었다. 1516년에는 덴마크가 베트남 북부의 교역권을 차지하였고, 17세기 초에는 프랑스 신부들이 포교활동을 확장해나가며 식민지화의 첫발을 내디뎠다. 이때 북부지방의 찡 가문은 덴마크와 손을 잡고, 남부의 응웬 가문은 프랑스와 결탁하여 신식무기로 무장함으로써 베트남은 무정부상태의 혼란에 빠져들었다.

이런 혼란 속에 1771년 중부지방에서 민족의 지도자라 추앙되는 응웬후에Nguyễn Huệ, 阮惠, 1753~1792의 지도하에 떠이썬Tây Sơn, 西山 혁명이 일어나 마침내 혼란의 종지부를 찍었다. 그래서 베트남은 다시 통일되었으며, 떠이썬 왕조Tây Sơn, 西山朝가 세워졌다. 그러나 떠이썬군에 밀린 남부 응웬 가문의 왕자인 응웬아인Nguyễn Ánh, 阮暎이 치외법권 지역인 프랑스 교구로 피신하였다가 프랑스의 도움으로 다시 응웬 왕조NhàNguyễn, 阮朝, 1802~1945를 세웠다. 이후 응웬아인은 계속 프랑스의 지원을 받으며 베트남을 통일하였고, 프랑스에게는 상업적 이권을 양도하였다. 이때 응웬아인은 청에 새로운 나라의 성립을 승인받으려고 사절을 보냈으며, 청은 국호를 비엣남越南이라 제시하여 오늘날 베트남이라는 명칭이 생겨나게 되었다.

응웬Nguyễn 왕조 시대1802~1945

프랑스에 기대어 권력을 회복한 응웬아인은 1802년 본거지인 후에Huế에 수도를 정하고, 비엣남越南을 건국하여 지아롱 황제가 되었다. 지아롱 황제나 그의 아들 민망 황제 등은 강력한 중앙집권을 시도하였고, 이를 위해 대규모 성을 축조하였는데, 현재 후에에 남아 있는 유적들을 보면 능히 그 위세를 짐작할 수 있다.

응웬 왕조는 프랑스의 힘을 빌려 권력을 회복하였으므로 처음에는 프랑스에게 상업적 이권을 보장해주었으나, 서구의 제국주의적 침략을 눈치채고 점차 서양세력을 경계하게 되었다. 그래서 점차 유교적 가치관을 강화하고 외국인들에게 양도하였던 이권을 빼앗아 탄압하기 시작했다. 응웬 왕조의 반외세정책이

프랑스풍의 응웬 왕조의 능후에

계속되자, 프랑스는 응웬 왕조를 무너뜨리려고 지배를 강화하였다.

베트남에서도 군사적인 침입은 신부들의 선교활동으로부터 시작되었다. 당시 프랑스는 나폴레옹 3세의 치하에서 해외팽창을 시도하고 있던 때로 응웬 왕조에게 기독교의 자유와 프랑스의 통상대표부 설치를 요구하였다. 응웬 왕조가 이를 거절하자, 프랑스는 1858년 15척의 전함과 1,500명의 병력을 다낭으로 파병하여 베트남을 식민지로 삼으려고 하였다. 그래서 1859년에는 사이공 일대와 메콩 삼각주 일대까지 모두 점령하며 코친차이나Cochin China라 이름을 붙여 식민지화하였다. 프랑스는 여기서 멈추지 않고 인도차이나 반도에서 영국 등에게 기득권을 잃지 않기 위해 북부지방에 무력으로 진출하고자 하였다. 따라서 프랑스는 서둘러 전력을 증강하여, 1883년 8월 후에의 응웬 왕조에 항복하라는 최후통첩을 보냈다.

●● 프랑스 식민통치와 반식민투쟁

굴욕적인 최후통첩을 받고도 응웬 왕조는 내분으로 인해 아무런 대처방안이 없었다. 그래서 결국 1883년 8월 아르망조약을 맺고 베트남은 프랑스의 보호국이 되었다는 것을 공식화하게 되었다. 프랑스는 베트남에 자신들의 착취에 편의를 제공할 항만과 철도 등 사회간접자본의 건설을 추진하였다. 또한 프랑스는 재원을 마련하기 위해 가난한 농민들에게 무거운 세금을 부과하였으며, 전통적인 지주로부터 땅을 빼앗아 기존의 베트남 사회체제를 붕괴시켰다. 가난한 농민들은 식민지 착취의 결과로 생겨난 석탄과 주석 광산이나 고무, 커피, 차 등의 농장Plantation 노동자로 전락하여 노예와 같은 비참한 생활을 하였다.

이러한 상황에서 베트남 국민들은 절박한 심정으로 반식민지운동을 전개하였다. 베트남의 반식민지 저항운동은 서구와 중국의 사회주의 사상에 힘입은 민족주의운동으로 발전하였다. 즉, 1차 세계대전 이후에 유학생들이나 프랑스에 의해 강제징집 당해 유럽전선으로 보내졌던 베트남 사람들에 의해 자유주의 내지는 사회주의사상이 급격히 유입되었던 것이다.

그래서 1927년 3월 서구의 민주주의 사상을 배운 중산층인 교사, 학생, 언론인을 중심으로 중국의 국민당을 모델로 한 베트남 국민당Quốc Dân Đảng이 결성되기에 이른다. 이들은 처음에는 온건한 개혁을 촉구하였으나, 프랑스 식민당국의 무반응으로 인해 무력봉기 쪽으로 노선을 선회하였다. 그러나 이들의 무력행동인 옌바이Yên Bái 봉기는 지지할 충분한 세력이 없고, 상황을 오판하는 바람에 실패로 돌아가고, 지도자들은 단두대의 이슬로 사라지고 말았다.

옌바이 봉기 이후 독립운동의 주축이 된 인물은 호치민으로 잘 알려진 응웬

파리강화회의에 참석한 청년 호치민

아이꾸옥Nguyễn Ái Quốc이다. 아이꾸옥은 애국愛國이라는 뜻이다. 호치민은 1890년 베트남 역사상 많은 인물을 배출한 중부 네안Nghệ An 지방의 가난한 관리 집안에서 태어났다. 반외세에 대한 그의 신념은 반프랑스운동에 연루되어 관직에서 쫓겨난 부친으로부터 비롯되었다. 오랜 방황 끝에 파리로 간 호치민은 좌익계 인사들과 어울리게 되며, 우리나라의 이준 열사의 활약과 윌슨의 민족자결주의로 유명한 1919년 파리강화회의에서 베트남의 언론, 결사, 종교의 자유 등 8개 항을 요구한 일은 그의 첫 번째 활약이었다.

이후 그는 급진적인 반식민지 사회주의운동에 가담하였으며, 그의 주변에는 사회주의에 심취한 베트남 학생들과 이민자들이 모여들었다. 호치민은 베트남 최초의 마르크스주의 조직인 '베트남 청년혁명동지회'를 조직하고, 1930년에는 '베트남 공산당'을 조직하여 게릴라전을 수행하였으나 프랑스로부터 가혹한 탄압을 당하였다.

이후 호치민은 1941년 5월 베트남 독립동맹Việt Nam Độc Lập Đồng Minh을 결성하였으며, 흔히 '베트민Việt Minh'으로 불리며 우리가 즐겨 쓰던 '월맹越盟'이란 국호가 여기서 유래된다. 호치민은 이 조직을 통해 월맹군의 모체가 되는 '해방군 선전대'를 결성하여 무모한 전투보다는 촌락 내부에 침투하여 조직과 선전활동에 주력하였다.

그러나 유럽의 프랑스 본토가 1940년 6월 독일의 침입을 받아 항복하자, 동남아시아로의 세력 확장을 꾀하고 있던 일본은 이를 기회로 베트남에 군대를 진주시켰다. 그리고 1945년 3월에는 프랑스 식민당국을 무력으로 굴복시켜 베트남에서는 80여 년 동안 계속되어온 프랑스 식민통치가 막을 내리고, 일본에 의한 군정체제로 전환되었다.

일본의 무력행사로 인해 프랑스가 하루아침에 무너지자, 베트남에는 독립의 환호성이 전국을 휩쓸었다. 일본을 해방군으로 인식하였던 것이다. 그러나 일본은 프랑스보다도 더욱 무자비한 지배체제를 구축하고자 하였다. 이에 베트남 공산당은 일본의 베트남 점령이 베트남의 독립을 의미하지 않는다는 결론을 내리고, 다시 일본을 상대로 독립을 위한 투쟁에 전력을 기울이게 되었다.

베트남에서 군정에 들어간 일본은 아직 효과적으로 베트남을 통치할 체계가 확립돼 있지 않았다. 이 틈을 이용하여 베트민은 큰 저항 없이 농촌지역에서 세력을 확장해갈 수 있었다. 그래서 베트민은 베트남에 진정한 독립을 가져올 거국적인 반식민단체로 성장하였다. 그리고 1945년 8월 6일 히로시마에 원자폭탄이 투하되자, 베트민은 그동안 조성해왔던 힘과 조직을 전면 가동하여 8월 19일에는 하노이를, 8월 25일에는 사이공까지 장악하면서 베트남 전국이 거의 베트민의 통제 하에 들어가게 되었다. 이를 공산당의 8월 혁명이라 부른다.

결국 1945년 9월 2일 하노이 바딩Ba Đình, HàNội 광장에서 호치민은 '독립선언

정약용의 『목민심서』를 애독하였다는 호치민

문'을 낭독하여 베트남 민주공화국현재의 베트남 사회주의공화국의 탄생을 선포하였다. 그래서 9월 2일은 베트남의 독립기념일Independent day로 지정되었다. 그러나 안타깝게도 이것은 독립이 아니라, 새로운 고난의 시작이었다.

남북분단과 프랑스와의 8년 전쟁

2차 대전 후, 국제사회는 포츠담회담을 통하여 우리나라와 마찬가지로 베트남을 분단시키고 만다. 즉, 베트남에서 호치민의 독립선포를 인정하지 않고 17°N을 경계로 북쪽에는 장개석의 국부군이, 남쪽에는 영국군이 주둔할 것을 결정하였다. 그러나 영국이 프랑스의 종주권을 되찾아주고자 베트남의 독립 세력을 무자비하게 탄압하였다. 그 결과 1946년 프랑스·베트남회담에서 베트남은 다시 프랑스 연방으로 전락하고 말았다. 그러자 호치민은 분개하며, 다시 프랑스 식민세력의 축출을 위해 무력투쟁에 박차를 가하였다. 1946년 12월 19일 보응웬지압VõNguyên Giáp 장군이 프랑스 주둔군을 공격함으로써 베트남과 프랑스 간의 8년 전쟁이 시작되었다. 베트남의 완전 자주독립을 위한 호치민의 항불투쟁이 전개되자, 많은 민족주의 세력이 호치민과 연합하였고, 그때 중국에서 모택동의 중국공산당이 식민세력에 대항하여 승리하고 중국대륙을 장악하게 되자, 호치민 진영은 크게 고무되었다.

베트남에서 전쟁이 터지자, 미국은 프랑스군을 적극 지원하고 소련과 중국은 월맹베트민을 지원하게 됨으로써 자유진영과 공산진영의 대결양상으로 전개되었다. 그러나 이 전쟁은 2차 세계대전을 통하여 국력이 쇠약해진 프랑스에게는 갈수록 힘에 벅찬 싸움이 될 수밖에 없었다. 1954년 5월 7일 프랑스 연합군은 지압 장군이 이끄는 베트민군에게 디엔비엔푸Điện Biên Phủ 전투에서 완패당하고 항복함으로써 1954년 7월 20일 제네바에서 휴전협정이 맺어졌다.

베트남군에 패배한 디엔비엔푸의 프랑스군

제네바협정에서 강대국들은 인도차이나 전역에 걸친 중립을 국제적으로 약속했다. 이 협정에서 베트남의 17°N은 군사문제 해결을 위한 잠정적인 경계선이 되었으며, 2년 후인 1956년 7월에 유엔 감시하에 남북 총선거를 하여 통일을 한다고 규정하였다. 이 협정에 따라 월맹군은 17°N 이북으로 철수하였고, 그때 약 5,000여 명의 공작원과 남부 출신 베트민군 수만 명을 정치공작원으로 남겨놓고 철수함으로써 베트콩 게릴라전의 모체가 되었다.

●● 베트남전쟁과 통일

17°N을 경계로 이북에는 호치민의 공산정권이, 이남에는 미국의 세력을 등에 업은 응오딘지엠Ngô Đình Diệm 정권이 수립되었다. 그러나 응오딘지엠 정권은 국민의 약한 지지와 부패로 인해 남북 총선거를 실시할 경우 공산화가 될 것을

우려하여 남북 총선거를 거부하였다. 그래서 남북 총선거가 무위로 끝나자, 호치민은 무력으로 통일할 것을 결심하였다. 결국 1960년 12월 남베트남 민족해방전선National Front for the Liberation of Vietnam/NLF이 결성되었다. 그리고 남베트남에서는 1963년 11월 1일 군부 쿠데타로 응오딘지엠이 암살되자, 사회가 무정부상태로 빠져들었다. 이러한 상황에서 미국은 구소련과 첨예하게 대치되었던 냉전시대에 세계적으로 도미노현상처럼 확산되어가고 있는 공산화를 막기 위해 직접적인 군사개입을 감행하였다. 그러던 중 1964년 8월 통킹만 사건을 구실로 미국은 베트남전에 본격적으로 개입하였다. 이로 인해 베트남전쟁이 시작되었고, 미국의 요청으로 1964년 9월 22일에 한국도 참전하였다.

그러나 적이 누구이고 어디에 얼마나 있는지도 모르는 전선 없는 소모전에서 미국은 효과적인 전투를 수행할 수 없었다. 특히 1968년 북베트남 측은 베트남 최대의 명절인 구정, 즉 뗏Têt을 기하여 5개 주요도시와 36개 지방중심도시에서 동시다발적으로 대규모 기습을 감행하였다. 북베트남 측은 자신들이 공격을 가하면 민중들이 자신들을 지지하는 봉기를 일으킬 것이라는 기대를 하였지만 기대만큼의 봉기는 일어나지 않았고, 결국 그들의 공격은 실패로 돌아갔다.

그러나 그들은 이 구정 대공세를 통하여 심리적 · 전략적으로 커다란 성과를 거두었다. 이를 계기로 미국인들은 미국이 북베트남을 쉽게 제압할 것이라는 정부와 군 수뇌부의 말을 더 이상 믿지 않았고 반전여론이 고조되었다. 그래서 반전시위와 불복종운동이 점차로 격렬해졌으며, 도덕적으로 정당한 군사개입이 아니라는 의견이 설득력을 얻어가게 되었다. 그래서 베트남 내의 미군은 점차적으로 축소되었으며, 마침내 이 전쟁에서 발을 빼기 위한 단계로 접어들었다.

1973년 1월 27일 종전이 될 때까지 총 투입병력 900만 명의 미군이 투하한 폭탄은 2차 대전 당시 연합군이 투하한 폭탄의 3.5배가 넘는 760만 톤에 이르렀으나, 미국은 싸움에서 패배하고 명분도 잃었다. 그래서 휴전을 하고 미국은 서둘러 베트남에서 철수하였으며, 이후 북베트남군과 베트콩은 남베트남군을 항복시키고 1975년 4월 30일, 사이공의 대통령궁에 무혈로 입성하였다. 당시의 티에우Nguyễn Văn Thiệu 대통령은 타이완으로 도망갔으며, 정권을 이양받은 즈엉반민Dương Văn Minh은 무조건 항복을 선언하였다. 이듬해인 1976년 7월 2일 베트남은 '베트남 사회주의공화국'이라는 이름을 가지고 공식적으로 통일되어 오늘날에 이르고 있다. 이후 1976년부터 1985년까지는 경제회복과 국가재건 과정에서 많은 시행착오를 겪으면서 국민들의 생활도 피폐하였다. 그래서 1986년부터 베트남 정부는 경제에 역점을 두면서 도이머이Đổi mới라는 개혁개방정책을 실시하였다. 개혁과 개방정책의 실행 후 베트남은 경제적으로 급격히 발전하였으며, 국민들의 생활도 많이 개선되었다.

1975년 4월 30일 대통령궁에 무혈입성하는 북베트남군

03

베트남의 문화 교류

베트남은 지정학적으로 대륙과 해양 등 여러 문화가 교차하는 요지에 위치하고 있기 때문에 다양한 문화가 융합되었다. 베트남 문화는 고대 동남아시아 문화를 바탕으로 중국과 인도와의 교류를 통해서 발전하였으며, 근대에 이르러서 프랑스와 미국 등 서구문화와의 교류로 세계화의 장에 서있다.

베트남 사람들은 국가를 성립하고 유지, 발전시키는 과정에서 민족의 고유문화를 보존하는 동시에 다양한 외래문화를 선택적으로 수용하여 개성있고 세계화된 문화를 발전시켜나가고 있다.

●● 베트남과 동남아시아 문화

인류학과 민족학 및 언어학적 연구에 따르면, 동남아시아는 중국문화나 인도문화와는 별개로 독립적인 문화를 형성하고 있었다. 동남아시아 문화는 산악지역 문화, 평야지역 문화, 해안지역 문화 등 세 요소가 어우러진 문화이며, 기본적으로는 벼농사 문화가 바탕이 되어 있다. 기원전 6세기부터 4세기에 동남아시아 지역의 고대 주민들은 유리한 기후열대 몬순와 삼각주 지역의 비옥한 토양을 이용하여 벼농사 문화를 발달시켰고, 소를 길러 벼농사를 위한 노동력으로 활용하였다. 농기구는 청동이나 철로 만들어서 농업기술을 향상시키는 데 기여하였다. 여성은 가정이나 마을공동체에서 큰 역할을 담당하였으며, 이것은 지역적으로 모계사회의 특징이 되었다. 신앙생활은 주로 지신, 수신, 태양신, 목木신, 호虎신, 악어신 등과 같은 토속적 토템을 숭배하였다. 산악지역 문화, 평야지역 문화, 해변지역 문화 등 세 요소를 모두 갖춘 베트남은 동남아시아의 축소판이라고 할 수 있다. 동남아시아에 위치한 다른 국가와 동일하게 베트남도 다민족 국가이며, 비엣족người Việt, 또는 낀족이 주류를 이루고 있다.

●● 베트남과 중국 문화

중국 문화는 베트남 문화에 가장 큰 영향을 끼쳤다. 월-중의 문화교류 과정은 '강제적인 교류'와 '자발적인 교류' 두 가지 형태를 띤다. 강제적 문화교류는 1,000여 년BC 179~938의 중국지배 시기에 이루어졌다. 이 시기의 중국인들은 베트남 문화를 말살시키고 자신의 문화에 동화시키려는 의도가 있었다. 하지만 오랜 세월 동안 베트남 사람들은 한화漢化에 끊임없이 투쟁하고 저항하며 스스로의 정체성을 지켜나갔다. 1,000여 년 동안의 중국지배 후, 다이비엣Đại Việt, 大越은 자주권을 갖춘 국가가 되었으며, 양국 간의 문화교류는 자발적 교류로 변화되었다.

중국지배 시기에 베트남 사람들은 중국으로부터 철과 제련기술, 제방 축조기술, 비료 사용법 등을 받아들였다. 특히, 베트남어와 중국어는 다른 어군임에도 불구하고 베트남 사람들은 한자를 받아들였다. 중국 지배기간 1,000년 동안 베트남어는 음절화音節化, 성조화聲調化의 변화가 나타났지만, 베트남어는 여전히 건재하였다. 봉건군주시대에 들어와서 베트남은 중국의 정치형태 등 여러 문화요소를 모방하여 토착화하였다. 혹자는 중국에서 유입된 베트남 유교를 중국의

하노이 문묘文廟에 봉안된 공자孔子상

전통적인 사상으로 간주하고 있으나, 베트남 유교는 베트남 고유의 사회적 특징을 바탕으로 중국과 차별화된 유교로 발전하였다.

베트남과 인도 문화

베트남과 인도는 국경선을 맞대고 이웃하고 있지 않음에도 불구하고, 인도 문화는 베트남에 커다란 영향을 주었다. 기원 후 1000년 동안, 인도는 해양을 통해 진출하여 베트남 남부지방의 옥애우Óc Eo 문화, 중부지방의 참파Chămpa, 占婆문화, 북부지방의 비엣Việt 문화 등과 교류하였다. 남부의 옥애우 문화1~7세기와 중부의 참파 문화의 경우, 인도에서 브라만Brahmin, 婆羅門들이 들어와 정치, 경제,

중부 미손My Son의 참파 유적지

사회 전 분야에 이르기까지 인도 문화를 모방한 국가가 성립되었다.

북부지방의 비엣 문화는 인도와 교류를 하기 전부터 형성되어 발전해왔으며, 이후에는 직간접적으로 인도 문화를 수용하였다. 기원후 1세기에 루이로우Luy Lâu, 박닝성는 인도와 중국 승려들이 통행했던 길에 위치한 휴게소 역할을 했으며, 동남아 불교의 요지였다. 비엣인들은 불교를 받아들여 자신들의 문화와 융합하여 변형시켰다. 초기에는 소승불교가 자리를 잡았음에도 불구하고, 시간이 흐름에 따라 다신多神을 믿는 비엣인들 사이에 대승불교가 더 대중화되었다.

베트남과 서양문화

베트남은 서양문화로부터 많은 영향을 받지는 않았지만, 1858년 프랑스가 침략하기 전부터 서양문화와 교류가 있었다. 남부지방의 옥애우 문화에서 발견된 고대 로마Roma antiqua, 古代羅馬의 유물은 옥애우 문화의 광범위한 무역관계를 증명할 수 있다. 16세기에 서양 선교사들포르투갈, 프랑스 등은 베트남의 여러 지역을 선교하면서 영향을 끼쳤다. 그러나 서양문화와의 교류는 프랑스가 베트남을 침략하여 점령한 이후부터 본격화되었다. 프랑스는 문화적으로 베트남을 지배하려 하였으나 베트남 사람들은 강하게 저항하였다. 19세기 남부지방 유학자들인 응웬딘찌에우Nguyễn Đình Chiểu, 쯔엉띤Trương Định, 응웬쭝득Nguyễn Trung Trực 등의 저항이 대표적인 사례이다.

식생활에도 프랑스의 영향이 커 바게트 빵을 즐겨 먹는다.

하지만 그 와중에 베트남 사람들은 융통성을 발휘하여 민족의 독립에 도움이 될 만한 새로운 서양 문화요소들을 개방적으로 수용하기도 하였다. 서양 알파벳을 이용한 쯔꾸옥응으ChữQuốc Ngữ, 𡨸國語는 원래 베트남 천주교의 내부문서에서만 사용되었지만, 지금은 베트남의 정식 글자가 되었다. 신문 및 잡지 같은 문화수단과 소설, 시, 영화, 미술 등 새로운 현대 예술도 등장하였다. 이 시기에 등장한 베트남 민족문화의 특징은 외래문화들이 토착화되어 베트남 사람들의 생활과 결합하였고 사용되었다는 것이다.

한국과 베트남

근대의 한국과 베트남

베트남과 한국과의 접촉은 이른 시기에 이루어졌다. 베트남의 리 왕조Nhà Lý, 李朝 말기 왕족 두 명이 고려에 정착하여 정선 이씨旌善 李氏와 화산 이씨花山李氏의 시조가 되었다. 1150년 이인종Lý Nhân Tông, 李仁宗, 1072~1127의 양아들이자 수군제독인 리즈엉꼰李陽焜의 일족들이 살해당하자, 이들은 화를 피해 측근들을 데리고 바다를 건너 고려 정선旌善에 정착하여 정선 이씨의 시조가 되었다. 그의 육대손인 이의민李義旼은 고려 무신정권하에서 대장군에 오르는 등 큰 역할을 하기도 하였다.

또 다른 인물로는 이용상 왕자1173~1175가 있으며, 그는 영종李英宗의 일곱 번째 아들이었다. 이용상은 이 왕조1009~1225가 쇠퇴할 무렵의 인물로, 이 왕조가 멸망하자, 그 뒤를 이은 쩐 왕조1226~1400는 이 왕조와 관련된 사람들을 모두 죽이려 했다. 그래서 화를 피해 이용상과 그의 일행은 바다를 건너 고려옹진군 화산에 도착해서 고려 고종으로부터 극진한 대접을 받았으며, 거주할 땅을 하사받았다. 그러던 중 1253년 몽고군이 고려를 침공하여 고려의 도읍과 이용상이 거주하던 옹진성까지 공격했다. 당시 80세에 가까웠던 이용상은 지역 주민들과 함께 용감하게 싸워 5개월 후 옹진에서 몽고군을 물리쳤다. 고종이 이 사실을 알고 이용상의 관직을 높이고 웅진 화산지방 30리 인근과 식읍 2,000호를 하사하였다. 역사학자이자 작가인 강무학의 역사소설 《황숙 이용상》은 베트남어로 번역되어 1996년 5월 2일, 리밧데Lí Bát Đế, 李八帝 축제 때 베트남에 소개되기도 하였다.

이용상은 한국에서 현지인과 잘 화합하며 살았던 화산 이씨의 시조이다. 그의 26대손인 이장근 씨는 베트남과 한국의 경제와 문화 교류관계를 확대하기 위해 많은 활동을 하고 있다. 그는 1994년부터 화산 이씨 종친회 대표자들과 함께 고향을 방문하고, 베트남 이왕조의 왕들에게 제사를 드리는 리반데李八帝 사원박닝성, 뜨선 현, 딩방 마을 축제에 참석하였으며, 베트남과 한국 간의 우호관계를 촉진하기 위한 베 · 한 문화교류회를 설립하기도 했다. 또한 2005년에는 베트남 박닝성Bắc Ninh 뜨썬현TừSơn에 조상에게 제사를 드리는 사당을 짓기도 하였다.

이용상에 이어 한국과 베트남 간의 문화교류는 양국 사신들의 만남으로 이루어졌다. 양국 사신들이 연경燕京(현 북경)에서 만나 시나 서책을 교환하였으며, 첫 만남은 1597년으로 다이비엣大越 사신인 풍칵코안Phùng Khắc Khoan, 馮克寬과 조선 사신인 이수광李睟光이 서로 수십 수의 시를 교환한 것으로 이루어졌다. 이후에도 조선과 다이비엣의 사신들이 연경에서 만나 문학과 사상을 교류한 흔적이 아직도 많이 남아 있다.

●● 한국과 베트남전쟁

근세의 한국과 베트남은 문화적으로 매우 우호적인 교류가 이루어졌으나, 안타깝게도 20세기 말 한국은 베트남전쟁에 참전하게 되었다. 베트남전쟁은 이념적 냉전이 첨예화되었던 시기에 아시아에서 급격히 확산되는 공산화 현상을 저지하고자 하는 미국과, 통일을 절실히 원하는 베트남과의 전쟁이다. 한국은 미국의 요구로 참전하게 되었다. 한국은 한국전쟁에서 한국을 도왔던 미국의 요구를 거절하기 어려운 측면도 있었고, 당시 첨예하게 양극화되었던 국제정세 속에서 어쩔 수 없는 선택인 점도 있었다. 하지만 탈냉전시대인 지금에 와서 보면 명분이 빈약한 안타까운 참전이라는 시각도 있다. 이것은 전쟁을 주도한 미국도 마찬가지이다.

어쨌든 한국은 1964년 9월 22일 의료지원단 및 태권도 교관단 270여 명을 사이공 남쪽 해변 휴양지인 붕따우에 파견함으로써 베트남 파병을 시작하였다. 이후 1973년 3월까지 9년여에 걸쳐 약 30만 명의 군인과 4만여 명의 근로자가 월남 땅을 밟았다. 이들 중 4,960여 명이 전사하고 10만여 명이 부상당하였다. 그러나 한국군의 참전으로 인해 훨씬 더 많은 수의 베트남군이 희생되었다.

전쟁의 비극 이면에는 전쟁특수가 있었다. 즉, 베트남 전쟁의 참전은 우리나라의 경제 발전에 상당한 역할을 하였다. 일본이 한국전쟁의 특수를 누리고 도

베트남에 참전하는 한국군(출처: 국방홍보원)

약하였듯이 우리나라의 경제발전도 베트남전쟁으로 인해 많은 도움을 받았다.

베트남의 항만, 주택, 도로 등의 건설 분야에서 외화를 벌어들였고, 군인이나 근로자들이 송금해오는 외화는 약 8억 5,000만 달러나 되어서 당시 우리나라 발전의 자본금 역할을 톡톡히 해낼 수 있었다. 베트남전쟁의 참전은 외화 획득 못지않게 기간산업과 사회간접자본 확충 등 우리나라의 발달에 적지 않은 기여를 하였다.

우리나라의 베트남전 참전에 대한 역사적 평가는 아직 시기상조이기는 하지만, 이제 한국과 베트남의 새로운 동반자 관계를 위하여 이느 정도의 정리가 필요한 시점이다.

베트남의 한류

한류韓流는 베트남에서 비교적 일찍 시작되었다. 베트남에 한류의 광풍을 불게 한 선두주자는 드라마이다. 장동건과 이영애가 주연을 한 〈의가형제〉에서부터 시작하여 〈가을동화〉가 베트남을 눈물바다로 만들었으며 〈사랑이 뭐길래〉, 〈별은 내 가슴에〉, 〈신데렐라〉, 〈마지막 승부〉, 〈겨울연가〉 등이 베트남 전역을 강타하였다. 배용준, 안재욱, 김남주, 최진실, 황신혜 등 한국 배우들의 베트남 내에서의 인기는 가히 폭발적이다. 베트남 사람들이 한국 드라마에 빠져드는 이유를 베트남의 저명한 한 학자는 베트남 최대의 일간지를 통해 다음과 같이 설명하고 있다.

> 베트남 사람들이 한국 드라마를 보는 것은 거의 일상적인 생활습관으로 자리 잡고 있다. 베트남 사람들이 이처럼 한국 드라마에 끌리는 것은 베트남 사람들의 일상생활 속에도 흔히 발생하고 있는 일들을 소재로 하기 때문이다. 베트

남의 남녀노소 모두 한국 드라마를 좋아하지만, 특히 한국 드라마를 좋아하는 젊은 여성들은 드라마에 나오는 심각한 삼각관계와 고약한 시어머니들을 보면서 즐겁게 논쟁을 벌이고, 불행한 운명 앞에서 가슴 아픈 사랑을 나눌 때는 많은 여성들이 깊은 감동을 받는다. 또 한국 드라마를 통해 많은 청소년들이 예쁜 옷과 헤어스타일, 화장, 머리염색 등에 열광하고 한국인들의 생활방식을 놓고 서로 다른 의견을 제시하며 논쟁을 벌이기도 한다.

한국 드라마의 또 다른 진수는 가풍중시, 경로효친, 장유유서의 전통을 통해 가족들 간의 정을 진하게 느낄 수 있게 한다는 점이다. 또 여자들 간의 질투, 상인들 간의 다툼, 회사와 가족 내의 갈등들이 매우 사실적이고, 심도 있게 표현되고 있다. 이를 통해 베트남 사람들은 간접적으로 생동하는 인간관계를 느끼고 있다. 그러나 한편으로 패싸움을 하거나, 실연의 아픔을 술로 달래고, 여자들이 술에 취해 자살하며, 사장이 고용인을, 교사가 학생을 구타하는 장면 등은 베트남 사람들의 정서에 부합되지 않아 언론의 지탄을 받기도 한다.

베트남 사람들은 대부분 미국 드라마를 좋아하지 않는다. 내용에 공감이 느껴지지 않고 폭력물이 대부분이기 때문이다. 이에 반해, 한국 드라마는 강한 흡인력을 갖는다. 한국 드라마는 삶에 대한 충고, 가족 내에서의 처신, 자립적인 생활, 유교적인 굴레로부터의 해방 등을 통해 즐거움을 주면서도 출세 지향적인 성향이나 돈에 대한 집착, 인간의 도리에 위배되는 행위에 대해서는 반드시 비극적인 상황에 이르게 하는 권선징악을 기본으로 함으로써 베트남 사람들의 가슴을 파고든다. 이는 한국과 베트남이 모두 오래 전부터 중국 문화를 도입한 국가들로서 문화적 유사성이 많이 남아 있으며 국민들의 정서, 생활습관 등이 비슷하기 때문이다.

한국 드라마의 또 다른 면모는 예술과 선진화된 기술의 결합을 통해 생동적인 표정을 만들어내고, 현실적이면서도 낭만적인 모습을 그려내는 데 있다.

풍경이 아름답고 사람들이 잘생기고 문제의 해결에는 미덕이 있으며 이야기의 결말에는 즐거움이 있다. 그래서 한국의 드라마는 이제 베트남의 한 요소로서 자리를 잡았고, 베트남이 세계화를 추진하는 데 있어서 한 축을 이루고 있다.

이와 같이 드라마로 시작한 한류는 축구로 이어졌다. 베트남 사람들이 가장 좋아하는 스포츠는 의심할 것 없이 축구이다. 시간만 나면 어디에서나 축구를 한다. 월드컵 이전에도 베트남 사람들은 한국을 아시아 축구의 최강국으로 인정하며 엄지손가락을 치켜세웠다. 한국이 월드컵에서 4강의 신화를 이룩한 데 대해 이들은 매우 놀라워하였으며 함께 붉은 옷을 입고 응원하였다. 심지어는 유럽인들을 누르고 아시아의 힘을 보여준 데 대해 스스로 자랑스러워하는 분위기도 있었다. 전 경기를 생중계하였으며, 아나운서가 목청이 터지게 "한꾸억韓

한국 드라마에 열광하는 베트남 사람들

國! 한꾸억!"을 외쳐서 '남쥬띤南朝鮮'으로 불리던 우리나라의 호칭이 이를 계기로 '한꿕'이 되었을 정도였다.

드라마와 축구로 이어진 베트남의 한류는 한국 상품에 대한 선호로 이어지고, 한국인에 대한 이미지도 매우 우호적으로 개선되었다. 이러한 한류 열풍은 아무리 훌륭한 외교관이 온다 해도 할 수 없고, 정부 차원에서 아무리 엄청난 예산을 쏟아붓는다 하더라도 조성할 수 없는 이미지 개선 효과가 있는 것이다. 그러나 이러한 한류열풍은 관리가 잘 되지 않으면 말 그대로 한때의 바람일 수 있다. 소중하고 조심스럽게 관리해야 할 것이다.

●● 오늘날의 한국과 베트남

베트남 통일 후 17년 만인 1992년 12월 22일 한국과 베트남은 정상수교를 통해 상호호혜적 동반자 관계로 발전하였다. 이후 한류로 인하여 베트남에서 좋은 이미지를 가지게 된 한국은 베트남으로의 경제적 진출을 서둘렀다. 베트남이 아직 가능성이 많은 기회의 땅이기 때문이다. 그래서 한국 기업체의 대형 광고판이 베트남 도처에 자리 잡고 있는 것이다. 도로를 달리는 대형차 중 90% 이상이 한국산이며, 한글은 이제 품질 좋은 물건을 나타내는 상징으로서 자랑스럽게 달고 다닌다. 베트남에서 생산한 최초의 지프차가 쌍용자동차의 부품을 사용한 것이며, 대우가 만든 시내버스가 하노이나 호치민의 거리를 누비고 있다. 삼성과 LG는 정보통신 분야에 대규모로 진출하고 있으며, 삼성 핸드폰은 베트남 젊은이들의 로망이 되고 있다. 건설 분야에 있어서도 호치민 시에 최고급 백화점이 입점해 있는 다이아몬드 플라자, 그리고 하노이 최대의 호텔인 대우호텔도 우리 한국의 능력을 과시하고 있다. 전자제품 대리점에는 한국 상품이 흔하며, 베트남의 값싼 노동력을 이용하기 위한 한국의 경공업 분야 진출은 두

상호선린 관계로 발전하는 한국과 베트남

하노이에 건설된 대우호텔

말할 필요가 없다. 미국의 엠바고가 풀리고, 이제 베트남은 대미수출의 전진기지로 각광을 받고 있어 우리 한국 기업들의 진출이 가속화되고 있다.

베트남 사람들은 한국인들에 대해 경제적으로나 문화적으로 능력 있는 사람들이라는 인식을 가지고 부러워하며 친절하게 대해주는 것이 일반적이다. 그럴수록 우리는 겸손하고 진실한 마음으로 베트남 사람들을 대해야 하며 서로 도움이 될 수 있도록 노력해야 할 것이다.

베트남어

베트남어의 특징

베트남은 다민족 국가인 동시에 다언어 국가이다. 현재 베트남에는 54개의 민족과 그만큼의 각기 다른 언어가 있다. 즉 비엣Việt, 따이Tày, 타이Thái, 므엉Mường, 화Hoa, 크메르Khmer, 눙Nùng, 몽Mông, 자오Dao 등의 민족이 있으며, 각 민족의 언어가 별도로 있다. 그중 다수약 85%를 차지하는 민족이 비엣Việt족이며, 그에 따라 비엣어가 베트남의 공용어가 된 것은 당연하다.

비엣어는 남아시아 어족에 속하며, 몬크메르Môn-Khmer어와 따이타이Tày-Thái어의 요소, 그리고 중국어의 요소가 융합된 형태이다. 몬크메르어와 타이어는 어휘와 발음, 그리고 문법적인 요소에 영향을 주었으며, 중국어는 쓰기 체계와 어휘 및 의미에 큰 영향을 끼쳤다.

13세기 이전에는 지식인들이 주로 우리나라처럼 한자를 사용하였다. 그러나 한자로는 그 계통이 다른 베트남어를 모두 표현하기 어려워 한자의 부수를 이용한 쯔놈ChữNôm, 字喃이라는 문자를 고안하였다. 이것은 우리나라의 이두와 비슷한 문자로 베트남 지식인들은 쯔놈을 이용하여 시를 쓰고 읽었다. 그러나 이 쯔놈은 한자보다도 더 어려워서 대중화에 문제가 있었다.

17세기 초 프랑스 신부인 알렉산더 드 로드Alexandre de Rhodes, 1591~1660가 라틴 알파벳을 이용하여 국어國語라는 뜻인 쯔꾸옥응으chữ Quốc ngữ, 𡨸國語를 만들어 보급하였다. 쯔꾸옥응으는 라틴문자로 베트남어를 표기한 로마자 베트남어이며, 처음에는 교회에서만 사용되었다. 쯔꾸옥응으의 첫 번째 사전인 베트남어-포르투갈어-라틴어사전Dictionarium Annamiticum-Lusitanum-Latinum이 알렉산드르 드 로드에 의해 편찬되어 1651년 로마에서 출간되었다. 프랑스 신부에 의해 고안된 이 쯔꾸옥응으에 대해 민족주의자들은 처음에 거부감을 나타냈지만, 비교적 익히기 쉽기 때문에 대중들에게 급속히 확산되자, 이를 국어로 인정하고 적극 장려하게 되었다. 그 결과 오늘날 베트남에서는 거의 문맹이 사라졌으며, 알파벳을 사용함으로서 영어 등의 외국어를 친근하게 느껴서 쉽게 배우는 경향이 있다. 더욱이 베트남어의 어순이 영어와 같아 일반적으로 베트남 사람들은 영어를 배

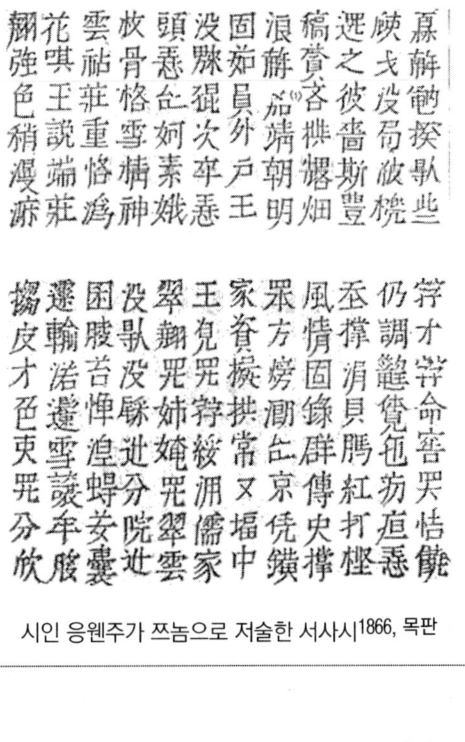

시인 응웬주가 쯔놈으로 저술한 서사시1866, 목판

우기가 용이한 것 같다. 베트남어의 어휘는 한자에서 비롯된 것이 많아서 우리나라 발음과 비슷한 것도 많기 때문에 기억하기가 쉽다. 예를 들어, 대한大韓의 베트남식 발음은 따이한Đại Hàn이며, 남조선南朝鮮은 남주띠Nam Triêu Tiên, 한국은 한꾸억Hàn Quốc, 정치는 찡찌Chính Trị, 경제는 낑떼Kinh Tế, 사회는 싸호이XãHội 등이다. 이와 같이 한자에 기원을 둔 어휘를 한월어漢越語라고 하며, 베트남어의 약 60%가량이 이 한월어에 해당한다. 그러나 특별한 교육을 받지 않은 베트남의 일반사람들은 한자를 해독하지 못한다.

베트남어의 구조

베트남어에는 어미변화나 조사가 없다. 그러므로 어순에 따라서 문법관계가 이루어진다. 즉, 기본 문장의 구조가 영어와 비슷하다. 예를 들어, 'Tôi나는 Đi간다 Đến trường학교에'와 같이 '주어+술어+보어'의 순으로, 또는 'Cô ấy그녀는 ăn먹는다 cơm밥을'과 같이 '주어+술어+목적어'의 순으로 된다.

부정문을 만들 때에는 술어 앞에 không을 붙여서 만든다. 즉 'Cô ấy không ăn cơm.그녀는 밥을 먹지 않는다'의 형태이다. 의문문을 만들 때는 동사 앞에 có를 붙이고 문장 뒤에 không을 붙인다. 즉 'Cô ấy có ăn cơm không? 그녀가 밥을 먹습니까?'의 형태가 된다.

베트남어의 성조

베트남어를 배우는 데 가장 어려운 점은 성조가 복잡하다는 것이다. 중국어의 성조보다도 더 복잡하여 여섯 개의 성조가 있으며, 성조를 달리하면 전혀 다른 뜻이 된다. 'ma'라는 단어를 예를 들어 살펴보자.

성조기호	단어	발음법	의미
무기호	ma	높낮이 없이 그대로 읽는다.	마귀
´	má	끝을 올린다.	어머니
`	mà	끝을 내린다.	그런데
.	mạ	낮게 시작하여 더욱 내린다.	어린 벼
ˀ	mả	내리다가 다시 올린다.	무덤
~	mã	약간 내리다가 급격히 올린다.	말(馬)

●● 베트남어 알파벳

베트남 문자는 라틴 알파벳을 사용한다. 베트남어는 영어의 알파벳 중 네 자F, J, W, Z가 없고, 대신 한 글자Đ를 더 넣어 23자의 알파벳을 사용한다. 이 알파벳을 그대로 사용하기도 하고, 베트남 특유의 발음에 맞도록 변형시켜 사용하기도 한다. 그래서 베트남 알파벳은 총 12개의 모음과 17개의 자음, 그리고 10개의 중복자음으로 이루어져 있다. 이것은 영어의 발음법과 약간 달라 영어식으로 읽으면 현지인들이 잘 알아듣지 못한다.

베트남어의 음가를 한글로 정확히 표현하기는 어렵지만 대략 아래와 같다.

■ **모음** Ă, Â, I는 짧게 발음하고, O는 입을 크게 벌려 발음한다.

A	Ă	Â	E	Ê	I	Y	O	Ô	O'	U	U'
아	아	어	애	에	이	이	오+아	오	어	우	으

■ 자음

B	C	CH	D	Đ	G(GH)	GI	H	K	KH	L
ㅂ	ㄲ	ㅉ	ㅈ	ㄷ	ㄱ	ㅈ	ㅎ	ㄲ	ㅋ	ㄹ
M	N	NG(NGH)	NH	P	PH	QU	R	S	T	TH
ㅁ	ㄴ	응	냐	ㅃ	ㅍ	ㄲ	ㄹ	ㅅ	ㄸ	ㅌ
TR	V	X								
ㅉ	ㅂ	ㅆ								

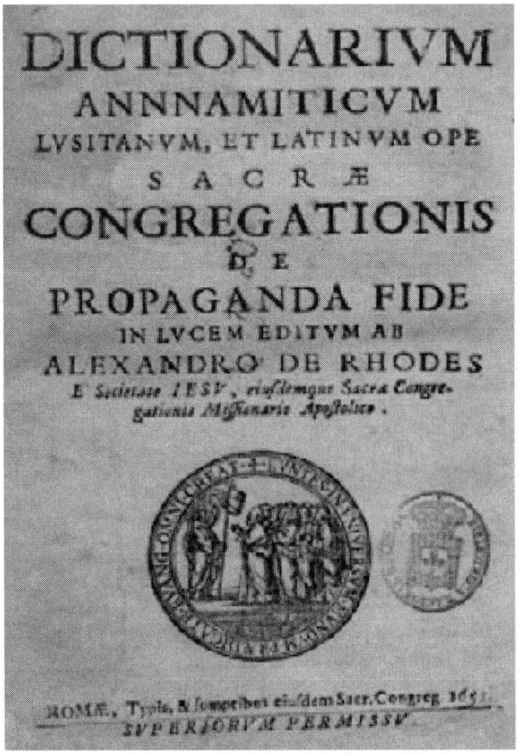

1651년 알렉산드르 드 로드의 베트남어-포르투갈어-라틴어사전

06

베트남의 교육

전통 교육: 유교 및 과거제도

베트남도 우리나라와 마찬가지로 중국으로부터 과거제도를 들여와 인재를 등용하였다. 베트남의 과거제도는 기본적으로 중국의 과거제도를 모방하였으나, 베트남 역사와 문화의 특징에 따라 제 나름대로의 개성이 가미되었다. 베트남 교육문화의 한 부분인 과거제도는 지역문화 발전에 중요한 기여를 하였다.

베트남 사람들이 중국의 과거에 급제해 관리로 등용되는 경우도 많았으며, 한漢나라의 쯔엉쫑Trương Trọng, 리깜Lý Cầm, 리띠엔Lý Tiến, 당唐나라의 크엉꽁푸Khương Công Phụ와 크엉꽁푹Khương Công Phục 형제 등이 그 예이다.

베트남에서는 과거시험이 이Lý 왕조 시대인 1075년부터 원 왕조인 1919년까지 844년 동안 지속되었으며, 총 180여 회가 실시되었고 2,900여 명이 급제하여 중앙관리로 등용되었다.

1070년 이성종李聖宗, 1023~1072 왕은 탕롱Thăng Long, 지금의 하노이에 공자를 모신 문묘文廟를 조성하였으며, 1076년 문묘 안에 국자감國子監을 개원하였다. 당시에는 사상적으로 불교가 융성했던 시기였으나, 국가운영에 필요한 유교도 중시되었다. 국자감에는 학자를 뽑기 위한 명경박학과明鏡博學, 한림원翰林院 문학인재를 뽑기 위한 문학과, 궁전에서 실시한 전시과, 전국에 인재를 선발하기 위한 천하사인과天下士人, 불교, 유교, 도교 신자들 위한 삼교과 등이 있었다.

1009년부터 1225년까지 216년 동안 이왕조가 과거를 7회 실시하였으며, 평균 30년에 한 번씩 실시하였다. 이왕조에 이어 진왕조가 대규모로 과거교육을 확대하였으며, 1227년 첫 시험부터 1396년 마지막 시험까지 11회 실시하였다. 그중 3회는 삼교과이고, 10회는 태학생太學生 시험이었다. 태학생 시험은 진사进士 시험같이 제1갑, 제2갑, 제3갑 등 3갑으로 구분되었고, 1247년 시험부터 장원狀元, 방안榜眼, 탐화探花 등급으로 구분되었다.

과거시험장의 모습

진 왕조에 이어 호 왕조胡王朝는 학술과 사상적으로 특이할 만한 점이 많았다. 호왕조의 왕인 호뀌리Hồ Quý Ly, 胡季犛는 중국 송나라의 주희朱熹사상에 정통하였으며, 특히 그는 국문쯔놈에 관심을 가졌다. 베트남의 위대한 인물인 응웬짜이阮廌, Nguyễn Trãi는 호왕조의 태학생 출신이었으며, 그는 유네스코로부터 세계문화의 명인으로 지정되었다.

레 왕조後黎朝의 여태조黎太祖부터 막당중莫太祖, Mạc Đăng Dung이 막 왕조莫朝를 성립할 때까지 거의 1세기 동안 봉건제도가 가장 번영한 시기였으며, 과거제도도 모범적으로 시행되었다. 레 왕조는 명경과明鏡科, 화잉뜨과khoa Hoành từ 등 다양한 과거시험을 실시하였다. 1442년부터 진사과가 실시되었는데, 이 진사과는 유교가 번성한 시기의 결과물이며, 유학과 과거를 위한 학문이 결합되어 형성된 것이었다. 레 왕조1442 첫 번째 진사과 시험에서는 450명이 응시하여 33명이 진사시험에 합격하였다. 합격자를 3방으로 순위를 정하였으며, 제1방과 제2방은 정방chính bảng이라고 불렀다. 제1방 또는 제1갑은 장원응웬측, Nguyễn Trực, 방안응웬느도, Nguyễn Như Đổ, 탐화르엉느혹, Lương Như Hộc 등을 포함한다. 제2방은 제2갑 진사출신進士出身, 또는 화갑이라고 하며, 이 시험에서 7명이 합격하였다. 제3방은 제3갑 동진사출신同進士出身이라고 하며, 역사학자 응오시리엔Ngô Sĩ Liên, 吳士連이 수석을 차지하였으며, 그 후에 23명이 합격하였다. 현재 하노이 문묘 국자감에 진사과 첫 시험에 대한 내용이 새겨져 있는 비석이 아직도 남아 있다.

학습방법 및 교과과정

학습과정은 시대에 따라 유동적이었고, 시간도 제한을 두지 않았다. 일반적으로 어린이는 7세 이상이 되면 공부를 시작하여 학습기간은 약 10년십년등화, 十年燈火이었다. 10년을 공부한 후 학습자는 어느 정도 지식을 준비하여 과거시험의

베트남의 서당

낮은 단계로부터 높은 단계까지 응시할 수 있었다. 과거시험에 사용하던 문자는 한자였다. 읽고 쓰기를 배운 후 성조와 음운 구별 및 시를 공부하였다. 그 다음 경전을 공부하고 문장, 도덕, 사회 관리법 등을 공부하였다.

천자문千字文, 초학문신初學問新, 베트남과 중국의 역사, 유학오언시幼學五言詩, 명심보감明心寶鑑, 송나라의 정명도程明道가 발간한 명도가훈明道家训, 송나라의 왕응린王應麟이 발간한 삼자경三字經 등이 가장 많이 사용되었던 기본 교재였다. 이러한 기본 교재를 습득한 후 중국 유학 경전인 사서四書와 오경五經을 공부하였다. 과거시험에 출제되는 문제는 대부분 사서와 오경에 들어 있는 내용들이었기 때문에 이 두 경전을 학습하는 것이 가장 중요하였다. 유생들은 지방에서 공부할 수도 있지만, 선발이 되면 국자감에서 공부할 기회가 있으며, 과거시험이 있을 때 응시할 수 있었다.

과거시험은 보통 3년에 한 번 실시되었으며, 시대 상황에 따라 각 왕조들의 시험방식이 조금씩 달랐다. 일반적으로 향시Hương thí, 鄕試, 회시Hội thí, 会試, 전시Đình thí, 殿試 등 낮은 단계에서 높은 단계까지 세 단계가 있었다. 향시는 지방에서 공부하는 학생들을 위하여 개최되는 시험이었다. 향시는 삼기또는 삼장-tam trường나 사기또는 사장-tứtrường가 있었으며, 네 번째 기를 복핵phúc hạch이라고 했다. 삼장에 합격하면 수재守材, Tútài라고 부르며, 사장에 합격하면 거인擧人, Cử nhân이라고 불렀다. 거인에 합격하고 난 후에 비로소 회시에 응시할 수 있으며, 향시 수석 합격자를 해원解元, Giải nguyên이라고 불렀다.

회시는 수도에서 실시되며, 시험방식은 기본적으로 향시와 비슷하다. 회시에 합격하면 진사 학위를 받고 전시에 응시할 수 있었다. 회시 수석합격자는 회원会元,Hội nguyên이라고 불렀다. 전시도 수도에서 실시되었으며, 회시와 진사 합격자들의 순위를 정하는 데 그 목적이 있었다. 시험문제는 왕이 직접 출제하며, 심사도 왕이 대신들과 같이 하였다. 전시 최고합격자 세 명은 순서대로 장원狀元, 방안榜眼, 탐화探花라고 부르며, 나머지를 진사라고 불렀다. 역사적으로 응웬쿠옌Nguyễn Khuyến, 1835~1909, 쩐빅산Trần Bích San, 1840~1877 등은 향시, 회시, 전시 3회 시험을 모두 수석으로 합격했으며, 삼원해원, 회원, 정원이라고 불렀다.

시험 응시자들은 시詩, 부賦, 경의經義, 제制, 조, 표表, 문서 등을 포함하는 내용과 형식에 관한 규정을 엄격히 준수해야 한다. 문제를 해결할 때 각 왕조의 규정에 따라 응시자들은 다른 왕이나 왕실의 휘諱를 쓰지 않도록 주의해야 한다. 시험에 대한 심사도 엄격하고 객관적으로 실시되었다. 일반적으로 응시자의 글씨를 알지 못하게 하기 위해서 응시자의 시험지를 네 번 정도 다른 종이에 적어서 별도로 점수를 매기는 등 엄격한 관리가 이루어졌다.

시험에 합격한 후 합격자들은 많은 혜택을 받을 수 있었다. 처음에는 합격자의 이름을 왕이 발표하며 백성들이 볼 수 있도록 금방金榜에 새겼다. 또한 왕과 같이 잔치에 참석하여 대접을 받고 왕궁정원을 구경할 기회도 주어졌다. 특히 영귀배조vinh quy bái tổ 행사가 있었는데, 이것은 합격자가 고향을 방문하고 합격자의 이름을 비석에 새기는 절차였다. 합격자들은 관직에 등용되고 나라와 사회에 기여할 수 있었다. 그러나 이러한 시험은 창의성의 부족, 이론 중시와 실천에 대한 천시, 여성과 서민들의 불평등 정책 등의 한계가 있었다.

현대교육

베트남에서 교육은 나라를 발전시키기 위한 최우선 정책으로 육성되었다. 그래서 교육은 사회에서 가장 이슈화되고 있는 문제 중의 하나이다. 현재 베트남의 교육체계는 국민교육과 전문교육, 두 부분으로 구분된다.

베트남의 국민교육은 12년이며, 초등학교6세, 1~5학년, 중학교6~9학년, 고등학교10~12학년를 포함한다. 고등학교를 졸업하면 대학교 입시에 응시할 수 있다. 기본교육에는 특수교육과 예체능 양성, 소수민족을 위한 우대교육정책 실시소수민족의 자녀들을 위한 학교로 모든 학생들이 기숙사에서 생활하며 공부하는 제도 등 기본교육의 특수문제를 해결하기 위한 특수교육제도가 있다.

고등학교 졸업 후 고급인력 양성을 위해 학생들이 상급학교로 진학할 수 있도록 국가에서 많은 지원정책을 마련하고 있다.

경쟁률이 높고 어려운 대학의 입학시험을 통과하는 것이 필수적이다. 또한 학생들이 일반대학교보다 수준이 낮은 전문대학이나 직업훈련학교 등에 지원할 수 있다. 일반대학교는 보통 4~5년제이며, 현재 학생들에게 학습에 대한 선택권을 많이 주기 위해서 학년제교육학년제도에서 선택형 학점이수제로 변화되고 있다. 대학교 졸업 후 전공에 따라 거인, 기사, 의사 등 각종 학위를 받은 후, 석사와 박사학위를 받기 위해서 대학원에 진학할 수 있다. 석사과정은 2~3년, 박

하노이 국립종합대 인문사회과학대학 전경

사과정은 3~4년 과정이다. 대학교를 우수한 성적으로 졸업한 학생은 석 · 박사 통합과정으로 진학할 수 있으며, 5년 후 박사학위를 받을 수 있다.

07

베트남 사람들의 특성

●● 전통적 특성

높은 온도와 많은 강수량이 필요한 벼농사는 열대몬순 지방에서 시작되었기 때문에 베트남의 벼농사 문화는 우리나라보다 오래되었다고 할 수 있다. 베트남 사람들은 벼농사를 바탕으로 유교의 영향을 많이 받아 한국 사람들과 정서적으로 매우 유사하다. 벼농사는 협동농업이 필요하므로 베트남에서는 일찍이 마을 단위의 집성촌이 발달하였다. 특히 베트남은 외적의 침입이 많아서 마을 단위의 조직이 공동노동을 위한 협동조직이기도 했지만, 마을사람들의 재산과 생명을 지키는 방어조직이기도 하였다. 그래서 베트남에서는 "나라의 권력도 마을 앞에서 멈춘다"라는 속담이 있을 정도로 자치적인 마을 단위 공동체의 단결력이 강하다. 이러한 조직방식은 민주성과 질서의식, 단결정신과 자립성 등을 형성하는 긍정적인 측면과, 지역적인 이기심과 배타성 등 부정적인 측면도 있다. 그러나 국가적인 관점에서 볼 때, 이러한 공동체의 단결력과 자치성은 애국심으로 승화되어 역사적으로 수많은 외적의 침입에 대항하여 승리를 거두는 원천이 되었다.

베트남에서는 기름진 삼각주 평야가 발달되어 있을 뿐만 아니라, 기후는 고온 다습하여 벼농사나 과실 등 농업활동에 유리하였다. 그래서 사람들은 낙천성을 가지게 된 반면, 근면성은 별로 없다. 특히 베트남은 전통적으로 남성보다는 여성의 역할이 강조되었다. 가정의 일은 물론 벼농사 등 농사를 짓는 일도 여성의 노동력이 많이 활용되었다. 이것은 오늘날에 이르기까지 계속되어 남성보다는 여성의 생활력이 강하며 국난을 당했을 때에는 여성들이 총을 잡고 게릴라전에 참여하기도 하였다. 그래서 베트남에서는 여성의 지위가 비교적 높은 편이다.

벼농사를 중심으로 하는 베트남 사회는 적극적이고 발전적인 경향보다는 소극적이고 안정적인 경향이 더 추구되었다. 마을문화는 안정을 유지하기 위해서 고향에 거주하는 것을 장려하며, 외지에서 온 이주민을 차별하고 가족관계를 지나치게 강화하는 등의 부작용도 발생하였다. 사회적 관계에서 베트남 사람들은 의지보다 정감을, 물질보다 정신적인 것을 선호한다. 또한 대화에서도 부드럽고 온화한 것을 선호하며, 중국 유교의 영향으로 무武보다 문文을 더 중시한다.

베트남 사람들은 주변 환경과 강한 적응성과 융통성을 발휘한다. 이러한 융통성은 사고방식이나 예술, 의상이나 교통, 외래문화 수용 등 많은 분야에서 분명하게 드러난다. 융통성은 안정성을 바탕으로 발휘되어야 효과가 있다. 따라서 베트남 문화는 안정성과 융통성을 결합하는 것들이 많다. 베트남 사람들은 안정된 공동체를 바탕으로 정서적으로 서로 융통성 있게 행동한다. 이러한 융통성으로 인해 베트남 사람들은 외국문화로부터 차용한 요소들을 변화시켜 그것들을 잘 토착화시킬 수 있었다. 예를 들어, 베트남에서는 음식문화가 매우 발달되어있으며, 이것은 중국적 요소와 프랑스적 요소들을 융통성 있게 효과적으로 토착화한 결과이다. 또한 유교나 불교 및 가톨릭 등 외래종교들이 베트남에 유입되었을 때, 베트남 사람들은 역시 융통성을 발휘하여 잘 수용하고 토착

생활력이 강한 베트남 여성들. 논농사도 여성 인력이 많이 활용된다.

화시켰다. 그래서 베트남에서는 종교적 갈등이나 유일종교 현상은 비교적 약한 편이다. 그리고 상황에 따라 융통성 있게 전개되는 게릴라 전술은 국토를 지키는 전술의 근간으로 작용하기도 하였다. 베트남 사람들은 나라를 닷느억Đất nước이라고 부르는데, 닷Đất, 땅은 안정을 의미하고, 느억nước, 물은 융통성과 적응성을 의미하는데, 이 두 가지가 항상 균형을 유지한다.

또한 중국유교의 영향으로 인해 베트남 사람들은 여러 가지 특징이 있다. 예禮를 중시하고, 학문을 선호하며, 출세하려는 의지가 강하고, 과학보다 문학과 예술능력이 뛰어나며, 논리적이기보다는 직관적이다. 베트남 사람들은 평소에 겁이 많고 평화를 좋아하지만, 자신의 가족과 동족, 그리고 국가와 정의正義를 위해서는 용감성을 드러내며 희생정신도 매우 강하다.

●● 현대적 특성

현재 베트남과 서양과의 교류는 베트남의 모든 영역을 다양하게 변화시키고 있다. 이러한 교류로 인해 베트남의 전통문화에 여러 가지 긍정적인 측면과 부정적인 측면들이 동시에 나타나고 있다. 긍정적인 면은 물질적인 도시생활, 높은 삶의 질, 발전된 산업, 강화된 개인역할, 과학적 사고, 자유와 권리의 강화, 국제교류가 빈번하다는 점 등이다. 또한 빈곤과 가난, 의존의식, 보수성, 가부장제, 지역주의 등을 벗어날 수 있는 기회가 존재한다는 점도 긍정적인 면이다.

그러나 서구화에 따른 부작용도 많아 환경오염, 물질주의, 개인주의, 도덕적 타락 등 많은 문제에 직면하고 있다. 또한 정감 넘치는 사회적 분위기, 긴밀한 가족관계와 인간관계 등 전통적인 정신이 퇴색해가고 있는 문제점도 있다.

오토바이의 물결을 이루고 있는 베트남의 거리. 베트남은 매우 빠른 속도로 발전하고 있다.

결론적으로 베트남 사람들은 수많은 역사적 역경을 극복하는 과정에서 다양하고 풍부한 정신적 유산을 형성하였다. 그중 가장 대표적인 것은 애국심과 독립의지, 민족을 위한 단결심을 가진 전통이다. 또한 오랜 역사를 통하여 베트남 사람들은 성실성, 적응능력, 융통성 있는 대응능력, 학문 중시경향, 정의 중시경향, 협동심과 인내심, 관용능력 등이 형성되었다. 이런 정신들은 앞으로 여러 난관을 극복하고, 강력하고 아름다운 베트남을 건설할 원동력이 될 것이다.

II

베트남의 문화공간

VIETNAM
ODYSSEY

응웬 뚜언 끄엉
Nguyen Tuan Cuong

김영순
Kim, Young Soon

백옥짱
Bach Thi Ngoc Trang

01

지역별 문화

이미 언급한 것처럼, 베트남의 건국신화는 홍방Hồng Bàng, 鴻龐 신화로 용인 락롱꿘Lạc Long Quân, 雒龍君과 천사인 어우꺼Âu Cơ, 嫗姬의 결합으로 베트남의 기원을 설명한다. 락롱꿘은 바다를 상징하며, 어우꺼는 육지를 상징한다. 이 신화는 베트남이 해양세력과 대륙세력의 결합으로 이루어졌다는 것을 암시하고 있다. 다시 말해서 베트남의 문화는 해양문화와 대륙문화가 융합된 다양성의 문화라고 할 수 있다.

이러한 베트남에는 54개 종족의 민족들이 존재하지만, 다수종족인 고대 비엣Việt족에 뿌리를 두고 있으며, 이로 인해 다양성 속에 통일성이 유지되고 있다. 베트남 영토에는 여러 민족이 공존하므로 지역마다 특징이 있는 다양한 문화공간이 존재하며, 이를 북서부Tây Bắc, 北西 문화지역, 비엣박Việt Bắc 문화지역, 북부Bắc Bộ 문화지역, 중부Trung Bộ 문화지역, 서부고원Tây Nguyên 문화지역, 남부Nam Bộ 문화지역 등 여섯 지역으로 구분할 수 있다.

북서부 문화지역

북서부 문화지역은 홍하Red river의 오른쪽, 즉 다강sông Đà 유역에 있는 산악지대부터 타잉화Thanh Hoá 성, 응에안NghệAn 성의 산악지대까지 이어져 있다. 이 지역은 라이저우Lai Châu 성, 디엔비엔Điện Biên 성, 라오까이Lào Cai 성, 썬라Sơn La 성 등을 포함하며, 관광지로 유명한 사파Sa Pa와 박하Bac Ha 등을 포함하고 있다. 이 산악지역에는 20여 개의 소수민족들이 거주하고 있으며, 대부분 타이Thái족과 므엉Mường족이 거주하고 있다.

이 지역은 산악지역이기 때문에 평지가 적어 논농사가 어려우므로 오래전부터 계단식 논을 만들어 생활하였다. 이 계단식 논에는 자연환경을 활용하여 생활에 적용하는 산지 주민들의 지혜가 돋보인다. 예를 들어, 므엉-파이-라이-린mương-phai-lái-lịn이라는 것은 지역 사람들이 논에 물을 공급해주는 방식이다. 하천의 상류에 돌을 쌓아 제방을 만든 뒤, 그로 인해 만들어진 호수에서

산악 관광지로 유명한 사파 전경

경사도를 이용하여 물의 통로를 만드는 것을 파이phai라고 하며, 파이를 크게 나누어 논으로 가는 통로를 므엉mương이라고 한다. 므엉을 더 작게 나누어 만든 것을 라이lái라고 한다. 그리고 대나무를 길게 연결해서 높은 산에서 논으로 물을 공급해주는 것을 린lìn이라고 한다. 즉, 논농사에서 필수적인 용수를 자연을 이용하여 매우 효율적으로 공급하였던 것이다.

북서부 지역은 황리엔썬Hoàng Liên Sơn 산맥이 있으며, 이 산맥의 길이는 180km, 높이는 1500m 내외의 고원이며, 가장 높은 산은 판시판Phăng xi păng으로서 높이는 해발 3,143m이다. 타이족 사람들은 이 황리엔썬 산맥을 '하늘의 뿔'이라는 뜻인 카우파Khau Phạ라고도 부른다.

산악지역의 마을과 계단식 논

라오스와의 경계선에 자리 잡은 마강sông Mã은 디엔비엔Điện Biên에서 시작해서 썬라 성의 서쪽으로 흘러가 라오스 영토에 흐르다가 타잉화 성 서쪽 바다로 흘러간다. 이 지역의 소수민족들은 독특하고 아름다운 문양의 옷을 입으며, 므엉족Mường의 치마와 타이족Thái의 스카프khăn piêu 등은 그 대표적인 의상이다. 전통예술은 무아쏘애múa xòe라는 춤이 있으며, 전통악기는 대나무로 만든 피리생황 등이 있다. 이 지역의 문화적 특징으로는 청동북, 나무배, 문신풍습 등이 있다. 또한 이 지역 주민들은 주로 우리나라의 원두막처럼 나무기둥 위에 만들어진 냐산nhàsàn이라는 집에서 거주한다. 특히 타이족의 냐산은 지붕이 거북이 모양이고, 위에 카우끗khau cút(돌려 쌓는 뿔) 장식이 있으며, 꾹대기를 소라 모양으로 꾸민다.

●● 북동부 문화지역

북동부 문화지역은 비엣박Việt Bắc 문화지역이라고도 하며, 이는 하노이를 중심으로 하는 비엣Việt 문화지역의 북Bắc부에 위치한다는 것을 의미한다. 비엣박 문화지역은 홍하 왼쪽, 즉 베트남의 북동부에 위치하는 산악지역으로 까오방Cao Bằng 성, 박깐Bắc Cạn 성, 타이응웬Thái Nguyên 성, 랑썬Lạng Sơn 성, 하장HàGiang 성 등이 이에 포함된다. 이 지역의 주요 하천은 타오강Sông Thao, 로강sông Lô, 꺼우강sông Cầu 등이 있으며, 이 강들은 산악지대와 평야지대를 연결하는 주요 통로역할을 한다.

이 지역에 거주하는 민족들은 주로 따이Tày족, 눙Nùng족이 있고, 그 외에 자오Dao족, 허몽H'Mông족, 로로Lôlô족, 산자이Sán Chay족 등이 있다. 이 지역의 소수민족들은 홍하유역 평야지역의 비엣족과 밀접한 관계를 가지고 베트남을 발전시켜왔다. 반랑국의 훙브엉vua Hùng왕 시대 따이Tày족의 조상인 오우비엣Âu Việt인과 비엣족Việt의 조상 락비엣Lạc Việt, 雒越인이 한 부족으로 연합하여 대월Đại Việt이라는 나라를 세웠다고 한다.

이후에도 이들 산악의 소수민족들은 비엣족과 연합하여 외적을 물리치고 국토를 지켰다. 예를 들어, 기원 후 40년 따이족과 눙족 등은 쯩씨 자매쯩짝과 쯩니의 한漢나라 지배에 항거한 봉기에 참여하였다. 542년 중국의 양나라梁, 502~557에 대항한 리본LýBôn의 봉기에도 비엣박 주민들이 적극적으로 참여하였다. 송나라가 대월을 침략했을 때에도 비엣박 주민들은 나라를 지키는 데 적극적인 역할을 하였으며, 베트남 민족이 몽골침략군에 대항하여 승리했을 때도 비엣박 주민들이 많은 기여를 하였다. 또한 근세에 들어와 응웬후에Nguyễn Huệ, 阮惠, 1753~1792가 청나라의 침입을 물리칠 때에도 따이족과 눙족으로부터 많은 도움을 받았다. 그리고 1946년 프랑스군이 베트남을 재침했을 때, 비엣박은 베트남 민주공화국의 행정수도 역할을 하기도 하였다. 1951년 2월 개최된 인도차이나 공산당현 베트남 공산당의 제2차 전당대회도 비엣박 지역에서 개최되었으며, 이 대회에서 당을 베트남 노동당으로 개명하고 호치민HồChíMinh이 당 대표로 취임하였다.

뿐만 아니라, 최근의 베트남 전쟁에서도 따이족과 눙족 등 산악 소수민족들은 북베트남군과 연합하여 미국을 상대로 승리를 거두었다.

따이족과 눙족은 주로 교통이 편리한 강이나 골짜기에 거주한다. 평야지역에서는 가장 작은 행정단위를 랑làng이라고 부르며, 산악지역에서는 반bản이라고 부른다. 비엣박의 모든 마을에는 토지의 신인 토공土公을 모시는 사당이 있다. 비엣박의 거주지는 나무기둥 위에 만든 집냐산, Nhàsàn과 흙으로 지은 집냐닷, nhàĐất, 두 종류가 있다. 냐산은 지붕이 두 개 있는 것과 지붕이 네 개 있는 것이 있으며, 냐산의 계단은 항상 홀수로 만든다.

따이족과 눙족 공동체는 남성 위주의 부계사회이며, 각 부족의 여성들은 부족의 특징을 나타내는 의복과 장신구로 화려하게 치장한다. 눙족 여성들은 치아를 금으로 장식하고, 은으로 만든 팔찌, 목걸이, 귀걸이 등 장신구를 선호한다. 이것은 다른 민족과 구별할 수 있는 눙족의 특징이다. 문화 측면에서 볼 때, 따이족이 비엣족 문화로부터 영향을 가장 많이 받았고, 눙족은 중국 한漢 문화로부터 영향을 많이 받았다. 따이족 여성들도 은으로 만든 장식품을 좋아하지만, 눙족 여성과 달리 사각형 스카프를 사용하며, 명절 때 머리에 빨간색과 파란색 실을 달아서 뒤로 묶는다.

사각형 스카프를 쓰고 있는 따이족 여성들

비엣박 지역에서는 터이모thày mo 또는 텐then이라 불리는 지식인 계층이 일찍부터 존재하였으며, 1527년 개국한 막씨 왕조nhà Mạc, 莫朝는 비엣박의 까오방Cao Bằng에 도읍을 정하고 유학자 양성에 노력을 기울였다. 베반풍Bế Văn Phủng, 농귄반Nông Quỳnh Văn 등 대표적인 유학자들과 황반투Hoàng Văn Thụ, 르엉반치Lương Văn Chi 등 애국사들이 이 지역 출신이다. 문자는 꾸옥응으Quốc ngữ, 國語 외에 따이족과 허몽족 등은 별도의 문자를 사용한다. 비엣박 지역의 대표적인 축제는 롱동 축제hội lồng tồng이다. 이 축제는 풍작을 기원하기 위해서 농업의 신農神을 논으로 모신다는 의미로 개최된다.

북부 문화지역

비엣Việt족이 중심이 된 북부Bắc Bộ 문화지역은 하노이HàNội 일대를 주요 배경으로 한다. 즉, 이 지역은 홍하유역의 남딩Nam Định, 하남HàNam, 홍이엔HưngYên, 하이즈엉Hải Dương, 타이빙Thái Bình, 하이퐁Hải Phòng과 푸토PhúThọ, 빙푹Vĩnh Phúc, 박장Bắc Giang 등 대부분의 평야를 포함한다. 이 지역에서는 홍하sông Hồng, 마강sông Mã, 타이빙강sông Thái Bình 등이 서쪽에서 동쪽으로 흐른다.

홍하가 펼쳐 놓은 약 1만 5,000km^2경기도의 약 1.5배의 기름진 삼각주를 바탕으로 발달한 북부 문화지역은 오래전부터 베트남 문화의 뿌리가 형성된 곳이다. 즉, 이 지역은 고대의 동손Đông Sơn 문화와 중세의 대월Đại Việt 문화 등이 발생한 곳이다. 이 지역은 외세의 침략을 가장 먼저 받을 수 있는 곳이기도 하지만, 다른 문화를 수용하는 데도 편리한 지정학적 위치이기도 하다.

이 지역 주민들은 일찍부터 홍수를 막기 위해서 홍하sông Hồng와 타이빙sông Thái Bình 강에 제방을 쌓았다. 하노이 주변에 있는 제방은 30km 정도로 길며, 제방은 우리나라와 마찬가지로 교통로의 역할을 하기도 한다. 바다 근처에 거주하는 북부지역 주민들은 염전을 만들어 소금을 생산하고 바다에서 고기잡이를 하면서 생계를 유지하고 있다. 이 지역은 연못과 호수가 많기 때문에 양식장을 만들어 생계를 유지하기도 한다. "첫째 양식, 둘째 밭농사, 셋째 벼농사"라는 이야기는 북부지역 주민들의 생활에서 유래한 것이다. 또한 북부지역은 토지에 비해 인구가 많아서 도자기, 방직업, 종이제작, 옷감제작 등 가내 수공업과 수공업품을 판매하기 위한 상업이 다른 지역에 비해서 매우 발달하였다.

북부지역은 마을마다 마을의 규칙인 향약鄕約이 있으며, 이는 마을사람들의 정신적인 기준이자, 강력한 공동체를 만드는 역할을 담당한다. 북부지역 농촌의 기본 행정단위는 랑Làng이며, 빈부격차가 비교적 작은 편이다. 이것은 이 지역 속담에서도 다음과 같이 나타난다. "부자도 하루에 밥 세끼 먹고, 가난한 사람도 하루에 세끼 먹는다.Giàu cũng cơm ba bữa, khócũng đỏ lửa ba lần."

북부 평야지역 주민의 집은 주로 세 칸으로 나누어져 있고, 지붕은 두 겹으로 튼튼하게 짓는다. 집집마다 정원을 갖추고 있으며, 정원에는 밋mít, jack tree, 브오이bưởi, 자몽, 레몬 등의 과일나무를 많이 심는다. 1986년 개혁개방정책 이후, 북부 농촌에서도 시멘트로 된 2층이나 3층의 현대식 집을 짓기도 한다. 북부 농촌에서는 가구마다 양식장, 과일정원, 벼와 채소 등을 심어서 식사 시 밥, 채소, 물고기주로 민물고기 등을 먹으며, 음식은 중부나 남부지역보다 조금 짠 편이다. 베트남의 북부지역은 짠맛을, 중부지방은 매운맛을, 남부지역은 단맛을 특징으로 한다.

북부지방의 석회암 절경, 땀꼭Tam Cốc

북부지역은 또한 역사가 깊고 전통이 살아있어서 성곽, 궁궐, 사원, 사당 등 문화재가 많으며, 전통적인 종교로는 성황지신城隍之神, 직업의 신 등에 대한 믿음을 가지고 있다. 전통예술로는 째오chèo, 관호quan họ, 핫소안hát xoan, 인형극múa rối, 수상인형극múa rối nước 등이 있다.

북부지역은 또한 하롱베이Vịnh HạLong, 땀꼭Tam Cốc 등 석회암으로 이루어진 독특하고 아름다운 풍경이 많아서 세계적인 관광명소를 이룬다.

●● 중부 문화지역

다낭ĐàNẵng과 후에Huế를 중심으로 하는 중부지역은 광빙Quảng Bình, 광치Quảng Trị, 트아티엔Thừa Thiên, 광남Quảng Nam성 등을 포함한다. 중부지역은 가늘고 길게 뻗어있으며, 뒤쪽에는 거대한 쯔엉썬Trường Sơn, 長山 산맥을 등지고 있고, 앞쪽에는 동해biển Đông와 접해 있다. 쯔엉썬 산맥에는 미국과의 전쟁에서 유명한 '호치민 통로'HồChíMinh Trail가 있다. 또한 중부지역에는 후에Huế와 다낭ĐàNẵng의 중간에 있는 하이반Hải Vân 고개 등 많은 고개가 있으며, 하이반 고개는 차가운 동북계절풍을 막아주는 바람막이 역할을 하며, 남부지역을 따뜻하게 해주는 역할도 한다. 하이반 고개는 우리나라의 대관령처럼 과거에는 통행하기 어려운 험준한 고개였으나, 현재는 터널이 준공됨에 따라 교통이 편리해졌다. 중부 문화지역은 바다와 접하면서 준령들이 해안까지 이어져 있기 때문에 해양문화와 산악문화가 융합된 형태를 띤다.

중부지역의 동해안에는 항港, 만灣 등이 많아서 항구港市가 일찍부터 발달되었다. 그래서 이곳에 일찍부터 힌두교 문화의 참Chăm족이 진출하였으며, 16~17세기부터는 호이안Hội An에 국제적인 무역항이 발달하여 중국과 일본 등 해외문화와의 교류가 빈번하였다.

또한 중부지역은 봉건영주인 찐Trịnh－응웬Nguyễn 가문 간의 내전으로 인해 가장 큰 피해를 입은 곳이다. 북방의 쭈어찐chúa Trịnh, 鄭王 군대를 막기 위해서 광빙Quảng Bình 주민들은 약 30년1630~1662 동안 다오쥐뜨Đào Duy Từ, 陶維慈의 지휘 아래 냣레Nhật Lệ 강에 긴 루樓를 건설하였으며, 이것을 다오쥐뜨의 루LuỹĐào Duy Từ라고 부른다. 이곳은 200년 동안 계속된 찐－응웬 내전에 따른 주민들의 고통이 고스란히 남겨진 유적이다.

중부지역에는 또한 16~17세기에 파이포Faifo라는 이름으로 유명했던 무역항인 호이안Hội An이 있다. 호이안은 투본Thu Bồn 강의 동쪽 어귀에 위치하며, 중국, 일본, 인도네시아, 포르투갈, 이탈리아 등에서 온 상인들이 드나들던 국제적인 무역항이었다. 호이안에는 상인들의 고가古家나 회관會館, 사원 등이 많으며, 현재까지 잘 보존되어 있다. 고가들은 주로 1층이나 2층으로 이루어진 건축물

국제적인 무역항이었던 호이안 포구

이며, 가옥 형태는 중국이나 일본건축의 영향을 많이 받았다. 호이안의 특별한 풍습은 음력 15일 밤보름 마다 마을 전체에 전등을 켜지 않고 덴롱Đèn lồng, 청사초롱 같은 등을 사용하는 것이며, 이것이 호이안만의 독특한 문화를 발달시켰다. 호이안은 1999년 유네스코UNESCO에 의해 세계문화유산으로 선정되었다.

북부지역은 비엣인들이 고대부터 거주한 지역인 반면, 중부지역은 비엣인들이 거주하기 전 참족들에 의해 참파Chămpa 왕국이 자리 잡았다. 참파 왕국은 인도의 영향을 받은 힌두교 문화로서 중부지역의 다낭ĐàNẵng과 미썬MỹSơn 등의 지역에 유적들이 많이 남아있으며, 카인화Khánh Hoà 성의 포나가Po Nagar 탑 등도 유명한 참파 유적이다. 호이안에서 약 40km 떨어진 미썬MỹSơn은 참파 왕국의 성지였으며, 1999년 호이안과 함께 유네스코의 세계문화유산으로 지정되었다.

중부지방의 참파 힌두교 유적

미썬 지역에는 힌두교 사원들이 많이 있으며, 힌두교의 주신 중 하나인 쉬바Siva의 상징물과 링가linga-男根를 모시고 있다.

또한 중부지역은 농민운동이 많이 발생했던 곳이었다. 1771년 응웬냑Nguyễn Nhạc, 응웬후에Nguyễn Huệ, 응웬르Nguyễn Lữ 3형제가 일으킨 떠이썬Tây Sơn 농민 봉기는 15년 만에 성공하여 정권을 잡았다. 그래서 1788년 응웬후에가 스스로 황제라 칭하며, 푸쑤언PhúXuân에 도읍을 정하고, 연호는 광중Quang Trung, 光中이라고 불렀다.

그러나 1802년 서양세력의 후원으로 응웬아잉Nguyễn Ánh은 떠이썬 왕조를 무너뜨리고 응웬 왕조 시대를 열었다. 응웬 왕조1802~1945의 수도는 현재의 후에Huế인 푸쑤언PhúXuân이었다. 그래서 후에는 황궁과 황제능 등 규모가 크고 아름다운 유적이 많이 남아있어서 관광객들이 많이 찾는 곳이다.

중부지역은 해안가에 사람들이 많이 살기 때문에 민간신앙으로 바다신, 고래신 등을 모시며 풍어를 기원하는 제사인 레고우응으lễcầu ngư를 지낸다. 바다의 영향은 이 지역 주민의 음식에서도 잘 드러난다. 북부지역 사람들이 민물고기를 많이 먹는 반면, 중부지역 사람들은 바닷고기를 많이 먹는다.

서부고원 문화지역

서부고원지역은 떠이응웬Tây Nguyên 지역이라고도 하며, '응웬Nguyên'은 '고원'이라는 뜻으로 떠이응웬은 '서부고원지역'이라는 뜻이다. 떠이응웬은 꼰뚬Kon Tum 성, 잘라이Gia Lai 성, 닥락Đăk Lak 성, 닥농Đắk Nông 성과 럼동Lâm Đồng 성 등을 포함하며, 서쪽으로는 라오스와 캄보디아와 국경을 접하고 있다. 럼동 성에는 유명한 관광지인 달랏Đàlạt이 있다.

떠이응웬의 전체 면적은 5만 5,000km^{2}이며, 주로 고원지대를 이룬다. 북쪽은 꼰뚬-프레이꾸Kon Tum-Pleiku 고원이며, 꼰뚬 지역의 높이는 400m 정도이고, 플레이꾸 지역의 높이는 800m 정도이다. 중심부의 닥락Đăk Lak 고원은 높이가 400m 정도이며, 남쪽으로 갈수록 높아져서 랑방Lang Biang 고원의 높이는 1,000m에서 1,500m까지이다.

떠이응웬의 산악지역은 자연생태계가 잘 보전되어서 희귀한 나무가 많이 자라고 있다. 여기에는 코끼리, 호랑이, 곰, 사슴, 멧돼지, 비단뱀, 악어 등의 동물들과 여러 가지 희귀한 조류들이 살고 있다. 이 지역의 토양은 또한 고무, 커피, 카카오, 후추, 차 등의 작물을 재배하기에 적당하다. 떠이응웬 주민들은 코끼리를 사육하기도 하며, 닥락성의 반돈bản Đôn 같은 지역에는 수백 마리의 코끼리들이 살고 있다.

또한 이 지역에는 몬크메르Môn-Khmer 그룹과 말라이-다다오MãLai-Đa Đảo, Malayo-Polynésien 그룹에 속한 20여 소수민족이 살고 있으며, 몬크메르Môn Khmer 어계에 속한 민족은 서단XơĐăng족, 바나Ba Na족, 마Mạ족 등이 있고, 말라이-다다오Malayo-Polynésien 어계에 속한 민족은 자라이Gia Rai족과 에데ÊĐê족 등이 있다. 평지에서 주류를 이루는 비엣족들도 이 떠이응웬 지역에 많이 거주하고 있으며, 특히 잘라이Gia Lai성의 비엣족은 인구의 50%를 차지하고 있다.

떠이응웬 주민들의 풍습과 생활습관은 냐롱Nhàrông, 마을 공회당, 냐모Nhàmồ, 묘지와 냐산Nhàsàn, 나무기둥 위의 집 등에서 잘 드러나 있다. 냐롱은 잘라이나 꼰뚬 등 떠이응웬의 북쪽 마을에만 있으며, 마을 회의, 제사, 결혼식 등을 개최하는 공회당 성격의 장소이다. 냐모Nhàmồ는 묘지로서 나무로 만든 인형으로 장식되며, 주변에 울타리가 있다. 바나족은 사후에 사람이 다른 세상에서 계속 산다고 생각한다. 그래서 냐모의 나무인형은 고인과 함께 다른 세상으로 동행해주는 의미가 있다. 이러한 냐모의 나무인형은 고대 예술의 모티브가 되었다. 냐산은 나무기둥 위에 지은 집으로 사각형이나 직사각형으로 만들고, 집으로 올라가는 계단은 통나무로 섬세하게 조각되어 있다.

문화와 축제는 물소 축제, 코끼리 달리기 축제, 루아머이 축제lễ mừng lúa mới, 풍작을 기원하는 축제 등이 있다. 그러나 이곳 주민들은 신에 크게 의지하지 않고 제사 지낼 때에도 평지사람처럼 큰절을 하지 않는다.

전통악기로는 공치엥cồng chiêng, 징과 같은 타악기의 한 종류, 트룽t'rưng, 대나무로 만든 실로폰 같은 악기, 크롱봇k'rông pút, 여러 가지 대나무통에 손뼉을 쳐서 바람을 불어넣어 소리를 내는 악기 등이 있다.

이곳 떠이응웬은 고산기후를 나타내는 고원휴양지로서 베트남의 마지막 왕인 바오다이Bảo Đại, 1913~1997 황제의 별장이 있다. 이곳은 부언마투엇Buôn Ma Thuột과 달랏ĐàLạt으로 가는 길목에 위치하며, 락호수hồLăk를 한눈에 볼 수 있는 언덕

떠이응웬은 고산지대로 고랭지농업이 발달되었다.

위에 위치한다. 축림신전Thiên viện Trúc Lâm, 竺林 神殿은 달랏시 뚜엔럼 호수hồTuyên Lâm를 바라보는 풍황산núi Phụng Hoàng에 위치하며, 호수 주변에는 소나무숲이 있다. 얄리 폭포Thác Yaly는 세산 강sông SêSan의 꼰뚬과 잘라이 부근에 있으며, 근처에 얄리Yaly 수력발전소가 있다. 또한 1942년에 건축된 달랏 성당은 중세시대의 유럽스타일로 건축되었다. 호탄터HồThan thở, 탄식의 호수는 달랏시에서 동쪽으로 6km 정도 떨어져 있으며, 조용한 소나무숲 속에 자리 잡고 있다.

남부 문화지역

호치민 시HồChíMinh city를 중심으로 하는 남부 문화지역은 동남부지역 다섯 개의 성과 서남부지역 14개의 성을 포함하며, 서남부지역은 주로 메콩 삼각주 지역이다.

동남부지역 다섯 개의 성은 동나이Đồng Nai, 빙즈엉Bình Dương, 빙프억Bình Phước, 떠이닝Tây Ninh, 바리아-붕따우BàRịa-Vũng Tàu이며, 서남부지역 14개의 성은 롱안Long An, 띠엔장Tiên Giang, 벤째Bến Tre, 빙롱Vĩnh Long, 짜빈TràVinh, 동탑Đồng Tháp, 껀터Cần Thơ, 호우장Hậu Giang, 석짱Sóc Trăng, 안장An Giang, 끼엔장Kiên Giang, 박리에우Bạc Liêu, 까마우CàMau 그리고 호치민 시이다.

남부지역은 주로 메콩Cửu Long 강과 동나이Đồng Nai 강 유역에 발달해 있는 비옥한 삼각주를 포함한다. 이 지역은 수로가 거미줄처럼 얽혀 있으며, 강의 총 길이는 약 5,700km에 달한다. 이 지역의 강들은 흐름이 느리고 충적토가 많이 쌓여 있고, 넓이는 약 2만 2,000km^{2}경기도의 약 2배나 되는 광대한 삼각주를 형성하고 있다. 이 지역은 6세기까지 인도문화의 영향을 받은 후난Funan 왕조로 이어지다가, 7세기경부터는 크메르 왕국에 편입되었으며, 아직 농경지로 잘 이용되지 못하는 습지대 상태가 대부분이다. 그러다가 17세기에 이르러 중부지방의 응웬Nguyễn 왕조에 의해 점령되어 뒤늦게 베트남화된 지역이다.

남부지역 주민들 중 가장 많은 민족은 비엣족이고, 그 다음으로는 크메르족, 참족, 화족, 마족 등의 순이다. 기후는 북부지역에 비해 사계절이 뚜렷하지 않으며, 우기와 건기가 뚜렷하다. 남부지역은 1년 내내 덥고, 겨울이 거의 없는 편이다. 이것은 남부지역 사람들의 의복에도 잘 드러나고 있으며, 북부지역 마을에는 마을문이 있지만, 남부지역 마을에는 마을문이 없다.

남부지역 주민들의 음식은 주로 밥, 채소와 생선 등이다. 북부지역 사람들은 민물고기, 중부지역 사람들은 바닷고기를 즐겨 먹으며, 남부지역 사람들은 민물과 바닷물이 섞여 있는 삼각주의 수로에서 잡은 고기들을 많이 먹는다. 남부지역 사람들은 주로 수산물을 선호하며, 요리에는 신맛이 나는 생선탕이나, 즈랑chrăng 도자기 냄비로 요리한 생선이 있다. 남부지역 사람들은 북부지역 사람들과는 달리 차를 즐기는 것이 아니라, 단지 갈증을 해소하기 위해 마시는 경향이 있다. 남부지역 사람들은 커피를 즐겨 마시며, 쭝응웬Trung Nguyên이란 유명한 커피 브랜드가 있다.

남부지역 사람들은 일찍부터 외국문화와 교류했기 때문에 문화수용과 변화과정이 빠른 편이다. 1862년부터 남부지역은 프랑스의 지배를 받았고, 사이공cảng Sài gòn 항이 건설되어 서양과 아시아 상선들이 많이 드나들었다. 사이공은 '동양의 진주Pearl of the orient'라고 불릴 정도로 아름다운 항구였다.

메콩 강 유역에는 배를 이용한 수상교통이 발달되어 있으며, 수로교통의 요지에 수상시장Floating Market이 열린다. 거래되는 물건은 과일 · 농산물 등 여러 종류가 있으며, 특히 식당 · 미용실 등 서비스업도 선상에서 이루어진다. 이것은 관광객들에게 흥미로운 볼거리를 제공해준다.

남부지역에는 불교, 천주교, 기독교, 이슬람교, 카오다이교, 호아하오HoàHảo교 등 많은 종교가 있다. 호아하오교는 약 100만 명의 신자가 있으며, 신자들은 주로 서남부지역에 거주한다. 베트남에 이슬람교 신자는 약 6만 명 정도가 있으

메콩 삼각주의 수상시장

며, 주로 참족, 크메르족과 남부에 거주하는 말레이시아, 인도네시아, 인도 등지의 이주민들로 구성되어 있다.

02

베트남의 촌락문화

베트남의 국토는 인도차이나 반도에서 남중국해를 향해 불룩하게 배를 내밀고 길게 뻗어 있기 때문에 해안선이 길며 영해도 넓다. 그래서 베트남의 영역은 4/8가 바다, 3/8이 산악, 1/8이 평야로 구성되어 있다. 베트남 촌락은 주로 평야지역과 해안지역에 발달해 있으며, 나머지 일부분은 산악지대나 고원지대에 자리 잡고 있다. 다시 말하면, 베트남은 산악문화, 해양문화, 평야문화가 모두 발달하였다.

평야지역의 촌락은 주로 벼농사에 유리한 하천유역에 자리 잡고 있다. 베트남에는 촌락들의 입시에 관해 '일근시 이근강一近市 二近江'이라는 발이 있는데, 이것은 '시장에 가까운 곳이 가장 좋고, 두 번째가 강에서 가까운 곳이 좋다'라는 말로서 베트남의 자연환경을 반영한 말이다.

오늘날 베트남에는 도시가 많이 생겨났지만, 20세기 초까지 대다수의 베트남 사람들은 농촌에 거주하였다. 도시에 사는 대부분의 가족들은 농촌 출신이거나, 농촌에 친척을 두고 있다. 그렇기 때문에 베트남이라는 나라와 베트남 사람들에 대해서 알기 위해서는 베트남 농촌의 촌락과 문화를 먼저 이해해야 한다. 다시 말해서, 농촌의 촌락은 베트남 사람들의 비밀스러운 공간에 들어갈 수 있는 열쇠 역할을 하는 곳이다.

베트남의 농촌은 벼농사를 근간으로 하기 때문에 농한기에는 한가한 시간이 많은 편이다. 그래서 베트남 북부지역과 중부지역에서는 수공업과 상업을 부업으로 한다.

촌락과 가족을 연결하는 공동체

우리나라와 마찬가지로 벼농사를 근간으로 하는 베트남의 촌락은 협동이 필수적이므로 사회적으로 매우 강력한 조직체이다. 마을마다 향약hương ước, 鄉約이라고 하는 규약이 있으며, 이것은 엄격하게 적용된다. 베트남 촌락의 가장 중요한 특징은 공동체적인 성격을 띤다는 것이다. 이러한 특징으로 인해 각 지역의 농촌공동체는 강력하고 끈끈한 연대감을 바탕으로 조직되어 있으며, 정치와 경제 및 사회적으로 안정되어 있다.

베트남 촌락의 유대관계 중 가장 강력하고 기본이 되는 단위는 가족이다. 베트남 촌락은 일반적으로 대가족을 이루며 협소한 동일 공간에서 가족생활이 이루어진다. 베트남 문화는 농업문화이기 때문에 가족을 기본으로 하는 혈연관계가 무엇보다 중요시된다. 전통적으로 각 혈연공동체는 힘을 모아 협동농업을 해야만 벼농사를 짓는 데 수월할 뿐만 아니라, 어려운 자연환경을 극복할 수도 있다. 즉 홍수를 방지하기 위하여 제방을 쌓는 등의 작업은 많은 사람과 마을공동체의 단결력이 요구된다. 또한 혈연공동체는 외적의 침입을 물리치는 기본 단위로서 유대감 이상의 강력한 단결력을 가진다.

20세기 말까지 수천 년 동안 베트남의 씨족 집성촌은 갈수록 긴밀한 관계를 형성하여 다른 마을이나 도시에 있는 동일한 성씨들끼리 연합하여 문중을 이루며 서로 도움을 주는 집단으로 발전하였다. 베트남의 문중은 우리나라와 마찬가지로 족보tộc phả를 만들고, 제사나 혼인 등 큰 행사가 있거나 어려울 때 도와주는 비용을 충당할 기금을 마련하기도 하였다. 또한 문중을 중심으로 사당도 설립하고, 가족 관계나 제사 등에 대한 내규內規도 만들었다. 문중을 중심으로 하는 혈연집단의 단결력은 지나칠 정도로 강력하며, 때로는 폐쇄성을 띠기도 한다. “아버지가 돌아가시면 작은아버지가 있다. 어머니가 돌아가시면 이모의 젖을 먹는다.”, “한 명이 벼슬을 하면 가계에 도움이 된다.”라는 말이 있듯이, 혈연집단끼리는 사회적으로나 정신적으로, 나아가서는 물질적으로 서로 도움을 주어야 하는 의무가 있다. 혈연집단은 문중을 발전시키고 사회에 공헌하는 문화단위이며, 도덕적 규범을 강조하고 실천하는 역할도 한다. 따라서 혈연집단은 공동체정신을 발전시키며, 사회에 공헌하는 긍정적인 면이 강하다. 그러나 부분적으로는 이기적이며 배타적 경향이 나타나는 등 부정적인 측면도 있다.

베트남의 조상숭배는 생활화되어 있다. 조상의 제단에 사용할 향을 만들고 있다.

베트남 사람들에게 있어서 조상숭배사상은 혈연관계를 강화시키는 데 매우 중요한 요소 중 하나이다. 문중의 사당은 촌락의 중심에 위치하며, 이 사당을 중심으로 촌락이 운영되고 발전된다. 제삿날이 되면, 멀리 떨어져 사는 사람들이나 각 지역의 대표자들이 제사를 지내기 위해 고향의 사당을 방문한다. 이것이 농촌 출신 사람들의 생활을 지배하는 촌락문화의 특징이다. 현재까지 마을 이름으로 미루어 보아 같은 성씨로 이루어진 마을들이 아직도 많이 남아 있다. 예를 들어, 당사Đặng Xá는 당씨의 마을, 응오사Ngô Xá는 오吳씨의 마을, 쩐사Trần Xá는 진陳씨의 마을, 응웬사Nguyễn Xá는 원院씨의 마을, 레사LêXá는 여黎씨의 마을 등이다.

평야지역의 혈연집단도 강력한 결집력을 가지고 있지만, 북서부지역이나 떠이응웬 지역 같은 산악지역 소수민족의 혈연집단은 훨씬 중요한 역할을 한다. 자오Dao족과 몽Mông족 같은 경우, 족장族長이 속한 가문은 신앙 · 경제 · 문화 활동 등에 절대적인 지도력을 발휘한다. 족장의 말은 혈연집단인 부족에서 법과 같이 매우 큰 영향력이 있으며, 외적의 방어나 생산 활동 등 마을의 여러 가지 대소사에 절대적인 지배력을 가지고 있다.

베트남의 촌락: 솜과 랑

베트남 촌락의 단위에서 솜xóm과 랑Làng은 혈연이나 지연으로 형성된 비교적 작은 주거 공동체이다. 반면, 사xã는 이웃하고 있는 몇몇의 촌락을 합쳐서 만든 행정구역이다.

베트남의 솜과 랑 같은 자연발생적 촌락의 특징은 다음과 같다. 베트남의 촌락은 기본적으로 벼농사 위주의 공동체로 벼농사를 위해서는 협동노동이 필수적이며, 마을을 외적이나 도둑으로부터 보호하고 안정을 도모하기 위해서 마을 구성원 간의 협력은 절대적이다. 그래서 촌락에서는 혈연 못지않게 지연도 강력하게 작용하고 있다. 한국 속담 중에 "가까운 이웃이 먼 형제보다 낫다."라는 말처럼, 베트남에서는 "먼 형제를 팔고 가까운 이웃을 산다."라는 속담이 있으며, 이것은 베트남 농촌사람들의 생활 원칙이자, 베트남 농촌의 공동체적 특성을 잘 반영한다.

베트남 독립 이전에 사람들은 대부분 농업에 종사하였으며, 우리나라와 마찬가지로 교육을 매우 중시하였다. 농촌에서 교사는 주민의 자녀들에게 학문을 가르칠 뿐만 아니라, 훌륭한 지혜와 도덕성을 갖추고 마을사람들에게 많은 경험을 가르쳐줄 수 있는 존재로서 옛날부터 깊은 존경을 받아왔다. 이러한 학문중시와 스승을 존경하는 전통은 베트남 사회에 현재까지 이어져 내려오고 있

전통 농촌 촌락의 중심인 딘đình

다. 예로부터 마을에서 지도적 위치에 있는 문중에서는 훈장을 모시고 자신들의 자녀뿐만 아니라, 마을 주민의 자녀들을 교육시켰다. 이러한 사적인 교육기능은 문중뿐만 아니라, 지역사회의 학력을 향상시키고 나아가서는 기초교육 기능을 담당함으로써 국가에 이바지하게 되었다. 베트남의 촌락에서는 우리나라와 마찬가지로 자녀들이 과거시험 등을 통해 입신함으로써 집안과 가문을 부흥시키는 것에 절대적 가치를 두었으며, 부모들은 이를 위하여 많은 희생을 감내하였다. 그러나 이러한 교육은 봉건사회에서 귀족이나 지주 중심 또는 남자 중심의 불평등한 교육이라는 측면이 있다.

1945년 8월 사회주의혁명은 베트남의 농촌생활을 근본적으로 변화시켰다. 새로운 혁명정부는 남녀평등과 아동교육 등 농촌사람들에게 기본적인 권리를 보장해주었다. 농촌은 토지개혁 후 지주계급이 없어지고, 농민들이 자유롭게 농사를 지을 수가 있게 되었으며, 교육의 기회도 평등하게 되었다. 폐쇄적인 촌락들도 마을대문과 대나무 울타리 안에 머무르지 않고 외부 및 주변마을과 활발하게 교류해서 외부로부터 새롭고 좋은 요소들을 수용하였다. 예전에는 사당이자, 마을회관인 딘Đinh이 촌락의 행정과 문화 및 종교 등 마을의 중심이었지만, 혁명 이후에는 인민위원회가 그 기능을 대체하게 되었다.

지역별 촌락의 특성

베트남의 촌락은 북부와 중부, 남부가 다소 차이가 있으며, 중부의 촌락은 그 특성이 북부와 유사하다. 베트남의 북부지역은 고대 비엣인người Việt들의 촌락이 처음으로 형성된 곳이다. 이 촌락들은 비옥한 홍하 유역에 벼농사를 바탕으로 발전하였다. 일반적으로 북부지역의 전통적인 농촌은 자치적인 농업공동체를 구성하며, 강이나 다리를 경계로 하고 있다. 북부지역이나 중부지역 촌락의 경제구조는 주민들이 주로 농사를 짓고 있으나, 대부분의 마을에서 수공업과 상업 등 농업 이외의 경제활동이 발달했다는 특징이 있다. 이것은 조밀한 인구에 비해 평야가 좁고 산악지역과 평야지역 그리고 해양지역의 교류가 활발하게 전개된 것에 기인한다.

촌락공동체는 혈연이나 협동조합 및 당파 등이 포함된 복합체를 구성하고 있다. 촌락에서 주민들은 개인으로 존재하기보다는 혈연공동체나 협동조합 등 단체의 구성원으로 존재한다. 촌락을 통해 막강한 힘이 모이며, 이 힘은 민족적 저력의 근간이 된다. 옛날부터 지금에 이르기까지 모든 전쟁에서 군사적 인력과 물자들이 농촌에서 동원되었다는 것이 대표적인 사례에 속한다. 그렇기 때문에 전시에 촌락은 전략적인 역할을 수행했고, 평화 시기에는 경제 · 사회적 역할을 수행했다.

그러나 촌락의 자치성과 정체성이 지나치게 강해서 사유의식과 지역주의

촌락의 독립성을 상징하는 베트남 촌락의 마을 문

등의 부작용이 뒤따르고 있으며, 이로 인해 평화 시기에는 국가와 마을 간의 충돌이 자주 발생하여 지방정부의 힘을 약화시키는 결과를 낳았다. 이것은 "왕의 명령은 마을의 규칙에 당하지 못한다.phép vua thua lệ làng"라는 베트남 속담에 잘 드러나 있다. 북부지역 촌락의 폐쇄성은 대나무로 만들어진 촌락의 울타리에서 대표성을 찾을 수 있다. 촌락 전체를 빼곡하게 둘러싼 울창한 대나무숲으로 된 울타리는 외적으로부터 마을을 방어하는 성곽의 역할을 하였으며, 성문과 같은 마을 문이 있다. 이 대나무 성곽의 문은 아침에 열리고 저녁에 닫히는데, 이것은 북부지방 촌락의 독립성과 폐쇄성을 충분히 설명해주고 있다.

경제와 사회 측면에서 15세기부터 20세기까지 북부와 중부지역에서는 농업과 상업이 성행하였다. 시장은 주요 농산물이나 수공업제품 등 생필품을 교환하는 장이기 때문에 마을에서 절대적으로 필요하고 중요한 요소이다. 약 $3km^2$

마을을 방어하고 성곽의 역할을 하는 대나무 숲

의 공간에 시장이 하나씩 열렸으며, 이러한 시장들은 보통 정기시장으로 정기적인 날짜를 음력으로 정해서 열렸다. 시장에서는 농산물, 옷감, 죽제품, 농기계, 물고기, 축산물 그리고 음식과 잡화를 취급하는 상점들이 상업 활동을 하였다. 또한 도자기, 철기, 항아리, 흙 냄비, 흙 주전자 같은 수공업 상품을 판매하는 전문시장도 있었으며, 농사일에 필요한 소나 물소를 사고파는 가축시장도 있었다.

남부지역의 촌락은 비교적 역사가 짧아 형성된 지 약 200년 정도 되었다. 촌락은 북부지역처럼 집촌集村이 형성되지 않고 강이나 수로를 따라 분산되어 산촌散村을 이루었다. 남부지역의 메콩 삼각주는 북부의 홍하 삼각주보다 더 기름지며 습지대로 있다가, 근대인 응웬Nguyễn 왕조 시대부터 새롭게 개간되고 개척되었다. 남부지역의 촌락과 가옥은 북부지역보다 개방적인 특징을 가지고 있다. 남부지역의 촌락은 북부지역처럼 대나무 성곽과 마을문이 없으며, 마을은 거미줄처럼 얽혀있는 수로를 따라 개방적으로 발달하였다. 따라서 남부지역 주민들은 북부지역 마을처럼 운명공동체적이고 폐쇄적인 관계를 형성한 것이 아니라, 매우 융통성이 있으며 개방적이다. 자연환경도 북부지역보다 더 덥고 수상교통이 잘 발달되어 있기 때문에 남부지역 사람들의 성격이 더 개방적이고 외부로부터의 영향을 쉽게 수용하는 경향이 있다.

남부지역 마을사람들은 혈연보다는 지연을 중시하는 경향이 있다. 이것은 "일근시一近市, 이근련二近連, 삼근강三近江, 사근로四近路, 오근전五近田"과 같은 속담에 녹아들어 있는데, 이는 첫째는 시장에 가깝고, 둘째는 이웃집에 가깝고, 셋째는 강에 가깝고, 넷째는 길에 가깝고, 다섯째는 경작지에 가까운 곳이 살기 좋다는 말이다. 이웃을 중시하는 남부지역 마을의 특징은 베트남 민족의 통일성을 형성하는 데 긍정적인 기여를 하고 있다.

베트남의 대표적인 도시와 문화유산

베트남에는 1,000여 년의 역사를 지닌 수도 하노이Hà Nội, 1975년 이전에는 사이공이라 불렸던 호치민Hồ Chí Minh, 고도古都 후에Huế, 바다의 도시 냐짱Nha Trang, 세계문화유산 호이안Hội An, 휴양의 고산도시 달랏Đà Lạt 등 매력적인 관광지가 많이 있다.

하노이

하노이Hà Nội, 河內는 베트남 사회주의공화국의 수도이다. 하노이라는 이름은 1831년 민망Minh Mạng, 明命 황제에 의해 붙여졌는데, 하내河內, 즉 '강의 안쪽'이라는 뜻이다. 이 명칭대로 하노이는 홍하洪河 연안의 범람으로 형성된 수많은 호수를 배경으로 하는 '호수의 도시'이다. 현재 하노이의 면적은 3,324km^{2}이고, 인구는 약 650만 명 정도이다.

하노이의 중심지는 호안끼엠Hoàn Kiếm, 環劍 호수를 중심으로 형성되어 있으며, 호수 북쪽의 구시장Old Quarter의 거리, 그리고 그 남쪽에 가로질러 있는 짱띠엔Tràng Tiên 거리와 항 카이Hàng Khay 거리 부근이 가장 번화한 곳이다. 호안끼엠 호수 옆의 바딘구Ba Đình는 하노이의 정치 중심지로서 베트남 공산당사, 베트남 정부청사, 국회의사당, 각국 대사관 등이 들어서 있다.

호안끼엠Hoàn Kiếm 호에서 서쪽으로 낌마Kim Mã, 金馬 거리를 따라 약 5km 정도의 거리에 하노이 최대의 호텔 중의 하나인 대우호텔이 있으며, 이 호텔의 대하Dae Ha 빌딩에 한국대사관과 상공회의소, 은행, 기타 한국 기업 등이 입주해 있다.

역사

홍하 삼각주 지역은 예로부터 중국의 침략과 항전이 반복되면서 개척되고 발달되어 왔다. 중국과 끊임없이 전쟁하던 끝에 939년 베트남 최초의 독립왕조인 오吳 왕조가 홍하 일대에서 일어나고, 이후 각 왕조들이 흥망성쇠를 거듭하게 된다. 그러다가 1010년 이태조Lý Công Uẩn, 李公蘊, 974~1028가 베트남 최초의 장기집권 왕조인 이李 왕조를 세워 이 지역을 도읍으로 정하면서 명실상부하게 중앙집권의 중심지가 되었다. 전설에 의하면, 이태조가 강에서 뱃놀이를 즐기다가 황룡이 하늘로 승천하는 것을 보고 이곳에 도읍을 정하였다고 한다. 그래서 이 지역은 탕롱Thăng Long, 昇龍, 즉 '용이 하늘로 승천한 곳'이란 뜻으로 불리게 되었다. 또한 일설에 의하면, 이 지역이 풍수지리적으로 용이 승천하는 모양의 명당이라고도 한다. 1802년에는 떠이선Tây Sơn, 1788~1802 왕조를 진압한 응웬阮朝, Nguyễn; 1802~1945 왕조가 수도를 후에Huế로 천도했다가, 1832년 다시 하노이로 천도한 것을 제외하면 하노이 지역은 역대 왕조의 수도로 이어져 내려왔다.

이 지역은 또한 동도Đông Đô, 東都라는 뜻인 동킨Đông Kinh이라고 불리기도 했으며, 이 발음에 영향을 받아 프랑스 식민통치시대에는 통킹으로 불렸다. 1883년 프랑스는 프랑스를 등에 업고 권력을 유지하던 응웬 왕조를 굴복시키고, 북부 베트남을 완전히 식민지화하였다. 그래서 하노이는 급격히 서구화하게 되었으며, 아직도 하노이 시내는 프랑스풍의 경관이 많이 잔존하고 있다. 하노이는 1945년 해방 이후 혼란을 거듭하다가 1954년부터 다시 안정을 되찾았으며, 1976

년 통일된 이후 베트남 사회주의공화국의 수도로서 오늘날에 이르고 있다. 2000년에는 하노이가 유네스코UNESCO에 의해 '평화의 도시'로 지정되기도 하였다.

기후와 지형

하노이는 아열대 몬순계절풍 기후에 속하며, 남부지방에 비해 사계절이 뚜렷하지만, 크게 보면 무더운 계절과 서늘한 계절, 두 가지로 구분할 수 있다. 10월 말부터 다음 해 2월까지는 서늘한 계절이며 비가 많이 오지 않고, 3월과 4월에는 봄비가 자주 오고 습도가 높아 싹이 트는 시기이다. 5월부터 8월까지는 날씨가 무더우면서 폭우와 태풍이 잦은 편이다. 9월과 10월에는 날씨가 점점 좋아지고 시원해지면서 연중 가장 좋은 날씨를 보인다. 여름의 평균기온은 29~30℃ 정도이며, 39℃까지 오를 때도 있다. 겨울의 평균 기온은 약 17.2℃로 선선한 편이다. 산악지역은 대륙성 기후의 특징을 나타내며, 라오스로부터 오는 계절풍의 영향을 받는다. 연평균 강우량은 약 1,800mm이다.

문화

하노이는 천 년 역사의 도시이자, 베트남 문화의 중심지이다. 하노이에는 아직 옛 정취들이 그대로 남아 있는 곳이 많아서 도시 자체가 살아 숨쉬는 박물관이라고 할 수 있다.

하노이 지역은 성곽을 중심으로 북쪽의 서호Hồ Tây, 西湖 부근 지역은 왕족들을 위한 위락시설과 사찰이 발달되어 있고, 문묘Văn Miếu, 文廟를 중심으로 하는 남쪽에는 귀족과 사대부들의 거주지로서 국가 경영과 학문연구의 중심지였다. 그리고 서쪽은 농민들이, 동쪽의 호안끼엠호Hồ Hoàn Kiếm, 還劍湖 부근은 상인들이나 예술인들이 살던 교역의 중심지였으며, 아직도 각 지역에는 옛 자취가 그대로 남아 있다.

특히, 여행자들이 많이 모여드는 호안끼엠호 북쪽의 구시장 지역Old Quarter은 아직도 많은 사람들로 북새통을 이루며, 역동적인 기능을 유지하고 있다. 이 지역은 예로부터 36가지의 독특한 상품들이 판매되어 36거리36 PhốPhường라고 불리기도 한다. 약 13세기경에 이 시장 지역이 형성되었으며, 당시에는 작은 수로가 이 지역에 거미줄처럼 얽혀 있었다고 한다. 그때에는 수로마다 작은 배가 떠다니는 낭만적인 풍경이 펼쳐졌을 것이라고 사람들은 추측한다.

호치민 등 중남부지방에서는 거리를 '드엉Đường'이라고 하는 반면, 하노이를 비롯한 북부지방에서는 '포Phố'라고 한다. 또한 이 구시장 지역의 거리 이름에는 '항Hàng'이라고 시작하는 것이 많으며, 이것은 '상품'이라는 뜻이다. 여행자들이 많이 모이는 '포항박PhốHàng Bạc'은 '은세공품의 거리'라는 뜻으로 이 거리에는 지금까지도 금은방들이 모여 있다. 이밖에도 항보Hàng Bồ, 바구니의 거리, 항가Hàng Gà, 닭의 거리, 항꾸안Hàng Quạt, 부채의 거리, 항다오Hàng Đào, 실크제품의 거리, 항분Hàng Bún, 국수

포항박은 '은세공품의 거리'라는 뜻이다.

의 거리, 항코아이Hàng Khoai, 고구마의 거리, 항봉Hàng Bông, 목화의 거리, 항무오이Hàng Muối, 소금의 거리 등이 있다.

하노이는 고대의 도시이기 때문에 베트남 민족의 문화유산이나 역사적인 유적들이 잘 보존되어 있어 역사적 · 예술적으로 가치가 있는 사찰, 사원, 능, 박물관 등이 도처에 분포되어 있다. 그리고 하노이에는 베트남에서 가장 큰 대학교들이 있다. 하노이 국립대학교, 호치민 정치-행정 중앙연구원, 하노이 백과대학교, 하노이 의과대학교, 하노이 약과대학교, 하노이 교육대학교, 하노이 국민경제대학교, 하노이 농업대학교, 하노이 법과대학교, 하노이 교통물류대학교 등이 있다.

매년 베트남 최초의 대학교인 국자감Quốc Tử Giám, 國子監에서는 지금까지 우수한 학자들을 선발해서 교수직을 수여하는 행사를 하고 있다. 하노이는 베트남

도자기의 거리, 빗장 도자기 시장

정치의 중심지이자 교육의 중심지이며, 베트남과 하노이의 인재를 양성하고 개발하는 도시이다.

문화유산

- 호안끼엠호還劍湖, Hồ Hoàn Kiếm와 옥산전玉山殿, Đên Ngọc Sơn

'호수의 도시' 하노이를 상징하는 호안끼엠호는 시내 중심에 위치하여 마치 미인의 눈과 같이 하노이의 표정을 결정지어주는 폭 200여m, 길이 700여m의 호수이다. 호수 안에는 몽고원를 물리친 쩐흥다오Trần Hưng Đạo, 陳興道 장군에게 헌납된 사원인 옥산전이 자리하고, 주위에는 아름다운 나무들이 둘러서서 한가롭고 낭만적인 시민들의 휴식처가 되고 있다.

'호수의 도시' 하노이를 상징하는 호안끼엠호

이 호수에는 매우 흥미로운 전설이 있다. 몽고의 침입에 이어 명나라가 베트남을 침입하여 백성들이 도탄에 빠져 있었던 15세기 초에 레로이Lê Lợi, 黎利라는 사람이 이 호수에서 고기를 잡던 중 물보라가 일면서 거대한 거북이 나타나서 번쩍이는 신비로운 칼 하나를 건네주었다고 한다. 레로이는 하늘이 내린 이 칼로 명나라군을 물리치고 베트남 문화의 황금기를 이룬 후기 레 왕조1427~1789를 세웠다. 그 후 레로이가 다시 이 호수에서 뱃놀이를 하고 있는데, 갑자기 천둥 번개가 치면서 커다란 금거북이 나타나서 칼을 다시 받아갔다는 것이다. 그래서 이 호수의 이름인 호안끼엠Hoàn Kiếm도 환검還劍이라는 뜻이다.

이 호수의 북쪽에 지어진 옥산전에는 무게 250kg, 길이 210cm의 거대한 거북이가 박제되어 있는데, 1968년에 이 호수에서 잡힌 것이라고 한다. 사람들은 이 거북이가 검의 전설과 관련된 것이라 생각하기도 한다.

문묘Văn Miếu, 文廟 - Temple of Literature

문묘반미에우, Văn Miếu는 1070년에 세워졌으며 공자를 모신 유교 사원이다. 이 사원은 1076년리 왕조, NhàLý부터 베트남 최초 국립대학인 국자감으로 사용되었다. 건물은 전통적인 베트남 양식으로 비교적 잘 보전되어 있으며, 기품 있는 베트남 건축물의 진수를 보여주고 있다. 이 사원은 다섯 개의 공간으로 구분되어 각기 아름다운 정원으로 단장되어 있다. 중앙의 문과 길은 황제 전용이고, 양쪽은 각각 문관과 무관의 길이다. 정문에는 문묘문文廟門이라고 쓰여 있고, 본당의 현판에는 만세사표萬世師表라고 쓰여 있어서 이 사원의 성격을 그대로 보여주고 있다. 본당의 중앙에는 붉은 옷을 입은 공자가, 그리고 오른쪽에는 증자, 왼쪽에는 장자와 맹자가 위치하고 있다. 잘 정리된 정원 주변에는 총 82개의 비문이 있는데, 이곳에서 공부하고 박사가 된 사람들의 업적을 새겨놓은 것이다. 또한 이곳에서는 현재까지도 매년 전국에서 우수한 학자들에게 교수직을 수여

문묘의 정문

하는 행사가 거행되고 있다.

● 호치민 묘소Lăng ChủTịch HồChíMinh = Ho Chi Minh's Mausoleum

1969년 9월 2일 사망한 호치민의 묘소는 베트남 국회의사당과 공산당본부 건물의 건너편 바딘Ba Đình 광장에 위치한다. 이 바딘광장은 호치민이 1945년에 베트남 독립선언문을 낭독한 의미있는 자리이기도 하다. 다낭에서 운반해온 대리석으로 지은 웅장한 건물 안에 레닌이나 스탈린처럼 호치민의 유해가 유리관 안에 안치되어 있다.

호치민의 시신은 검소한 갈색 셔츠를 입고 두 손을 모아 가슴 위에 포갠 채 평화스러운 표정으로 누워 있다. 이 조그마한 노인의 시신에서 발산되는 힘은 실로 놀라운 것이다. 호치민은 이곳에 안장되어 있지만, 아직도 베트남을 통치

호치민의 시신이 안치되어 있는 호치민 묘소

하고 있는 것은 그의 사상이다.

묘지에서 나오면 1906년 프랑스 총독관저로 건축되어 지금은 대통령궁으로 쓰이는 건물과 소박한 호치민의 생가를 구경할 수 있다. 작은 연못과 더불어 잘 꾸며진 정원 옆에 위치한 아담한 생가는 그가 1958년부터 1969년까지 생활했던 곳이라고 한다. 1층은 작은 회의실, 2층은 침실과 서재가 있으며, 검소한 호치민의 체취가 느껴진다. 호치민은 정약용의 《목민심서》를 애독하며 잘 때에 베고 잘 정도였다고 한다.

● 군사박물관Bảo Tàng Quân Đội – Army Museum

군사박물관은 수많은 침략과 이에 대한 항쟁으로 점철되어온 베트남전쟁의 역사를 여러 물증과 함께 실감나게 전시해놓고 있다. 안마당에는 B-52 등 미

하노이 군사박물관에 전시되었던 한국군 포로 사진

제 무기뿐만 아니라, 중국과 소련제 무기 등을 전시해놓아 현장감을 더해주고 있으며, 추락한 미군 전투기의 잔해들을 기념품으로 팔기도 한다. 전시실에는 서기 40년경 쯩사매의 항생 등 중국과의 항쟁, 디엔비엔푸 전투 등 프랑스와의 항쟁, 그리고 베트남전쟁, 더 나아가서 79년 캄보디아 침공상황까지 당시의 군복 · 깃발 · 훈장 · 무기 등을 전시하며 설명하고 있다. 특히 자신들이 큰 전과를 올렸던 디엔비엔푸 전투와 베트남전쟁 당시 사이공 함락의 상황을 실감나게 재현시킨 모형이 인상적이다. 예전에는 한국군 장병들이 참호 속에서 손을 번쩍 들고 공포에 질린 모습으로 포로가 되는 장면의 사진이 있었는데 지금은 없다.

사파와 주변의 소수민족

사파SaPa는 하노이에서 370km, 라오까이Lào Cai에서 38km 떨어져 있는 산악 지역이다. 사파는 베트남 북부 산간 소수민족의 거주지를 대표하는 곳으로, 소수민족의 생활상과 자연환경을 흠뻑 즐길 수 있는 곳이다. 사파Sa Pa의 'Sa'는 모래沙라는 뜻으로 사파는 '모래의 도시'라는 의미이다. 해발고도는 약 1,600m 내외로 서늘한 고산기후를 나타내며, 여러 소수민족으로 구성되었다. 인구는 4만 명 정도이다. 또한 이곳은 베트남 최고 봉우리인 판시판산3,143m을 오르는 베이스타운이기도 하다.

사파 지역은 고원지대로 기온이 매우 낮으며, 지형성 강우가 잦다. 겨울에는 춥고, 여름에는 비가 많으며, 안개가 끼는 날도 많다. 12월에서 2월까지 겨울에는 영하로 내려가거나 눈이 오는 날도 있으며, 7~8월의 여름에는 비도 많고 습한 편이다.

베트남의 소수민족은 약 53개 종족으로 베트남 인구의 약 13%인 850만 명으로 추산된다. 일반인의 접근이 어려운 이 산속의 소수민족들은 평지사람들에게 야만족이라는 차별대우를 받았지만, 제 나름대로 독립성을 유지하며 평화롭게 생활하고 있다. 농업과 수렵 및 채취생활을 하며 부족단위의 생활을 해오던 이들에게 외세의 손길이 뻗쳐온 것은 프랑스의 식민통치이다. 1932년부터 프랑스 식민당국은 이 지역에 휴양지를 만들며 소수민족에게 커피, 바나나, 차 등의 재식농업Plantation을 강요하였다. 그래서 산속의 소수민족들은 오랫동안 유지해오던 자신들의 생활 대신 프랑스인들의 배를 채우는 생활을 했다. 그러나 식민통치가 끝난 후에는 더욱 큰 시련이 이들을 기다리고 있었다. 즉 베트남전쟁에서 큰 희생을 당했던 것이다. 특히, 베트남전쟁은 산악지역을 배경으로 전개하는 게릴라전이었기 때문에 그들은 전장의 한복판에 서있는 꼴이 되었다. 통계에 따르면, 베트남전쟁으로 인한 소수민족의 전사는 약 20만 명에 이르렀다고 한다. 현재 농둑만 공산당 서기장 등 소수민족 출신 전쟁영웅들이 고위직에 있기도 하지만, 이 지역의 비운은 이에 그치지 않고 1979년 중국과의 국경분쟁으로 인해 다시 마을이 파괴되고 주민들이 목숨을 잃는 비극을 겪게 된다.

이러한 질곡의 역사를 겪기도 했지만, 그래도 순수성을 이어온 이 지역은 교통의 불편 등으로 인해 일반 여행자들이 접근하기가 어려웠다. 그러나 이제는 어느 정도 안정성도 확보되고, 교통이나 숙소 등 여행 조건이 많이 개선되어 산악관광지로 널리 알려져 있다. 특히, 사파 등의 산악지역은 산골에 살던 소수민족 사람들이 모여드는 정기시장이 매력적이다. 사파의 정기시장은 매주 일요일마다 열린다. 장날에는 시장에서 물건을 매매할 뿐만 아니라, 선남선녀들이 서로 만나서 인연을 맺는 곳이어서 '사랑의 시장Chợtình Sa Pa'이라고도 한다. 이러

사파 시장에 나온 소수부족 아낙네들

한 특징이 있는 곳은 사파와 베트남 북부 산악지대 몇 군데밖에 없다. 젊은이들은 자신의 짝을 찾기 위해 장날 전날에 와서 머물기도 한다. 해가 지고 저녁이 되면 시장은 허몽H'Mông족과 자오Dao족 등의 소수민족 청춘 남녀들에 의해 춤과 노래의 축제가 벌어진다. 밤이 깊어질수록 피리와 캔소수민족의 악기 소리로 젊은이들은 열기를 더해 간다. 이 와중에서 서로 인연을 맺은 젊은이들은 상대방에게 기념이 될 만한 선물을 주면서 다음에 다시 만날 것을 약속하면서 헤어진다. 이렇게 사파의 시장은 사랑을 이어주는 역할도 하기 때문에 각 민족들은 고유의 복장으로 치장을 하고 장을 방문한다. 이들 소수민족들의 복장들은 매우 화려해서 눈이 부실 정도로 아름답다.

주변에는 다음과 같은 소수민족이 살고 있다.

- 따이족Tày

이들의 선조들은 태국에서 기원 전후에 이주해오기 시작하였으며, 인구는 120만 명으로 베트남의 소수민족 중 가장 많다. 최근까지도 태국어를 사용하는 노인들이 있었으나, 이제는 거의 베트남화되었다. 이들은 라오까이Lào Cai, 사파Sa Pa, 디엔비엔푸Điện Biên Phủ, 라이쩌우Lai Châu 등에 널리 퍼져서 분포한다. 이들은 주로 남색의 옷을 입으며, 여자들은 목걸이나 팔찌, 귀걸이를 즐겨한다. 그러나 최근에는 많이 베트남화되어 깊은 산골에서나 전통이 유지된다.

- 타이족Thái

따이족과 마찬가지로 태국 계통의 종족으로 피부색에 따라 'White, Red, Black'으로 구분되며, 그 수는 100만 명에 달한다. 블랙 타이족은 선라Sơn La 지역에 많이 분포하고, 화이트 타이족은 라이쩌우Lai Châu 지역에 주로 분포한다. 라이쩌우Lai Châu 지역에 거주하는 화이트 타이족은 대도시에 밀집되어 근대화되었으며, 선라Sơn La 지역에 있는 종족은 아직 옛날의 전통이 남아 있다. 이들은 넓은 집을 지상에서 띄워 짓고 대가족이 함께 거주한다. 곡주는 대나무 빨대를 사용하여 마시며, 달콤하지만 금방 취한다. 화이트 타이족의 여성은 흰 피부로 아름다움을 발산한다. 이들은 주로 장방형 무늬의 방석 같은 천을 쓰고 다닌다.

- 므엉족Mường

인종적인 근원은 다수종족인 킨비엣족에 가깝지만, 문화적으로는 타이족에 가깝다. 므엉족의 가옥은 타이족의 가옥처럼 지상에서 떨어져 있으며, 마루의 아래는 휴식공간이나 닭이나 돼지 등 가축을 기르는 공간으로 사용된다. 여성들은 한 장의 천으로 된 길고 검은 치마와 흰 긴팔 상의를 입는다. 남자들은 남색옷을 즐겨 입지만, 최근에는 거의 평지인같이 근대화된 옷을 입는다. 손님에게는 찹쌀로 만든 '캉'이라는 술을 대접하며, 마찬가지로 대나무 빨대로 마신다. 므엉족은 호아빈Hoa Binh 지방에 근거를 두고 있으며, 그 수는 90만 명에 이른다.

- 허몽족H'Mông

허몽족 소년 · 소녀들

약 300여 년 전부터 전쟁을 피하여 중국으로부터 피난해온 종족들로 1954년까지 북서베트남으로 유입되었으며, 베트남에서 일곱 번째로 많은 소수민족이다. 프랑스인들은 이들을 '야생고양이'라는 뜻인 매오Mèo라고 부르기도 하였다. 이들은 여성들의 의상이나 방언 등을 기준으로 'Black, Flower, White, Green'의 네 개 부족으로 나뉜다. 여자들은 화려하게 수를 놓은 청치마 비슷한 주름치마를 입고 앞치마 같은 것을 두르며, 윗옷은 목 주변에 화려한 수를 놓은 검은 옷을 입는다. 블랙 허몽족의 모자는 검은 원통형이고, 플라워 허몽족의 여성들은 예쁜 체크무늬의 모자를 쓴다. 그리고 공통적으로 커다란 은목걸이와 귀걸이를 한다. 남자들은 작은 빵모자를 즐겨 쓴다. 인구는 약 50만 정도이며 사파Sa Pa, 박하Bắc Hà, 선라Sơn La, 라오까이Lào Cai 등 중국과의 국경지대에 주로 분포한다.

자오족Dao

이들은 주로 중국과 라오스 국경지대에 분포하며, 중국의 생활습관을 많이 가지고 있다. 이 종족의 여자들은 정교하고도 아름다운 의상과 장신구로 유명하다. 술이 많고 커다란 빨간 모자를 쓰며, 이것은 소수민족의 의상 중 가장 아름다운 의상으로 꼽힌다. 자오족 여성들은 생활력이 매우 강한 것으로 알려져 있기도 하다.

자이족Giáy

중국으로부터 약 200년 전에 건너왔으며, 타이족 계열이다. 지금은 베트남에서 23번째 규모의 소수민족으로 라오까이Lào Cai나 라이쩌우Lai Châu 지역의 저지대에 주로 거주한다. 자이족의 여성도 아름다운 옷을 입는 편이다. 치맛단과 소매에는 화려한 수를 놓았으며, 예쁜 앞치마 같은 것을 하고 있다. 머리에는 빨갛고 파란 체크무늬 두건을 쓴다.

아름답기로 유명한 자오족의 의상

자이족들은 화려한 앞치마를 두른다.

하이퐁

하이퐁Hải Phòng은 통킹만Golfe du Tonkin에 접해 있는 항구도시로서 102km 떨어져 있는 수도 하노이의 외항外港 역할을 한다. 면적은 1,519km²에 인구는 200만을 넘는 대도시이다. 베트남의 세계적인 탄전인 홍케이의 석탄 적출항으로 발전하였으며, 예로부터 전략상의 요충지로서도 큰 역할을 해 왔다. 하이퐁은 오래전부터 중국, 일본, 프랑스, 스페인, 포르투갈 등 많은 나라의 상선이 드나들던 무역의 중심지이자 도선Đồ Sơn 해변, 깟바Cát Bà 국립공원, 그리고 하롱베이HạLong bay를 여행하기 위한 근거지 역할을 하기도 하였다.

하이퐁은 또한 물소싸움축제Buffalo fighting festival로 유명한데, 이 축제는 매년 음력 6월 9일부터 시작한다. 용가마로 신을 모시는 의례행사로 시작되며, 전통

수도 하노이의 외항 역할을 하는 하이퐁 항

음악과 재미있는 공연으로 관객의 눈길을 사로잡는다. 본선경기에서 건강한 청년들이 깃발을 들고 춤 공연을 시작하며, 두 마리의 물소가 싸우다가 먼저 도망가는 물소가 패배하는 경기다. 축제에 참가한 물소들은 승패를 떠나 모두 도축되어 신에게 제물로 바쳐지고, 복福을 나누어주는 의미로 마을사람에게 그 고기를 조금씩 나누어준다.

●● 하롱베이

하롱베이HạLong bay는 서울의 두 배가 넘는 약 1,500km²의 바다 위에 2,000여 개의 기괴한 암석들이 떠 있어 장관을 이루는 곳이다. 자연의 손으로 빚어낸 최고의 걸작 중 하나로 베트남 최고의 절경일 뿐만 아니라, 세계 8대 비경으로 꼽히는

하롱베이의 절경

곳이기도 하다. 1994년에는 유네스코UNESCO가 보존해야 할 '인류의 자연유산'으로 선정하기도 하였다. 코발트빛 바다 위에 선인장 같기도 하고 버섯 같기도 한 바위섬들이 빼곡히 박혀서 펼쳐내는 장관은 중국의 계림과 비교되기도 한다.

인간의 능력으로 설명하기 힘든 경이로운 자연은 전설을 빌려 설명하듯이, 이 하롱만에도 전설이 있다. 하롱HạLong은 '용이 하늘에서 내려왔다'라는 뜻인 하룡下龍의 베트남어 표현이다. 옛날 이 일대에는 끊임없는 해적의 침입이 있었는데, 한번은 하늘에서 용이 내려와 해적을 물리치고 보석들을 빼앗아 그 보석들을 바다에 뿌려 놓았다고 한다. 그러자, 이 보석들이 바다에서 기괴암석으로 변하여 해적을 방어하는 역할을 하였다는 것이다. 실제로 1288년 쩐흥다오 장군이 이 지역의 지형을 이용하여 몽고군을 격퇴하였다. 또 다른 전설로는 산에 사는 거대한 용이 바다로 가다가 꼬리로 도리깨질을 하여 산이 움푹움푹 패면서 이와 같은 지형이 형성되었다고 한다.

이 일대의 섬은 석회암이 물에 녹아용식 형성된 것으로 배를 타고 하롱만을 유람하다 보면 마치 동화의 세계로 들어선 느낌이 든다. 육지를 향해 서있는 사람처럼 생긴 도우응으어이hòn Đầu Người 섬, 낚시를 즐기고 있는 할아버지 같은 옹라봉hòn Ông Lã Vọng 섬, 돛같이 생긴 까인부엄hòn Cánh Buồm 섬 등이 관광객들의 탄성을 불러일으킨다. 또한 섬에는 천궁Thiên Cung, 天宮, 도우고Đầu Gỗ, 씅솟Sửng Sốt, 삼궁Tam Cung, 三宮 같은 아름다운 석회동굴들이 있어서 인기 있는 관광지로 꼽힌다. 이 일대는 과거에는 바닷속에 잠겨 있었으나, 지금은 육지화되었다.

●● 후에와 문화유산

후에Huế는 베트남 문화의 진수를 보여주고 있다. 이곳은 옛날부터 인도문화권 내에 있는 참파 왕국에 의해 통치되어 발전되어오다가, 15세기 말 베트남의 토착 왕조인 응웬Nguyễn, 阮 왕조에 병합되고, 다시 1775년에는 북부의 찡Trịnh, 鄭 왕조에게, 그리고 1786년부터 1802년까지는 떠이썬Tây Sơn, 西山朝에 의하여 점령되었다가, 1802년부터 응웬 황가가 다시 이 지역을 점령하여 수도가 됨으로써 역사의 중심지로 번영하게 되었다. 그 후 외세가 침입하여 1883년부터는 프랑스에 의한 식민통치가 시작되고, 1945년 2차 대전 종식과 함께 바오다이 황제를 마지막으로 13대에 걸친 응웬 황가가 막을 내리게 되었다. 이러한 질곡의 역사를 겪는 과정에서 후에는 황궁과 황능皇陵 등 수많은 역사적 유물의 보고가 되었다.

그러나 후에는 베트남전쟁이 한창이던 1968년 1월 말에 있던 구정 대공세Tet Offensive 때 잠시 북베트남군에 의해 점령되었고, 이를 수복하기 위해 미군이 무차별 폭격하여 시민을 포함하여 1만여 명이 죽고 유적이 파괴된 쓰라린 상처를 갖고 있기도 하다. 종전 후 파괴된 유적들은 유네스코의 도움으로 많이 복구되었으나, 아직도 폐허로 남은 유적들이 많이 있다.

후에는 흐엉 강sông Hương, 香江에 의해 두 갈래로 양분되었으며, 왼쪽에는 황제궁의 성곽과 동바Đông Ba 시장을 중심으로 구 시가지가 펼쳐져 있고, 오른편에는 레로이LêLợi 거리가 있다. 한때 이곳은 외국인들의 거주 지역이었으며, 지금은 새로운 시가지가 들어서 있다.

이밖에도 후에는 낭만적인 흐엉 강을 바라보는 티엔무Thiên Mụ, 天姥 사원과 고대 스타일로 건축된 정원 주택nhà vườn으로 유명하다. 후에 사람들은 집에 항상 정원이 있어야 한다고 생각하였다. 후에 사람들은 자신들의 땅에 집을 지을 때, 정원의 일부를 별도로 구분하여 꽃과 분재를 심고, 나머지 일부는 채소나 과일나무를 심는다. 후에는 흐엉 강의 아름다움만으로 빛나는 것이 아니라, 꽃과 과일 등으로 만든 그림 같은 정원들이 있어서 더욱 더 아름다운 곳이다. 정원 주택은 앞뜰에 넓은 공간이 있고, 가운데 빈퐁bình phong, 바람을 막는 벽이라는 뜻이 있으며, 이것은 바람이 집 안으로 들어오지 못하게 막으면서, 누가 방문하는지를 집

후에를 가로지르는 흐엉 강

주인이 집 안에서 알 수 있게 한다.

후에에는 다음과 같은 문화유산이 있다.

● 후에 성Đại Nội - HuếCitadel

마치 유럽의 성채처럼 수로로 둘러싸인 후에의 성곽은 응웬 왕조를 회복한 지아롱Gia Long 황제에 의해서 1804년에 건축되었다. 이 성은 외성인 경성Kinh Thành과 내성인 황성Hòang Thành, 그리고 황제의 거처인 황궁TửCấm Thành으로 나누어진다. 외성은 약 10km에 달하며, 내성은 2.5km의 길이에 6m 높이의 성벽으로 둘러싸여 있다.

외성을 진입하는 문은 광덕문Quảng Đức Gate, 廣德門이며, 나오는 문은 예인문Thể Nhơn Gate, 禮仁門이다. 이 광덕문과 예인문의 길이는 5m이며, 무게가 10톤에 달

응웬 황가의 황궁

하는 거대한 대포들이 설치되어 있으며, 이것은 실제로 사용하기보다는 상징적 의미가 강하다. 광덕문에 있는 다섯 개의 대포는 火, 水, 木, 金, 土 등 우주를 구성하는 5요소를 상징하고, 예인문에 있는 네 개의 대포는 사계절을 상징한다.

내성에는 네 개의 문이 있으며, 동문은 인간의 문Hiên Nhân Gate, 서문은 미덕의 문Chuong Due Gate, 남문은 정오의 문Ngọ Môn Gate, 북문은 평화의 문Hòa Bình Gate이다. 정문은 태양을 향하는 문인 남문으로 '정오의 문午門'이라고 부르기도 하는데, 정오가 되면 태양이 이 문의 중앙에 있기 때문에 붙여진 것이다. 이 남문에는 세 개의 문이 있는데, 중앙의 문은 황제만이 사용했다. 정문을 들어서면 태화궁太和宮이 눈앞에 펼쳐지며, 지아롱 황제가 대신들에게서 문안을 받거나 여러 행사를 개최했던 궁으로 1805년에 중국의 자금성을 모방하여 건축되었다. 태화궁으로 진입하는 길에는 연못이 있고, 그 위에는 금수교金水橋가 가로놓여 있으며, 옛날에는 황제만이 건널 수 있었다.

태화궁의 지붕은 황궁을 나타내는 노란색을 띠며, 내부도 온통 금장식으로 되어 있어 당시의 호화로움을 연상하게 한다. 80개의 아름다운 조각을 한 기둥이 떠받치고 있는 건물은 그 자체가 중후한 아름다움을 간직하고 있으며, 특히 지아롱 황제의 위엄 있는 의자는 그의 권세와 영화를 짐작케 한다.

태화궁의 뒤뜰에는 왕실 사원인 현임각Hiển Lâm Các이 있으며, 그 앞쪽에는 역대 황제를 상징하는 아홉 개의 커다란 청동화로가 서 있다. 이 화로들은 약 2m 크기에 2,000kg 내외의 무게를 가지고 있는 중국식 유물이다. 이 화로들은 응웬 왕조의 번영과 영속성을 기원하는 의미가 있으며, 표면에는 고, 인, 장, 영, 의, 순, 선, 우, 현 등 각 황제의 상징을 표현하는 글씨와 해, 달, 별, 산, 강, 구름 등 자연 사계절을 표현하는 그림이 새겨져 있다.

- 티엔무 사원Chùa Thiên Mụ– Thien Mu Pagoda

티엔무 사원은 1601년에 이 지방의 군주였던 응웬 황Nguyễn Hoàng에 의해 건축된 사원으로 후에에서 가장 아름답고 규모가 큰 사원이다. 전설에 의하면, 백발에 흰 눈썹을 한 아름다운 요정Thiên Mụ이 응웬 황에게 이 자리에 사원을 세우라고 말했다고 한다.

티엔무 사원의 7층 전탑

이 사원에 있는 7층 팔각 전탑은 높이가 약 21m이며, 매우 우아하고 아름다워서 후에의 상징물이 되고 있다. 이 탑은 티에우치Thiệu Trị, 紹治, 1807~1847 황제가 1844년에 세운 것으로 자비탑이라고 불리며, 각 단에는 불상이 모셔져 있다. 탑의 양옆에는 정자가 두 개 있으며, 오른쪽 정자에는 대리석으로 된 거북과 비석이 안치되어 있고, 왼쪽 정자에는 비석과 함께 소리가 10km 멀리까지 이른다는 거대한 종이 있다. 또한 이 사원의 뒤뜰 정원은 매우 아름다우며, 이 절에서 수도를 하고 응오딘디엠 정권에 항거하여 분신한 틱꽝득Thích Quảng Đức 스님이 당시에 사용하던 자동차가 전시되어 있기도 하다.

- 응웬 황가의 황제능Lăng Tẩm, The Royal Tombs of Nguyen

16세기의 베트남은 혼란기였다. 이 혼란기에 베트남은 북부의 찐Trịnh 가문과 중남부의 응웬Nguyễn 가문의 대결구도로 갈등을 겪고 있었다. 이런 혼란 속에 중부지방에서 떠이선Tây Sơn 혁명이 일어나 북부의 찐 가문을 무너뜨리고 급속

중국과 프랑스의 영향을 많이 받은 황제능

히 응웬 가문을 압박해오자, 응웬 가문의 왕자Nguyễn Ánh는 치외법권지역인 프랑스 교구로 피신하였다가 프랑스의 지원으로 다시 정권을 잡았다. 그래서 응웬 왕자는 1802년 그의 본거지인 후에에 도읍을 정하고 자신이 황제가 되어 나라를 건국하여 지아롱Gia Long 황제가 되었다. 이후 약 140여 년간 응웬 황가1802~1945가 이어지게 되었으며, 응웬 황가는 프랑스의 도움에 의해서 세워졌기 때문에 그들의 입김에서 자유로울 수가 없었다. 그후 응웬 황제들은 프랑스로부터 벗어나려고 갖은 노력을 하였지만, 결국은 1883년에 식민지로 전락하고 말았다.

응웬 황제들은 사후를 위한 능을 건축하였으며, 생전에 거처하던 후에의 궁성을 능가할 정도의 호화로운 능을 건축하기도 하였다. 이 건축의 양식은 중국과 프랑스의 영향을 많이 받았다.

●● 다낭

19세기 이전 베트남 최대의 항구였던 호이안Hội An이 수심이 얕아지고 선박이 대형화함에 따라 더 이상 발달하지 못하고, 그 뒤를 이어 다낭ĐÀNẴNG이 베트남 중부의 최대 도시로 부상하였다. 이 지역은 옛날부터 호치민과 하노이 지역의 영향권에서 멀리 떨어져 인도의 영향을 받은 독자적인 문화가 형성되어 있었으며, 자체적으로 발달할 수 있는 넓은 지역을 가지고 있었다. 또한 천혜의 항만 조건, 그리고 내륙을 통한 라오스와 태국과의 용이한 연결 조건 등이 이 지역의 발달을 촉진시켰다. 그래서 지금은 개방으로 인해 중부지방의 공업 발달을 선도하고 있다. 그러나 하천 하구에 형성된 항구이기 때문에 수심이 얕으며 대형 선박은 외항에 정박해야만 한다. 한Hàn 강 하구에 발달한 다낭 항은 이름에 걸맞게 우리나라와도 인연이 있는 곳이며, 베트남전 당시 파병된 청룡부대 장병들이 입·출항하던 곳이다.

오행산의 석회동굴

다낭의 지형은 매우 복잡하다. 북쪽은 하이반Hải Vân 고개와 화방현의 산악지대가 있으며, 높이 1,708m의 망Mang 산과 1,487m의 바나BàNà 산이 솟아 있다. 동쪽에는 썬짜Sơn Trà 반도와 길게 이어진 아름다운 해변이 있다. 남쪽은 석회석으로 이루어진 오행산NgũHành Sơn, 五行山이 있고, 바다에는 해산물이 풍부한 황사파라셀 제도 군도가 있다. 다낭은 열대몬순 기후로 우기와 건기가 구분되고, 평균기온은 28~29°C이며, 9월과 10월에 태풍이 자주 온다.

●● 호이안

호이안Hội An은 귀넌에서 북쪽으로 약 270km 떨어진 곳에 위치한다. 또한 다낭에서는 한 강을 따라 남쪽으로 약 30km 지점에 위치하며, 대리석산에서 한국군이 건설한 따이한 도로를 따라 19km 지점에 위치한다. 지금은 아주 작고 아담한 포구이지만, 17세기부터 19세기에는 마카오나 말래카와 함께 해상 실크로드의 주요거점으로 동남아시아에서 가장 번창한 항구 중의 하나이다. 그 흔적이 생생하게 살아 숨쉬고 있어 유네스코에서 '보존해야 할 인류의 문화유산'으로 지정하기도 한 역사의 향취가 가득한 마을이다.

이 일대는 이미 2세기부터 10세기에 걸쳐 참파 왕국의 중심지로서 번성하였다. 1307년에는 참 왕국의 왕이 베트남 왕조인 쩐 왕조의 공주와 결혼하고 이 지역을 쩐 왕조에게 선물하였으나, 참 왕국의 후계자가 이를 인정하지 않아 전쟁이 벌어졌다. 이후 15세기부터는 평화가 유지되어 중국, 일본, 포르투갈, 네덜란드, 스페인, 인도 등의 선박들이 주로 비단이나 도자기, 차, 후추, 상아, 종이 등을 교역하기 위해 이곳을 드나들었다. 중국이나 일본의 상인들은 봄에 남쪽으로 항해해 왔다가 교역을 하고 난 후에는 남풍이 불어오는 여름까지 기다렸다가 되돌아갔다. 기다리는 동안에 이들은 이곳 호이안에 머물면서 부둣가에 집이나 창고를 지었으며, 상주하는 상인들도 생겨났다. 그래서 이 지역은 외국풍이 가득한 국제도시로 형성되었다. 또한 호이안은 남부 베트남에서 최초로 중국인들이 정착한 곳으로서 이들이 남긴 고택이나 향우회관 성격의 사원들은 이 지역을 관광지로서의 가치를 더해주고 있다.

호이안 일대는 떠이썬 혁명으로 인해 1770년부터 10년에 걸쳐 거의 파괴되었으나, 다시 복구되어 19세기 후반까지 국제무역항의 역할을 하다가, 포구가 너무 좁고 얕아 선박이 대형화되면서 차츰 그 기능을 잃게 되었다. 대신 넓은

역사가 살아 숨쉬고 있는 호이안의 거리

만과 깊은 수심의 항만 조건을 갖춘 다낭이 본격적으로 발달하게 되었다.

또한 호이안은 베트남전쟁 당시 우리나라의 청룡부대가 주둔했던 지역으로 많은 부대시설이 현재 베트남군에 의해 사용되고 있으며 청룡을 기억하는 사람들이 아직도 많다. 청룡부대는 해병 제2여단으로서 1967년 12월부터 1972년 2월까지 5년 정도 주둔하였다. 호이안의 시내에 있는 초등학교 일부는 청룡부대 장병들에 의해 지어졌다. 다낭과 호이안의 중간에는 마블마운틴Marble Mountains이 위치하며, 이곳에서 호이안까지 이르는 도로를 청룡부대가 건설하였다. 그래서 현재까지도 주민들은 이 도로를 따이한 도로라고 부른다.

귀년과 맹호부대의 흔적

귀년Qui Nhơn은 빈딘Bình Định 성의 위성도시로서 16세기경 비엣족에 의해 참파 왕국이 남쪽으로 밀려난 이후 참 왕국의 중심지였다. 이후 1772년 응웬Nguyễn 왕조에 대항하는 떠이썬 농민혁명이 이 지역을 중심으로 일어나서 급속하게 세를 확장하여 통일을 도모하였으나, 1799년 프랑스를 등에 업은 응웬안Nguyễn Ánh에 의해 평정되었다. 귀년은 '거북사람'이라는 뜻인데, 하루는 어부가 바다에서 고기를 잡고 있는 동안 거친 풍랑으로 인해 배가 뒤집어져서 어부는 물에 빠지게 되었다. 이때 금빛 거북이가 갑자기 나타나서 어부를 구해주었다는 전설에서 유래된 이름이다.

베트남전 당시 귀년 항은 수심이 깊어 한국이나 미국의 선박들이 빈번히 드나들었으며, 여러 군사시설이 들어섰던 곳으로 우리나라의 맹호부대가 주둔했던 곳이기도 하다. 귀년 부근에는 미군에 의해 자행된 월남전 최대의 민간인 학살지역인 밀라이MỹLai가 있으며, 안케An Khê 고지 등 맹호부대의 전적지가 많이 있다.

귀년에는 베트남전쟁 당시 한국군 최대부대였던 맹호부대가 주둔하고 있었다. 귀년에서 북쪽으로 약 17km 지점에 위치한 푹탄Phuoc Thanh의 맹호부대 주둔지는 현재 베트남 육군 제5군 사령부가 자리 잡고 있다. 내부시설은 옛날 그대로 베트남군에 의해 사용되고 있기는 하지만, 영지가 넓어 효율적으로 이용되지 못하고 반은 폐허로 방치되어 있는 형편이다. 다만 이 부대로 가는 도중에 맹호부대 장병들에 의해 세워진 푹탄 중학교는 아직도 깨끗하게 유지되어 배움의 장으로서 역할을 하고 있다.

귀년에서 북쪽으로 약 35km쯤 올라가면, 미국 비행장이 있던 푸캇Phú Cát이 나오며, 이곳에 맹호부대 1연대가 숙영하고 있었다. 이곳에는 아직도 동강난 맹

푸캇의 훼손된 맹호부대 탑

호부대 탑이 방치되어 있으며, 누워 있는 탑신이 묘한 안타까움을 자아낸다. 하늘을 향해 날카롭게 솟아올라 있던 탑의 날개는 무뎌져서 옛 모습과는 전혀 다른 느낌을 준다. 탑신은 흉하게 꺾여 있지만, 기단의 4면에 있는 포효하는 호랑이 모습의 맹호부대 마크는 아직 맹호의 기상을 잃지 않고 있다.

귀년에서 10km 정도 떨어진 1번 국도에서 북쪽으로 12km쯤 가면, 내륙으로 구부러져 있는 19번 도로가 나타난다. 이 19번 도로를 따라 다시 40km쯤 평지를 달리다보면, 산악지대가 시작되고 구불구불한 도로를 따라 약 7km를 더 올라가면, 고개 정상에 올라서게 된다. 이곳이 바로 한국군 참전 최대의 혈전이 벌어졌던 안케An Khê 고지이다. 길가에는 이곳에서 목숨을 잃은 장병들의 넋을 기리기 위한 추모비가 있었지만, 지금은 훼손되고 밑동만 남아 있다. 맞은편에는 치열하게 전투가 벌어졌던 600고지와 638고지가 한눈에 들어온다. 두 고지

안케의 전승비

는 아직도 붉은 흙이 흉하게 드러나 있는 민둥산으로 남아 있어 당시의 전투가 얼마나 치열했나를 실감나게 해준다. 638고지에는 아직도 맹호부대가 세워 놓은 전승비가 있다. 전면에는 한글로 '전승비'라고 쓰여 있고, 뒷면에는 "六三八高地, 一九七二, 四, 二十四, 월남의 자유와 평화를 위해 이곳 안케패스 작전에서 장렬히 산화하신 맹호 영령들이시여! 고이 잠드소서. 맹호장병 일동"이라고 쓰여 있다. 이 안케 전투는 1966년의 투코 전투, 1967년의 짜빈둥 전투와 함께 파월 한국군의 3대 격전 중의 하나였다.

●● 냐짱

냐짱Nha Trang은 카인화Khánh Hoà 성의 성도이며, 냐짱을 영어식으로 '나트랑'이라고 발음하면 현지인들에게 잘 통하지 않는다. 이 도시는 베트남에서 가장

냐짱은 휴식을 취하기 좋은 해변 관광지이다.

아름다운 해변을 끼고 발달되어 있으며, 고대 참왕국의 유적이 많아 관광도시로 유명하다. 냐짱의 해변은 남국의 전형적인 해변으로 맑은 바다를 배경으로 고운 모래사장이 6km가량 펼쳐진 아름다운 곳이다. 그래서 냐짱은 월드 미스World miss, 미스 유니버스Miss Universe 등 세계적인 미인대회가 개최되기도 한다. 특히, 냐짱은 전 세계에서 가장 아름다운 만Bay 클럽Club of the Most Beautiful Bays of the World에 등록되어 있다. 냐짱의 해변은 야자나무가 병풍처럼 어우러져 휴식을 취하며 수영, 낚시, 스노클링, 스쿠버다이빙 등을 즐길 수 있는 최적지이다.

냐짱의 기후는 사이공 지역과는 달리 건기가 6월에서 10월, 우기가 10월에서 12월 정도이며, 동계다우의 특징을 가지고 있어서 지중해식 기후와 비슷하다. 그러나 우기에도 주로 밤에 비가 오기 때문에 바다를 즐기는 데는 큰 지장이 없다. 냐짱의 특산물인 제비집 요리는 맛있고 고급스러운 음식에 속한다. 냐짱 지역의 제비집 요리는 제비집이 있는 지역 중 가장 맛있는 음식으로 정평이 나 있다.

한편 냐짱은 한국군 야전사령부가 있어서 월남전 당시 한국군 전투 병력을 총지휘했던 곳으로서 냐짱 야전병원, 한국군 헌병대 장교클럽, 그리고 대민 봉사활동으로 지어준 유치원, 놀이터 등 따이한의 자취가 곳곳에 산재해 있다. 또한 십자성부대의 주둔지였으며, 1966년 9월 백마부대의 28연대와 29연대 등이 이곳 냐짱을 통해 상륙하여 닌호아나 투이호아로 북상하여 참전했기에, 한국군과는 인연이 깊은 도시이다.

●● 달랏

달랏Đà Lạt은 호치민 시에서 북서쪽으로 308km 떨어진 곳에 위치하고 있는 고산도시로 인구는 약 15만 명소수민족 5,000명 포함 정도이다. 약 1,500m의 해발고도에 자리하고 있으며, 최고 24℃에서 최저 15℃ 내외까지 떨어지는 고산기후를 나타낸다. 이렇게 우리나라의 가을과 같은 날씨에 현지인들은 엄동설한을 만난 것처럼 털옷을 입고 움츠리고 다녀 거리에는 독특한 분위기가 연출된다.

달랏은 고산기후와 더불어 우리나라의 깊은 산중같이 우거진 소나무숲 그리고 호수와 폭포 등 아름다운 경관으로 인해 베트남에서 제일 인기가 있는 신혼여행지이다. 달랏의 매력은 두말할 것 없이 시원한 기후이다. 열대의 저지대에서 지친 여행자에게 청량음료 같은 상쾌함을 제공하는 곳이다.

이곳은 1897년 프랑스 과학자이며, 베트남에 고무나무와 키니네를 처음으로 들여 온 알렉산더 여신Alexander Yersin 박사에 의해 발견되었고, 상쾌한 기후로

고산휴양지로 유명한 달랏 시내 풍경

인하여 1912년부터 프랑스 식민당국에 의해 빠른 속도로 개발되었다.

달랏은 이곳 원주민인 랏Lạt 부족의 말로 '랏 부족의 강'이라는 뜻이다. 이곳의 주요산업은 시원한 기후를 이용한 관광이며, 산간 소수민족들은 고랭지 농업, 차, 대나무 공예, 땔감 등으로 생계를 영위해가고 있다.

●● 무이네

무이네Mũi Né는 호치민에서 북쪽으로 약 200km 정도 떨어진 휴양지이다. 호치민과 냐짱의 중간 정도에 위치하는 판 티엣Phan Thiết에서 약 22km 해변 쪽으로 가야 한다. 이 무이네는 바닷물이 맑지는 않지만, 약 10km의 광대하고 아름

조용하고 호젓한 무이네의 리조트

붉은 모래의 사막이 발달된 무이네

답게 펼쳐져 있는 모래사장과 야자나무가 일품이다. 무이네의 가장 큰 매력은 마치 낙원에 와있는 것처럼 조용하고 편안하다는 것이다. 일반적으로 베트남의 다른 여행지는 다소 복잡하고 시끄러운 소음이 많다고 할 수 있지만, 무이네는 조용하고 한적하기 이를 데 없다. 꿈에 그리던 열대의 아름다운 바다가 마치 자신만을 위해 존재하는 듯하다. 드넓은 모래사장과 후두둑거리며 흔들리는 야자나무의 그늘 아래서 파도소리와 함께 오수를 즐기면 속세를 떠난 듯한 느낌이 든다.

한가한 해변 이외에 무이네의 특징은 사막이다. 이 일대는 매우 건조하여 사막이 발달하였으며, 사구砂丘, sand dune는 구경할 만하다. 해변의 큰 길에서 약 5km 정도 떨어져 있으며, 비가 많이 내리는 열대지방에 이국적이고 아름다운 사막이 펼쳐져 신기한 느낌이 든다. 이 사막을 배경으로 하는 일출과 일몰은 시시각각으로 변하는 모래의 색깔과 함께 장관을 연출한다.

●● 호치민

호치민HồChíMinh 시는 서울의 세 배에 달하는 약 2,056km^{2}의 광활한 지역이며, 인구는 최근 몇 년 사이에 폭발적으로 증가하여 800만 명에 이른다. 호치민 시는 베트남 최대의 도시이자 경제의 중심지로서, 최근의 개방정책으로 다른 어느 지역보다 활기가 넘치는 도시이다. 호치민은 수도인 하노이에서 1,738km 떨어져 있으며, 하노이 · 하이퐁과 함께 자치행정을 하는 세 도시 중 하나이다.

호치민 시는 해발 10m 내외의 낮은 평야에 위치하고 있으며, 남쪽과 북쪽은 운하로, 동쪽은 사이공 강으로 둘러싸여 아름답고 외적을 방어하기 쉬운 천혜의 요새이다.

역사

호치민 시와 메콩 삼각주를 포함하는 남부지방은 2세기에서 7세기까지 인도의 영향을 받은 후난Funan 왕조에 점령되었으며, 발달되지 않은 습지대 상태였다. 7세기 이후에는 크메르족인 앙코르 캄부자 왕국에 편입되어 영향을 받았기 때문에 북부베트남과는 분위기가 약간 다르다. 이 지역은 17세기 이후에 비로소 중부지방의 응웬Nguyễn 왕조에 점령되어 뒤늦게 베트남화되기 시작하였다. 비엣족이 남하하고 1679년 청나라에 대항하는 명나라 유민들이 메콩 삼각주 지역에 정착하여 이 일대가 본격적으로 개발되었다. 이후 편리한 육상 · 해상교통을 배경으로 비약적으로 발달하여 중국, 인도, 크메르를 연결하는 교역의 중심지로 자리 잡았다.

응웬 왕조 시대인 1698년 자딘Gia Định, 嘉定府이란 명칭이 처음 붙여지고, 18세기 중반 레귀돈LêQuýĐôn, 黎貴惇에 의해 사이공Sài Gòn으로 명명되었다. 응웬 왕조를 축출한 떠이썬Tây Sơn, 西山 왕조가 이 지역을 수도로 정하여 본격적으로 발전하였다. 동양의 진주라 불리는 사이공 항구는 프랑스를 비롯하여 주변 나라에서 온 상선들이 자주 드나들었다.

사이공 지역은 1859년부터 2차 대전 전까지 약 80년 동안 프랑스의 지배하에 놓이게 되었다. 이 기간 동안 도시 전반에 걸쳐 프랑스풍의 건물이나 도시계획으로 인해 프랑스의 색채가 가미되었다. 2차 대전 후 남북이 분단되고 호치민 지역은 다시 종주권을 회복한 프랑스의 지배하에 놓이게 되었다. 그러나 베트남 사람들은 외세의 억압에서 벗어나기 위해 끈질기게 투쟁을 하여 프랑스 식민세력을 몰아냈다. 투쟁기간 동안 이 지역은 폐허가 되고, 다시 베트남전쟁이 일어나 8년여 동안 무차별 폭격을 받아 더 이상 복구하기 어려운 상태의 시련을 겪게 되었다. 결국 통일이 되고 1976년 7월 사이공은 호치민 시로 개명되고, 최근에는 경제개방과 더불어 활기차고 역동적으로 하루가 다르게 발전되고 있는 중이다.

지역 구분

호치민 시는 12개의 도시지역지구와 6개의 농촌지역지구로 구성되어 있다. 일반적으로 호치민은 사이공, 쩌런, 탄빈, 구찌 등으로 구분된다. 사이공은 행정구역상 1, 3, 10구역으로 시의 중심지역을 이루며, 특히 1구역에는 인민위원회를 중심으로 호텔, 각국 대사관, 은행, 음식점 등이 몰려 있어 가장 번화한 거리를 형성하고 있다. 호치민 지역 중에서도 중심가인 이 1구역을 사이공Sài Gòn으로 부르기도 한다.

쩌런Chợ Lớn 지역은 차이나타운으로 5구역을 중심으로 6, 8, 11구역까지 펼쳐진다. 사이공 중심지역에서 쩐훙다오Trần Hưng Đạo 거리를 따라 5km 정도 가다보면 한자 간판이 많이 등장하는데, 이곳이 쩌런 지역이다. 동남아의 다른 지역과

노트르담 성당과 호치민 시 중심가

마찬가지로 이곳도 부가 집중되어 있어 활기가 있고, 특히 사원이 많아 관광객들로 붐비고 있다. 쩌런은 '큰 시장'이라는 뜻이며, 촐롱이라고 영어식 발음으로 불리기도 한다.

떤빈 지역은 떤빈Tân Bình, 푸년PhúNhuận, 빈타잉Bình Thạnh 구를 통틀어 부르는 것으로 떤선녓Tân Sơn Nhất 공항을 포함한 사이공 북부의 외곽지역을 말한다. 이 공항 근처의 떤빈 지역에 위치하는 빰방하이 거리나 볼링장인 사이공 슈퍼볼 부근에는 최근 사업상 체류하는 한국인들이 급격히 늘어나 한국인촌이 형성되고 있다.

호치민은 현재는 매우 바쁘고 활기차게 돌아가고 있으며, 중심지는 매우 복잡하기 때문에 사이공 강을 따라 아래쪽으로 외곽인 푸미훙PhúMỹHưng이라는 지역에 새로운 중심지를 건설하고 있다. 푸미훙에는 잔디구장과 골프연습장까지 갖춘 국제적인 규모의 한국인학교가 자리하고 있기도 하다.

문화유산

● 통일궁Dinh Thống Nhất, Reunification Hall

통일궁은 1868년 2월 23일 코친차이나Cochin China 지역의 프랑스총독이 총독부 건물로 사용하기 위하여 건축하여 1870년에 완공하였다. 유럽의 우아한 로마네스크 양식으로 지어진 이 건물은 노로돔Norodom 궁이라고 불렸다. 그 후 프랑스가 디엔비엔푸Điện Biên Phủ 전투에서 완패한 뒤 후퇴하면서 이 노로돔 궁은 응오딘디엠NgôĐình Diệm 대통령에게 이양되었다. 프랑스로부터 독립 이후 노로돔 궁은 독립궁으로 개칭되었으며, 대통령이 거주하여 대통령궁으로도 불린다. 그 후 북베트남군이 사이공을 점령할 때 이 건물은 첫 번째 목표가 되었다. 1975년 4월 30일 북베트남군의 탱크가 이 건물의 철문을 부수고 진입했으며 오후 11시

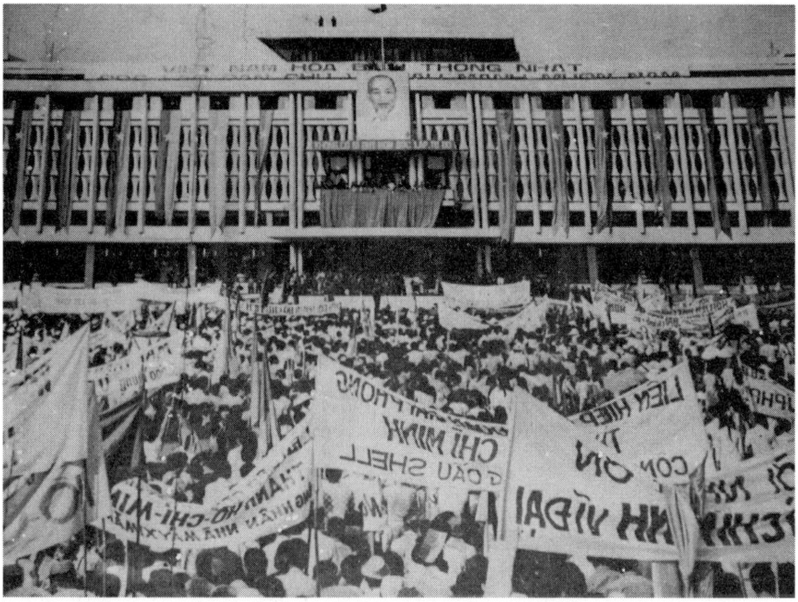

통일궁 앞에서 통일을 환호하는 군중들

30분, 4층의 국기게양대에 금성홍기金星紅旗가 게양됨으로써 전쟁이 종료되고 통일이 이루어졌다. 현재 통일궁의 뜰에는 그 당시 철문을 부수고 진입했던 탱크와 유사한 종류의 탱크가 전시되어 있다. 당시 민Minh 장군은 급조된 그의 내각과 함께 조용히 항복하였다. 그후 이 독립궁의 이름은 다시 통일Thống Nhất궁으로 변경되어 오늘날까지 그렇게 불리고 있다.

현재의 건물은 1962년 폭격으로 심각하게 파손된 후 재건축되었다. 설계는 당시 국제적으로 유명한 응오비엣투Ngô Viết Thụ에 의해 설계되었으며, 매우 함축적인 의미를 내포하고 있다. 위에서 내려다보는 평면의 건물은 길할 길吉 자를 형상화하였으며, 정면은 주인 주主 자와 홍할 홍興 자를 형상화하였다. 이 건물은 베트남 사람들의 주체의식과 자신감 및 소망을 내포하고 있다.

1층에는 회의실, 2층에는 외국 인사들의 대통령 접견실 등 집무실, 3층에는 카드게임 등을 위한 오락실과 바 및 극장, 4층에는 연회장이 있다. 이 방들의 내부에 장식된 현대적 예술품들도 눈여겨볼 만하다. 지하로 내려가면 베트남전쟁 당시에 쓰였던 물건들이 전시되어 있으며, 당시의 영화도 상영되고 있다.

역사박물관Bảo Tàng Lịch Sử, Historical Museum

역사박물관은 1929년 프랑스인에 의해 건축되었고, 1975년 월남 패망 전까지 국립박물관으로 이용되었다. 이 박물관에서는 베트남의 역사를 한눈에 볼 수 있으며, 시대에 따라 16개 실로 구분되어 있다. ① 석기시대, ② 토기 위주, ③, ④ 청동기 위주1~10세기, ⑤ 도자기, 박당강 전투에서 사용하던 말뚝, 리李 왕조 시대의 유물11~13세기, ⑥ 도자기, 문묘의 비석, 관음상 등 쩐陳 왕조 시대의 유물13~14세기, ⑦ 각종 무기 등 주로 후기 레Lê 왕조 시대의 유물15~17세기, ⑧ 전통의상

역사박물관의 유물

등 주로 응웬Nguyễn 왕조 시대의 유물18~19세기, ⑨ 도자기 등 식민통치 기간의 유물19~20세기 중기, ⑩ 도자기나 장신구 등, ⑪ 힌두교참 유적 등, ⑫ 비슈누와 링가 등 힌두교 유적, ⑬ 힌두교 유적과 캄보디아의 앙코르 와트에서 온 것들, ⑭, ⑮ 소수민족의 생활도구, ⑯ 불상 등의 순으로 전시되어 있으며, 외세의 침략을 막아내는 장면을 모형으로 강조하면서 베트남 사람들의 자존심을 표현하였다.

● 전쟁자취박물관Bảo Tàng Chứng Tích Chiến Tranh, War Remnants Museum

전쟁자취박물관의 옛날 이름은 미군전쟁범죄박물관Museum of American War Crimes이었지만, 지금은 관광객을 의식하여 전쟁자취박물관War Remnants Museum이라는 중도적인 이름으로 변경되었다. 또한 예전에는 미군이 뿌린 고엽제로 인해 눈뜨고 보기 어려운 여러 기형아들의 사진, 그리고 팔이 네 개 달린 아이를

베트남전쟁 당시 사용되었던 무기들

포르말린에 넣어 전시하고 있었으나, 이 역시 지나친 혐오감을 준다는 이유로 더 이상 전시하지 않고 있다. 그러나 아직도 그 전시 내용은 미군의 끔찍한 만행을 고발하고 있다. 주로 사진만으로 전시되어 있지만, 의미를 전달하기에는 충분하다. 양민을 집단학살하는 장면, 베트콩을 고문하고 목을 자르는 장면 등을 다양하게 전시하여 미국 측이 가해자라는 사실을 설득력 있게 호소하고 있다. 이 내용은 우리 한국과도 무관하지 않다. 우리나라의 군인들도 대거 참전했으며, 전쟁이라는 특수상황에서 발생할 수 있는 끔찍한 일들이 벌어졌다. 이 박물관의 앞마당에는 각종 헬기, 대공포, 포탄 등이 전시되어 있다. 이 자리는 베트남전 당시 미국정보사가 위치했던 곳이기도 하다.

●● 구찌 터널

구찌Củ Chi 터널은 프랑스 식민통치시대인 1940년대부터 무기를 감추거나 비밀통로를 만들기 위한 목적으로 지방 게릴라들이 땅굴을 팠던 곳이다. 이 지역은 굳고 점성이 강한 흙으로 덮여 있어 땅굴을 파기에 안성맞춤인 자연적 조건을 갖추고 있기도 하다.

베트남전쟁이 일어나자, 베트콩들은 미국 측의 강력한 화력에 대항하기 위하여 이 터널을 보수하고 확장하였다. 이 터널은 지하 약 7m 내외의 굴을 거미줄처럼 파내고 통풍구를 만들었으며, 이 통풍구는 불에 잘 타지 않는 나뭇잎으로 위장하거나 지뢰를 설치하여 보호하였다. 땅굴을 파는 데 사용된 도구는 호미와 바구니뿐이며, 파낸 흙은 노인들이나 어린이들에 의해 땅에 얇게 뿌려지고 나뭇잎으로 덮거나 강물에 뿌려 흔적을 없앴다.

굴의 크기는 대개 폭 50cm, 높이 70cm로 보통의 외국인은 그 안에서 움직일 수가 없게 되어 있을 뿐 아니라, 적이 굴의 구조를 모르고 추적할 경우 함정

터널 입구는 은밀하고 협소하다.

에 빠질 수 있게 과학적으로 설계되어 있다. 그래서 구찌 지역의 지하에는 회의실, 부엌, 병원, 화장실, 지하수 등의 시설이 갖추어져 있으며, 최대 수용인원 약 1만 5,000명의 거대한 요새가 구축되어 있다. 터널은 크게 세 단계로 되어있는데, 1단은 주로 생활공간이고, 2단은 전투를 위한 공간이며, 제일 아래인 3단은 탈출을 위한 공간이다. 이 3단은 메콩 강과 연결되어 있으며, 이것은 침투와 탈출에 매우 효과적인 통로였다고 한다.

이 터널에 위협을 느낀 미군 측은 이 지역을 토벌하기 위하여 본격적인 작전에 나섰다. 먼저 구찌 지역의 주민들을 이주시켰다. 그리고 B-52로 하루에 80톤 가량의 폭탄으로 무차별 폭격을 가하였다. 이것이 효과를 나타내지 못하자, 미군 측은 이 지역을 고엽제를 뿌려서 초토화시켰다. 그 후 다른 식물들의 성장을 막기 위해 생육이 빠른 잔디를 뿌렸다. 건기에 이 잔디는 신속히 말라갔고, 폭격에 의

한 불꽃으로 마른 풀에 불이 붙어 은폐된 기지나 은둔지를 노출시켰다.

그러나 이 과정에서 고엽제에 의하여 농작물이 손실되고, 사람들이 신체적인 이상을 일으키자, 이에 자극을 받은 일부 주민들이 다시 이 지역으로 돌아와 베트콩과 합류하여 땅굴은 더욱 깊고 넓게 확장되었다. 그래서 총 연장길이 약 250km에 지하 30m 지점까지 개미굴 같은 땅굴이 형성되어 베트콩들은 신출귀몰하는 게릴라전으로 미군 측에 막대한 피해를 주었다. 뿐만 아니라, 지역주민들도 발자국 없이 걷기, 소리 없이 이야기하기, 연기 없이 요리하기, 보이지 않게 행동하기 등 생존을 위한 철칙을 지키며 작전을 수행하여 미군 측에 막대한 피해를 입혔다. 또한 이 지역은 미군 측에 치명적인 피해를 준 1968년의 구정 대공세의 거점이 되기도 하였다.

이 터널 주변에는 전쟁 당시의 부서진 탱크나 헬기 등이 산재해 있고, 대나무를 이용한 함정 등이 보전되어 있어 섬뜩한 느낌이 들기도 한다. 땅굴 속은 어두우며, 스스로 뚱뚱하다고 생각하는 사람은 들어가지 않는 것이 좋다. 고엽제가 뿌려진 이곳은 다시 작은 나무가 자라나고 있으나, 아직도 그 영향이 남아 있어 농업생산이 부진하며, 일부 베트남 사람들과 우리나라 참전용사들이 그 후유증에 시달리고 있기도 하다.

●● 붕따우

붕따우Vũng Tàu는 사이공 남동쪽 약 128km 지점에 위치한 해변도시로 프랑스 식민지 시절부터 사이공에서 지리적으로 근접거리에 있기 때문에 식민 당국의 관리들을 위한 휴양지로 발달되었다. 이곳은 해변휴양지와 함께 Large MountainNui Lon과 Small MountainNui Nho의 흥미로운 산책코스, 그리고 몇몇 유명한 사원들로 인해 호치민 시민들에게 매우 인기있는 관광지로 각광받고 있

붕따우의 해수욕장

다. 또한 붕따우에는 베트남전쟁 당시 한국군과 미군의 주월사령부 휴양소가 있었으며, 미군이 월남에서 패망하고 난 후 이 붕따우를 통해서 철수하였다. 또한 이곳은 베트남 동해안의 석유개발에 유리한 거점지역으로 러시아와의 합작 석유회사인 Vietso-Petro를 비롯하여 각 국의 석유회사들이 모여 있다. 우리나라의 석유개발공사도 여기에 참여하고 있다.

붕따우는 북쪽에는 큰 산254m, 남쪽에는 작은 산197m, 그리고 동쪽에는 붕따우 공항을 꼭지점으로 하는 삼각형 모양의 휴양도시이며, 큰 산에는 그물 모양의 대형 레이더가, 작은 산에는 거대한 예수상이 서 있어 이정표 구실을 한다. 남미 리우데자네이루의 예수상을 연상하게 하는 이 예수상의 높이는 약 30m가량이며, 사람들이 양팔의 부분까지 올라가서 일대를 전망할 수 있다. 붕따우에서 남쪽바다로 약 180km 지점에 콘다오Côn Đảo라는 섬은 베트남전쟁 당시 공산군 포로를 수용하던 곳이며, 공산화 통일 이후에는 반체제인사들의 재교육 장소로 사용된 곳이다.

또한 붕따우는 1964년 9월 22일 장교 34명에 사병 96명으로 구성된 한국군 최초의 파월부대인 이동외과병원비전투부대과 태권도 교관단이 상륙한 곳이다.

●● 껀터

호치민 시에서 170km 정도 떨어져 있는 껀터Cần Thơ는 인구 약 100만 명 정도이며, 메콩 삼각주에서 가장 큰 규모의 도시이다. 껀터라는 이름이 금시강琴詩江 즉 '거문고와 시의 강'이라는 뜻에서 유래되었을 정도로 강이 아름다운 지역이다. 껀터는 메콩 삼각주의 중심부에 위치하며, 하우Hậu 강, 껀터Cần Thơ 강, 까이뜨Cái Tư 등의 강과 수많은 수로들이 서로 얽혀 있어 메콩 삼각주의 수상교통 중심지로서 역할을 하고 있다. 껀터는 메콩 삼각주의 교통 중심지뿐만 아니라 정치, 경제, 문화의 중심지이다. 또한 껀터는 넓고 기름진 퇴적평야와 발달된 수로로 인해 전국적으로 쌀 생산이 가장 많은 지역이며, 농수산물과 가공업이 특히 발달해 있다. 껀터의 매력은 때 묻지 않은 전원 풍경과 수상시장의 풍경이다.

메콩 삼각주 일대는 예전에 크메르의 영토였으며, 이로 인해 껀터 인근에는 크메르Kh'mer족이 많이 살고 있다. 이곳에는 크메르 박물관23 Nguyễn ChíThanh이 있어서 크메르족의 일상 생활용구와 악기 등을 살펴볼 수 있다. 껀터 지역에는 크메르인들이 약 2,000여 명 거주하고 있다. 또한 껀터에는 중국인 화교Hoa들이 많이 살고 있어서 문화의 다양성을 보여준다.

껀터의 기후는 1년 내내 변화가 거의 없는 편이다. 연중 습하고 더운 열대몬순 기후를 나타내며, 평균 기온은 27℃ 정도이다. 우기는 5월부터 11월이며, 건기는 12월부터 다음 해 4월까지이다.

때 묻지 않은 메콩 삼각주의 전원풍경

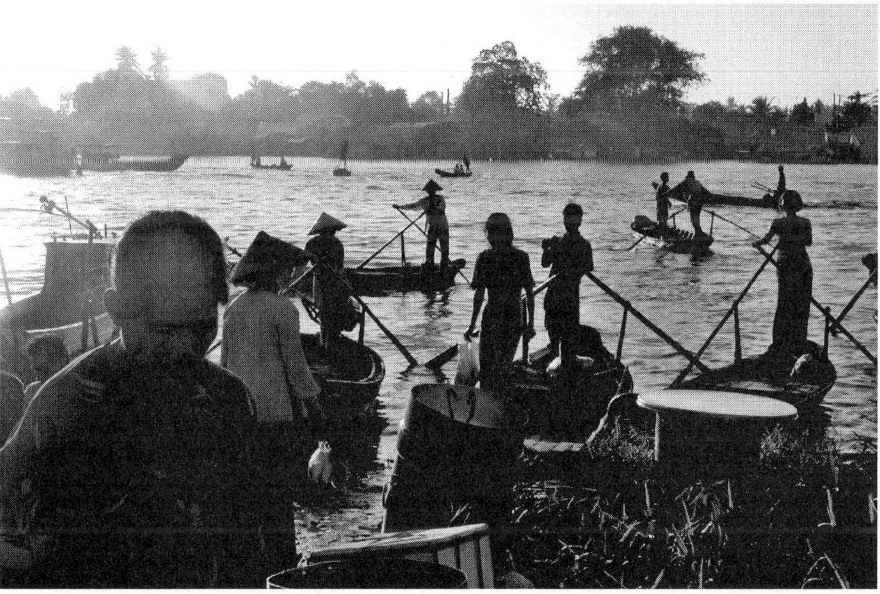

껀터는 메콩 삼각주 수상교통의 중심지이다.

III

베트남의 생활문화

VIETNAM
ODYSSEY

응웬 반 히에우
Nguyen Van Hieu

오영훈
Oh, Young Hun

백옥짱
Bach Thi Ngoc Trang

01

가족관계

가족과 친족

효도孝道

베트남의 가족과 친족의 개념은 우리나라와 매우 유사하다. 그 이유는 오래 전부터 농경사회를 바탕으로 중국으로부터 유래된 유교가 내면화되고 생활 전반에 크게 영향을 끼쳤기 때문이다. 그래서 베트남 사람들에게 조상, 조부모, 부모에 대한 효孝는 일상생활에서 가장 중요시되는 덕목이다.

베트남 사람들은 유독 가족이나 씨족 단위의 단결력이 강하며, 동시에 가부장적인 질서가 확고하다. 그 질서 아래 자녀들은 부모와 조부모 및 조상들을 사랑하고 존경하는 마음이 극진하며, 부모나 조부모가 늙거나 병들었을 때 물질적으로나 정신적으로 정성들여 모시는 것을 의무로 생각하고 있다. 또 집안어른이 돌아가셨을 때는 최선을 다하여 장례를 치르고 제사를 모시는 것을 당연하게 생각한다. 베트남에는 "일 년 벌어 생일에 쓰고, 10년 벌어 결혼에 쓰고, 평생 벌어 부모님의 장례식에 쓴다."라는 말이 있다. 그만큼 부모님의 장례식을 중요하게 여긴다는 말이다.

베트남 사람들은 태어나자마자 두 가지 의무를 지닌다. 하나는 나라에 대한 의무이고, 다른 하나는 조상과 부모에 대한 의무이다. 자녀들은 부모가 살아계시는 동안 잘 모실 수 있도록 가까운 곳에 살아야 하고, 만약 멀리 떨어져 살게 될 경우 부모의 집을 자주 방문해야 한다. 가족에 대한 의무와 책임은 집안의 자녀 모두가 가지지만, 장남의 책임이 가장 크다. 옛날부터 베트남에서 효도는 빈부와 상관없이 모든 사람의 당연한 윤리이며, 부모를 편하게 모시기 위해서는 자녀들이 서로 우애를 가지고 돕고 사는 것이 중요하다고 생각한다. 베트남 사람들은 누구나 다음과 같이 효에 대한 민요를 알고 있다.

노인을 공경하는 사회적 가치

"Một lòng thờ mẹ kính cha, cho tròn chữ hiếu mới là Đạo con." 부모를 모시고 효도를 다하는 것이 자식의 도리이다.

자녀에 대한 부모의 사랑

베트남의 모든 부모들은 항상 행복한 가족을 원하며, 자식들이 조화롭게 잘 사는 것을 소원한다. 우리나라와 마찬가지로 베트남의 부모들은 자식들이 잘 되기 위해서 모든 것을 희생하고 감내할 수 있다. 그래서 베트남의 부모들은 수많은 전란 속에서 목숨을 걸고 자녀들을 지켜왔다. 베트남의 부모들은 특히 자식들에게 조상들에 대한 감사와 가족 및 친지에 대한 사랑을 강조하며 일깨워 주는 것을 중시한다. 그렇게 함으로써 베트남 사람들의 가족에 대한 남다른 단결력이 면면히 이어져 내려왔다. 그러나 자식이 부모를 아무리 잘 모신다고 해도 부모의 자식에 대한 사랑은 그 어떤 것과도 비교할 수 없다. 그렇기 때문에 베트남 속담 중에는 다음과 같은 말이 있다.

“Cha mẹ nuôi con bằng trời bằng bể/Con nuôi cha mẹ con kể tháng ngày.” 자식에 대한 부모의 사랑은 하늘과 땅처럼 크지만, 자식이 부모를 모실 때는 날짜를 세고 있다.

가족

베트남은 옛날부터 유교의 영향을 많이 받고 거친 굴곡의 역사를 헤쳐왔기 때문에 농촌에서나 도시에서나 모두 가족을 중시한다. 그래서 최근까지 대부분의 베트남 사람들은 대가족으로 사는 것을 당연히 여긴다. 가장들은 스스로 3대 혹은 4대가 한 집에 사는 가족三代同堂 또는 四代同堂을 꾸려가는 것을 자랑스러워하며, 그것을 조상들이 물려준 복福이라고 여기며 감사해 한다.

그러나 20세기의 1980년대, 특히 개혁개방정책인 도이머이1986년를 실시한 이후부터 2대부모와 자녀 가족이 늘어나면서 3대와 4대가 함께 사는 대가족은 점차적으로 줄어들고 있으며, 도시에서는 핵가족들이 늘어나고 있다.

가족관계가 긴밀한 베트남

1945년 8월 혁명 이전에는 농촌과 도시에서 핵가족이 거의 존재하지 않았지만, 현대사회의 젊은이들은 결혼 후 독립적인 생활을 하기 위해 부모와 분가하여 살기를 원하는 추세이다. 또한 젊은 여성들은 우리나라의 산업화 초기와 마찬가지로 결혼해서 시집에서 시부모를 모시고 살고 싶어하지 않는다. 이것은 시부모와 함께 살게 될 경우, 일상생활이나 자녀의 교육문제 등에서 갈등이 생길 수 있기 때문이다. 도시에서 신혼부부들이 부모와 따로 살다가 아이를 낳게 될 경우, 시부모는 역시 우리나라와 마찬가지로 얼마동안 아이를 돌봐주는 경우가 많다. 또한 여성이 직장에 다닐 경우, 시부모가 집안일을 도와주는 경우도 많다. 이와 같은 새로운 경향은 베트남 사람들의 가족에 대한 친밀한 정을 반영하는 것이다.

유교의 영향

봉건왕조 시대부터 1945년 8월 혁명 이전까지 유교는 베트남 사람들의 일상생활에 매우 큰 영향을 끼쳤다. 우리나라같이 베트남도 삼종三從의 개념, 즉 "여자는 집에 있을 때 아버지를 따르고, 시집에 가면 남편을 따르고, 남편이 죽으면 아들을 따라야 한다.在家從父 出嫁從夫 夫死從子"라는 말에 잘 드러나 있다. 그렇기 때문에 아버지가 돌아가시면 아들이 아버지를 대신해서 가족의 대표자 역할을 한다. 어머니가 살아계시면 물론 어머니를 존중하고 모든 일에 자문을 구한다. 부모님이 모두 돌아가셨을 경우, 장남이 아버지를 대신해서 가족을 부양해야 할 책임이 있으며, 동생 등 가족들을 잘 돌보아야 한다.

가족에서 부자지간, 형제지간, 부부지간의 관계는 위계질서를 엄격히 준수하며, 자식은 부모의 말에 순종하고, 동생은 형의 말에 순종하고, 아내는 남편의 말에 순종해야 한다. 가족은 작은 혈연공동체라 할 수 있으며, 친족은 이러한 작은 공동체들이 모인 큰 혈연공동체이다. 옛날부터 가족은 사회의 가장 작은 단위인 세포라 부르며, 그 세포는 도덕과 신앙 등 여러 문화에 대한 유전자를 지니고 있다고 본다. 이 유전자들은 유기체처럼 대대로 이어지며 사회와 국가로 확장된다.

부모의 삶은 자녀를 위한 것이며, 자녀교육이 부모의 최우선적인 의무라고 생각한다. 북부와 중부지역에서 가족들은 유교적 전통이 남부지역보다 더욱 크게 작용하여 자녀들이 가족의 전통을 계승하는 가풍家風을 중시한다.

과거 농촌의 가족형태는 유교적인 가족양반과 농민가족평민으로 구분할 수 있다. 유교적인 가족은 유교사상을 바탕으로 생활하며, 가족구성원들은 예禮와 의儀에 따라 행동하면서 갈등이 생길 때 이에 따라 문제를 해결한다. 그리고 농민가족은 가족 중심의 직업농업이나 수공업을 후손들에게 전수해준다. 그러나 최근에는 유교적인 가족과 농민가족의 경계가 사라져서 유교적 전통이 많이 약화되었다.

사회주의혁명 이후의 가족 형태

1945년 8월 사회주의혁명으로 인해 베트남의 농촌과 도시는 모든 면에서 큰 변화가 일어났다. 지주와 지식인 중심의 유교적 봉건사회에서 노동자와 농민들이 공평하게 대우받는 평등사회로의 이동이 시작되었다. 그래서 정치, 경제, 사회, 문화에 이전과는 다른 커다란 변화가 일어났다. 그러나 그 이후 30년1945~1975 동안 베트남은 다시 전쟁을 겪어야만 했다. 북부지역에서 전국 항전의 날1946.12.19 이후 주로 농촌과 산악지대를 배경으로 전투가 벌어졌으며, 농촌과 도시의 많은 가족에서 젊은이들이 군대에 자원입대하였다. 특히 여성들이 전쟁터에서 간호부나 보급대원으로 활동했을 뿐만 아니라, 무기를 들고 게릴라 활동을 하기도 하였다. 베트남의 여성들은 프랑스와 미국을 물리치고 독립을 이루고 통일을 이루는 데 크게 기여하였다. 따라서 여성들의 지위는 획기적으로 개선될 수 있었다.

오늘날 베트남에서 남녀평등의식은 일반화되어 법으로부터 보호받고 있으며, 남성 위주의 가부장적 전통은 1945년 8월 혁명 이전처럼 보편적인 가치로 자리 잡고 있지 않다. 베트남 법에 따라 주택이나 토지 소유권에 남편과 부인의 이름이 같이 등재되어 공동명의로 하며, 다른 사람에게 양도할 때도 서류에 부부가 같이 사인해야 한다.

그러나 21세기에 들어서도 베트남 사람들은 전통을 중시해서 조상에 대한 의무를 잘 인식하고 있다. 조상과 어른들에 대해 예를 다하며, 가족 상호 간의 우애를 중시한다. 가족에서 부모는 자녀들에게 모범을 보이고 자녀들에게 항상 사랑하고 정직하게 생활해야 한다고 가르친다.

새로운 가족문화의 주요 요소는 대화이다. 가족 구성원 간의 대화는 서로를 이해하고 사랑하며 신뢰함으로써 아름다운 전통을 새롭게 형성해 가는 핵심요소로 자리 잡아가고 있다.

문중門中

문중은 같은 조상과 같은 성姓을 지닌 혈연공동체이다. 옛날부터 베트남의 문중은 순수한 혈통을 유지하는 것을 중요하고 성스러운 원칙으로 삼았다. 문중의 대표는 장손이며, 장손은 문중에서 가장 큰 어른의 장남이다. 장손의 직위는 선거를 통해서 뽑는 것이 아니라, 장손이 자신의 아버지로부터 물려받는다. 장손의 아들이 없는 경우에는 양자를 들여서라도 장손의 지위를 큰집에게만 물려주며, 작은집에 물려주지 않는다. 장손은 문중의 사당을 관리할 책임이 있으며, 차례나 제사, 그리고 장례식, 결혼식, 집 짓기 등 문중의 큰 행사들을 주관한다. 장손은 문중 내에서 막강한 권력을 지닐 뿐만 아니라, 학식과 도덕성을 갖춘 사람으로서 문중 내의 모든 사람들을 이끌어야 한다. 또한 장손은 문중의 재산을 배분해줄 권리도 있다. 전통사회에서는 남자들의 숫자에 따라 큰문중과 작은문중으로 구분하였다. 즉 남자가 중심이 되는 사회였던 것이다. 마을에 행사가 있거나 토지세 같은 의무들이 있을 때, 마을 원로들은 각 가족에서 성년이 된 남자인 '딘Đinh'의 수에 따라 의무를 분담시켰다. 따라서 모든 권리와 의무는 남자를 기준으로 정해졌기 때문에 모든 가족은 아들을 많이 낳고 싶어하며 아들이 많을수록 복이 많다고 생각하였다. 전통사회에서는 남성을 중시하고 여성을 무시하는 인습이 있었으며, 여성은 문중의 사람으로 생각하지 않는 경향이 있었다. 그래서 아들을 낳지 못하는 여자들은 조상에게 큰 죄책감을 가지게 되었다.

그러나 오늘날에는 남성을 중시하는 성향이 많이 없어졌기 때문에 아들과 딸을 구별하지 않는다. 일반적으로 베트남 가족은 두 명의 자녀를 두며, 자녀양육과 교육을 위해 베트남 정부에서도 셋째 자녀를 권장하지 않는다.

그럼에도 불구하고 중부나 북부지방의 전통 문중에서는 장손의 지위가 변하지 않고 그대로 유지되고 있다. 그래서 종족의 제사나 행사에는 대부분 남자들만 참가한다. 이것은 봉건시대부터 전해져 내려온 가부장적 관습이 아직까지 영향을 미치고 있다는 증거이다. 그러나 몇몇 지역에서는 문중의 조상을 위해 제사를 지낼 때 딸이나 며느리들이 참가할 수 있으며, 예전보다 민주화된 남녀평등의 경향을 보여주고 있다. 그러나 아직도 전통을 고수하는 측면이 있는 문중회의는 구성원들이 서로 돕고 격려하며, 문중의 문제들을 함께 해결할 수 있는 방안을 모색하여 사회를 안정적으로 유지하는 기능을 하기도 한다.

형제자매

베트남 사람들에게 형제자매는 같은 집에서 최소한 20년 동안을 동고동락한 관계이다. 형제자매들은 다른 사람과 달리 핏줄로 이어져 매우 긴밀한 정情과 의義를 가진 사람들이다. 그래서 어려움을 함께 나눈 형제자매들은 서로 사랑하고 모든 분야에서 서로 도와주고 배려한다. 베트남 사람들은 항상 정情 위주로 인간관계를 유지하기 때문에 가족 내에서 잘사는 사람이 어려운 형제자매들을 물질적으로 도와주는 것을 당연시한다. 그러므로 한국으로 출가를 한 베트남 신부들이 부모나 형제자매들에게 도움을 주는 것은 당연하다. 베트남의 가족관계는 한국보다 더 긴밀하다고 할 수 있는 것이다.

그러나 베트남에서도 역시 결혼 후 형제자매들이 서로 의지하지 않고 자립할 수 있는 것을 가장 바람직하다고 생각한다. 베트남 사람들은 “가족의 형제들이 가장 친하며 서로 사랑하지만, 결혼 후에는 각자 독립적으로 알아서 살아야 한다."라는 생각을 일반적으로 하고 있다.

부부관계

부부는 결혼할 때부터 죽을 때까지 서로 도와주는 동반자이다. 그렇기 때문에 옛날부터 부부의 도리는 항상 변함없는 정情과 의義이며, 평생 서로 사랑하고 동고동락하면서 가족과 자녀를 위해 함께 노력한다. 베트남의 전통사회에서는 여성이 결혼할 경우 '삼종Tam tòng, 三從'과 '사덕tứĐức, 四德'이라는 의무를 지켜야 된다고 생각하였다. 삼종이란 여성이 부모 집에서는 살 때 아버지를 따르고, 결혼하면 남편을 따르고, 남편이 죽으면 아들을 따라야한다는 의미이다. 또한 여성이 결혼하면 부공婦功, 부용婦容, 부언婦言, 부행婦行 등 사덕을 지녀야 한다고 생각했으며, 부공婦功이란 여성이 바느질을 잘하고 장사를 잘해야 한다는 뜻이며, 부용婦容이란 여성의 외모가 깔끔하고 자기의 외모를 존중할 줄 알아야 한다는 뜻이다. 부언婦言이란 여성이 말을 부드럽게 해야 하고, 부행婦行이란 여성이 예의 바르고 윗사람을 존경하고 아랫사람을 사랑해야 한다는 뜻이다.

이 사덕四德을 주의해서 살펴보면 베트남에서 여성의 위치를 알 수 있다. 베트남 여성의 가장 중요한 미덕은 미모나 예의보다 바느질을 잘하고 장사를 잘하는 등 생활력을 으뜸의 덕목으로 꼽는 것이다. 즉 여성의 노동력을 매우 중시한다는 것이다. 이런 가치는 지금까지 이어져 내려와 베트남 여성들의 생활력이 남자들보다 더 강한 경향이 있다.

전통사회에서는 여성이 결혼하면 시부모님을 잘 모셔야 하고 남편과 같이 시댁의 대소사에 참여하며, 큰며느리일 경우 남편의 형제들을 돌보아줄 책임을 가지고 있다.

또한 전통사회에서는 남아선호사상이 강해서 남자가 결혼해서 아들을 낳지 못하면 아들을 낳기 위해 첩을 둘 수도 있다는 관습이 있었다. 여성이 결혼해서 딸만 낳거나 자식이 없는 것은 불행한 일이라고 생각했다. 오늘날 혼인가정법에 따라 남자가 첩을 두는 것을 허락하지 않지만, 딸보다 아들을 선호하는 경향은 아직도 남아 있다. 오늘날 베트남에서 여아보다 남아의 출생률이 더 높다는 것은 이것을 증명하고 있다. 하지만 시간이 갈수록 '삼종사덕'의 가치는 물론 남아선호사상도 희미해져 가고 있다. 다만 부부가 서로 존중하고 사랑해야 한다는 가치가 점점 더 중요한 가치로 강조되고 있다.

며느리

옛날에는 여성이 결혼하면 시댁에서 살아야 했다. 오늘날 결혼 후 집을 마련할 수 있는 조건이라면 일반적으로 부부들은 독립해서 따로 사는 경우가 많다. 대부분 여성들이 시댁에서 시부모와 함께 사는 것을 선호하지 않기 때문에 신혼부부는 미리 집이나 아파트를 준비해서 분가하려고 한다. 그러나 신혼부부들이 독립적인 생활을 위해서는 경제적으로나 정신적으로 많은 준비해야 한다.

갓 결혼한 며느리들이 시댁을 처음 방문할 때 모든 것이 익숙하지 않기 때문에 시부모 등 시댁 식구들과의 의사소통이 잘 이루어지지 않는 경우가 많다. 그러나 오늘날 많은 신부들은 시댁도 친정처럼 여기면서 시부모와 시댁의 구성원으로부터 사랑을 받는다. 며느리가 시댁을 친정집처럼 여기며 헌신하면 시부모도 며느리를 딸처럼 대해준다. 심지어 딸보다 더 잘해주는 경우도 많다. 그래서 베트남에는 다음과 같은 속담이 있다. "Dâu hiền hơn con gái. 딸보다 착한 며느리가 더 좋다."

또한 일반적으로 시어머니는 며느리에게 집안의 모든 대소사를 맡길 정도로 사랑하고 신뢰한다. 베트남 속담 중 "Dâu vônhà, mụgia ra ngõ. 며느리가 들어오면 시어머니는 집에서 나간다."라는 속담이 있는데, 이것은 며느리가 들어오면 시어머니가 며느리에게 집안관리를 모두 물려준다는 뜻이다. 이것은 시댁에서 며느리의 역할이 중요하다는 것을 단적으로 보여준다.

하지만 베트남에서는 옛날부터 한국과 마찬가지로 고부갈등이 많이 발생했다. 그러나 현재에는 고부관계가 예전과 많이 달라졌다. 며느리가 자녀교육과 집안일, 그리고 경제활동도 해야 하기 때문에 며느리들의 어려움에 대해 시어머니들도 점점 더 이해하고 있는 추세이다. 따라서 시어머니가 며느리의 집을 자주 방문하여 손자, 손녀를 돌보아주고 집안일도 도와주면 고부관계가 원만해진다.

베트남에서 며느리들, 즉 동서들 간의 관계는 친근한 편이다. 1945년 8월 혁명 이전까지 한 가족에서 며느리동서들이 같이 사는 경우가 많았지만, 현대사회에서는 그런 경우가 거의 없는 편이다. 며느리들이 서로 친하게 지내면 자주 만날 수 있지만, 그렇지 않을 경우 시댁에서 제사, 명절, 결혼식 등 행사가 있을 때만 만날 수 있기 때문에 서로 친하게 지낼 기회가 많지 않다. 그래서 한 가족의 며느리들은 서로 친밀한 관계를 유지하기 위해 자주 만나 친분을 쌓고 배려하며 도우면서 살아야 한다.

사위

베트남 사람들은 우리나라같이 사위를 백년손님으로 여긴다. 그래서 베트남에는 "며느리는 자식이고, 사위는 손님이다."라는 말이 있다. 그러나 아들이 없는 가족들은 사위를 자식처럼 생각하기도 한다. 대부분의 베트남 남성들은 결혼해서 처가살이를 싫어하며, 경제적으로 아무리 어려워도 따로 사는 것을 원한다. 남성들이 결혼하고 처가에 살면 남자가 무능력해서 처가에 의존하는 것처럼 보일 수 있기 때문에 좋아하지 않는 것이다.

하지만 외동딸만 있는 가정일 경우, 데릴사위같이 사위가 처가에서 살 수도 있다. 한 가족의 사위동서들은 형제처럼 친하게 지낼 수 있는 사이이지만, 독립적으로 살기 때문에 친형제처럼 친밀한 정도는 아니다.

조상숭배

베트남 문화의 가장 큰 특징은 조상숭배가 생활화되어 있다는 점이다. 베트남 사람들은 일찍부터 인간이 육체적인 것과 정신적인 것으로 이루어져 있다고 생각하였다. 정신적인 것은 눈으로 볼 수 없으며, 영혼이라는 개념으로 이해하였다. 이 영혼은 모든 신앙의 근원이 되었으며, 특히 조상들의 영혼을 위하여 정성을 다하였다. 그래서 부모가 세상을 등지면 자식들은 최선을 다하여 장례를 치르고, 또 정성스럽게 제사를 지내게 되었다. 이것은 베트남 사람들에게 성스러운 원칙이자, 당연한 '예禮'로 생활 속에 자리 잡았다.

베트남 사람들은 조상들의 영혼은 항상 후손들 가까이에 존재하며 후손들을 보호해준다고 믿고 있다. 또한 죽은 사람과 산 사람은 서로 정신적으로 교류하고 있기 때문에 산 사람이 죽은 사람을 잊어서는 안 된다고 생각한다. 그래서 베트남 사람들에게 조상숭배는 아름다운 풍습이고, 조상에 대해서 존경심의 표현이며, 복을 구하는 기복신앙祈福信仰이기도 하다.

이러한 조상숭배는 대부분의 베트남 사람들에게 정신적인 지주 역할을 하며, 물질적인 것보다는 마음에서 우러나오는 진심을 중시한다. 베트남에서 조상숭배의식의 핵심은 제사이다. 베트남의 모든 가족들은 조상에게 제사를 지낸다. 베트남 사람의 제사의식은 우리나라보다 더 자주 행해진다. 많은 가정에서 제단을 마련해 놓고 매일 아침, 저녁으로 향불을 피우고 음식을 올리며 허리를 굽혀 문안 인사를 한다.

또한 베트남의 농촌에서는 조상들의 묘를 가까운 논, 밭이나 집의 뒤뜰에 마련하는 경우가 많다. 그리고 매일 향불로 죽은 조상들을 부르고 음식을 바친다. 베트남 사람들은 일상생활을 살아 있는 사람들과 같이하는 것뿐만 아니라, 죽은 조상들과 함께하는 것이다. 설날떗, Tết은 베트남에서도 최대의 명절이며, 우리나라와 마찬가지로 베트남에서도 묘지를 깨끗이 벌초하며, 가족들이 모두 모여 제사를 지낸다. 베트남 사람들의 조상들에 대한 예나, 가족 간의 친밀성은 우리나라보다 더욱 긴밀하다고 볼 수 있다.

집의 뒤뜰에 모셔져 있는 조상의 묘지

베트남 사람들의 조상숭배 특징은 가족의 조상과 나라의 조상이 서로 연결되어 숭배되는 것이다. 베트남에서는 매년 음력 3월 10일, 나라의 시조인 훙브엉雄王, vua Hùng에게 제사를 지낸다. 우리나라에서도 개천절에 시조인 단군에게 예를 올리지만, 베트남은 더욱 실질적이고 정성스럽게 행해진다. 베트남에서 나라의 시조에게 정성스럽게 제사를 지내는 것은 나라의 시조가 가족의 조상과 같은 뿌리로 밀접한 관련이 있다고 생각하기 때문이다. 그래서 베트남에서 나라의 시조인 훙브엉에 대한 제사는 전국적으로 이루어지는 국가제사의 형태이며, 이것은 국가의 통일성과 정체성, 그리고 애국심의 강화에 크게 기여하고 있다.

02

사고방식

베트남 사람들은 일반적으로 정情과 의義 그리고 체면을 중시한다. 그런데 하노이를 중심으로 하는 북부사람들과, 호치민을 중심으로 하는 남부사람들의 성향이 다소 차이가 있다. 북부지방 사람들은 전통을 중시하고 부지런한 반면, 다소 경직된 경향이 있다. 남부지방 사람들은 개방적이고 낙천적인 반면, 다소 게으른 측면이 있다. 전반적으로 북부지방 사람들은 정직하고 진지하며, 남부지방 사람들은 낙천적이며 쾌활하다.

하지만 베트남 사람들은 모두 정이 깊고 공동체를 위하여 개인을 희생시킬 수 있는 희생정신이 강하다. 또한 베트남 사람들의 사고방식은 비교적 개인적인 개성보다는 가족과 문중, 그리고 촌락과 국가 등의 공동체에서 영향을 많이 받는다. 베트남 사람들은 크고 작은 공동체 안에서 구성원으로서의 존재 의미가 매우 큰 편이다. 공동체의 안녕과 이익을 위하여 단결이 중요시되며, 그것이 개인의 가치보다 우선시되는 경우가 많다.

혈연 집단인 한 문중에서 동일한 조상을 모시는 다섯 세대를 노이똑nội tộc 內族이라고 하며, 한 가족처럼 여긴다. 우리나라로 따지면, 고조할아버지에서 비롯된 자손을 모두 가족으로 여긴다는 것이다. 그래서 우리나라에 "피는 물보다 진하다."라는 속담이 있듯이, 베트남에도 "호수 같은 물보다 한 방울의 피가 더

낙천적인 남부지방 사람들

귀중하다. một giọt máu đào hơn ao nước lã."라는 속담이 있다.

베트남의 문중사람들은 서로 격려하고 협동하는 생활을 하지만, 도덕적으로 미풍양속을 이어가기 위해 문중 내의 어떤 사람이 나쁜 일을 저질렀을 경우, 전체 문중에 나쁜 영향을 끼칠 것을 염려한다. 그렇기 때문에 문중 구성원은 서로 근신하고 학문과 인격 및 교육문제에 대해 관심이 많다.

●● 국가 공동체와 촌락 공동체

베트남 사람들은 국가공동체에 대해 매우 큰 가치를 두고 있으며, 긴밀한 결속력을 보이고 있다. 그것은 역사적으로 수많은 외침을 받았으며, 이를 물리치고 독립과 통일을 쟁취하는 과정에서 형성된 유대감이라고 볼 수 있다. 즉,

세계적인 강대국인 중국과 프랑스, 그리고 미국을 물리치고 독립과 통일을 이루어 냈다는 자부심이 베트남 사람들의 마음속에 굳건히 자리하고 있으며, 이 자부심이 애국심과 연결된다. 실제로 역사적으로 베트남 사람들은 대단한 투쟁력과 단결력을 가지고 있으며, 이것은 현대까지 지속되어서, 최근에는 호치민에 의해 응집되어 표출되었다.

또한 베트남은 국가 차원에서 민족단결을 강조하며, 국민들에게 애국심과 단결력을 호소하고 있으며, 이것은 효과적으로 국민들에게 내면화되어 있다.

베트남에서는 같은 직업으로 이루어진 협동조합 또한 긴밀하고 결속력이 있다. 예를 들어, 죽제품 수공업, 도자기, 상업 협동조합 등을 들 수 있다. 그 밖에 취미를 같이하는 사람들의 동호회 성격의 공동체가 있으며, 참전용사회, 노인회, 부녀회 등의 공동체가 존재한다. 이러한 공동체는 기본적으로 혈연을 바탕으로 하지는 않지만, 베트남 특유의 인간적인 정감情感이 조성되며, 그로 인해 결속력이 강해진다. 이러한 공동체들은 각기 독립적이기도 하지만, 촌락과 국가를 위하여 유기적으로 협력하기도 한다.

●● 친구와 동료관계

가족이나 친지, 이웃 등 베트남 사람들의 인간관계는 여러 가지로 우리나라와 유사하며, 친구관계도 마찬가지이다. 특히, 베트남 사람들에게 전통적인 촌락을 바탕으로 한 친구들은 혈연 못지않게 평생을 함께한다. 베트남의 친구관계도 우리와 마찬가지로 어려움을 함께하는 것을 진정한 친구라고 생각해서 "어려울 때 좋은 친구가 누구인지 알 수가 있다."라는 말이 있다. 또한 "까마귀 노는 곳에 백로야 가지 마라."라는 속담처럼 "먹과 가까이 있으면 까맣게 되고, 등불에 가까이 있으면 밝아진다."라는 베트남 속담이 있기도 하다.

베트남에서는 친구들끼리 자주 만나 차나 술을 마시면서 이야기하는 것을 즐긴다. 특히, 날씨가 더운 베트남에서 해가 지고 저녁이 되면 삼삼오오 모여서 차나 술을 마시며 이야기를 하곤 하는데, 여러 가지 주제를 가지고 진지하게 토론하는 것을 즐긴다.

베트남에서도 친한 친구를 지기知己라고 하며, 지기는 경제력에 상관없이 항상 서로 형제처럼 사랑하고 필요할 때 서로 도울 수 있는 관계이다. 특히 생일, 결혼식, 장례식 등 경조사가 있을 때 서로 방문하여 축하하거나 슬퍼해줄 때 친구들의 관계는 더욱 돈독해진다.

사회주의 국가인 베트남에서는 공식적이며 인위적인 친구 집단의 결성도 활발하다. 예를 들어, '베트남청년연합회'는 청년들의 모임이며, 직업이나 교육 등 모든 분야에서 지도하고 봉사하는 단체이다. '베트남여성연합회'는 전국 규모의 여성단체이며, 여성의 권리 · 남녀평등 · 자녀교육 등에 대한 활동 외에 여성들에게 경제적 자립 지원, 농촌이나 도서지역에 거주하는 여성들에게 학업 · 전문지식 · 직업훈련 등 많은 프로그램을 지원해주고 가정 폭력을 예방하는 활동을 하고 있다.

●● 이웃과의 관계

베트남에서는 이웃과의 관계를 매우 중요시한다. 이웃은 같은 마을에 살면서 서로 친하고 잘 이해하기 때문에 형제보다 더 가깝게 지낼 수 있다. 특히, 어려운 일이 있을 때 이웃사람들은 서로 방문하여 물심양면으로 격려하고 도와준다. 그렇기 때문에 베트남에는 "먼 형제를 팔아 가까운 이웃을 산다.Bán anh em xa mua láng giêng gần."라는 속담이 있다.

손님 접대 문화

베트남 사람들은 옛날부터 정을 중시하기 때문에 집에 손님이 방문하면 진심으로 환대하고 지극히 대접한다. 손님 중에는 가까운 친지나 친한 친구도 있고, 처음 방문하는 모르는 사람도 있지만 친한 사이이든 그렇지 않든 집주인은 손님을 항상 반갑게 맞이한다.

전통적인 베트남 풍습에 손님이 오면 차를 대접하며, 특히 여성에게는 '쩌우trầu-betel, 베텔이라 하며, 껌처럼 씹는 나뭇잎'를 대접한다. 남자들은 담배를 많이 피우며, 여자들은 쩌우 씹는 것을 좋아해서 "쩌우로 이야기를 시작한다.Miếng trầu làĐầu câu chuyện."라는 이야기가 있을 정도이다. 오늘날도 결혼식이나 장례식에서는 손님의 자리에 항상 쩌우가 담긴 접시가 준비되어 있다. 하지만 지금은 나이가 많은 할머니들만 쩌우를 씹으며, 젊은이들은 씹지 않는다. 쩌우베텔는 잇몸 건강과 거담에 좋다고 하며 약간의 진통효과도 있다. 쩌우를 씹으면 붉은색 즙이 나오고, 이 즙이 치아를 검게 만든다는 이야기도 있다.

이를 검게 물들인 할머니들

어른들의 생신

베트남에서는 어느 나라보다 노인들이 존중을 받는다. 이것은 베트남어의 인칭에서 잘 나타난다. 베트남어에 존댓말은 없지만, 호칭으로서 상대방을 높이고 내리게 된다. 베트남은 경로사상이 매우 엄격하므로 이 호칭을 잘못 사용하면 큰 실례가 될 수 있다. 동시에 호칭을 잘 골라 사용하면 분위기를 우호적으로 만들 수 있으며 상대방을 기쁘게 해줄 수 있다. 즉 나이가 많거나 사회적 지위가 있는 남자는 '할아버지'라는 뜻인 '오옹Ông'을, 여자인 경우에는 '할머니'라는 뜻인 '바Bà'를 말 뒤에 붙여야 한다. 예를 들어, "안녕하세요?"는 "짜오Chào!"인데, 할아버지에게는 "짜오 오옹!" 그리고 할머니에게는 "짜오 바!"라고 해야 예의를 갖춘 어법이다.

경로사상이 엄격한 베트남에서는 당연히 어른들의 생신인 뭉토Mừng thọ를 중시한다. 뭉토는 가족과 씨족의 범위 내에서 이루어질 뿐만 아니라, 이웃과 마을에서도 중요한 행사로 종종 마을잔치가 된다. 어른을 존경하는 것은 베트남 사람들의 아름다운 전통이며, 한 살 더 먹는 것은 그만큼 사회에서 존경을 더 받는다는 의미이다. 옛날에는 농촌에서 50세가 되면 노인lão, 老이 되는 기념행사를 개최하였다. 마을의 관직이 없는 사람이라도 노인이 되면 마을 경조사에서 상석에 앉을 수 있고 존경을 받는다. 그러나 오늘날에는 평균수명이 늘어서 70세가 되어야 비로소 노인으로 대접받을 수 있다.

베트남에는 국가 차원에서 노인을 공경하기 위해 '베트남노인협회Hội người cao tuổi Việt Nam'가 조직되어 있다. 이 협회는 전국적으로 농촌에서 도시까지 조직되어 있어, 퇴직한 사람을 비롯한 노인들의 안식처 역할을 하고 있다. 베트남노인협회는 '베트남조국전선대The Vietnamese Fatherland Front'에 속하기도 하며, 해마다 70 · 75 · 80 · 85 · 90 · 95 · 100세가 된 고령자들을 위해 지역별로 '뭉토' 행사

어른의 생신인 등토에 모인 일가 친척

를 주최한다. 특히 100세가 되는 사람들을 위해서는 큰 잔치를 개최한다. 호치민은 생전에 노인들에게 관심을 많이 가졌으며, 전국적으로 100세가 된 사람에게 실크 옷을 선물로 주었다. 그래서 오늘날에도 100세 이상 된 사람들은 베트남 국가주석으로부터 실크 옷을 선물로 받는다.

베트남에는 또 마을마다 '호이토Hội thọ, 장노회'가 있으며, 70 · 80세 등의 생일을 맞이한 사람이 있으면 모든 구성원들이 함께 잔치에 참여하여 선물을 주고 사진을 찍어 기념한다. 베트남에는 "노인을 존경하면 나이를 나누어 가진다.Kính già, giàĐểtuổi cho."라는 속담이 있을 정도로 경로사상이 철저하다.

03

베트남의 음식문화

베트남은 음식문화가 매우 발달되어 맛있고 다양하다. 또한 베트남의 음식은 우리 한국 사람의 입맛에도 잘 맞는다. 베트남의 음식이 이렇게 맛있고 다양한 이유는 우선 북쪽으로 중국의 광동 지방과 가까운 것을 꼽을 수 있다. 중국의 광동 지방은 세계적으로 유명한 음식의 고향이기 때문이다. 이러한 중국의 영향으로 베트남의 요리는 기름에 튀긴 것이 많으며, 향채香菜를 즐기는 경향이 있다.

다른 한편 베트남 음식문화의 발달은 프랑스와의 관계에서 찾을 수 있다. 베트남의 음식문화는 약 100여 년간의 프랑스 통지기간 동안 미식이 발달되어 있는 프랑스의 영향을 상당히 받았다. 그래서 베트남에서는 거의 유럽 수준의 맛과 분위기를 가진 음식을 저렴하게 즐길 수 있다.

음식문화가 발달한 베트남의 식탁

전통적인 베트남 사람들은 우리나라의 '금강산도 식후경'이라는 속담과 마찬가지로 "도리를 다하려고 해도 먹어야 할 수 있다. Cóthực mới vực

Được Đạo."라는 속담이 있을 정도로 음식을 중요시한다. 또한 우리나라에 "밥 먹을 때는 개도 건드리지 않는다."라는 이야기가 있듯이 베트남에는 "하늘이 노여워할 만큼 잘못을 했더라도 식사시간을 피해서 질책한다.Trời Đánh còn tránh bữa ăn." 라는 속담이 있을 정도로 식사를 중시한다.

베트남 사람들의 식사는 벼농사 문화를 반영하여 주로 밥이나 쌀국수, 그리고 채식을 위주로 하며, 물고기와 오리 및 닭과 돼지 등의 고기를 곁들여 먹는다.

쌀 - 가오Gạo

베트남은 우리나라와 마찬가지로 벼농사를 기본으로 하기 때문에 쌀을 주식으로 한다. 고온다습한 기후에 적합한 쌀은 베트남 같은 열대 몬순지역이 원산지이기도 하다. 베트남은 쌀농사에 유리한 기후이므로 쌀농사 문화가 더 발달되어 있으며, 2모작 많게는 3모작의 쌀농사도 짓는다. 그래서 베트남은 세계적인 쌀 생산국인 동시에 세계 3위의 쌀 수출국이다. 베트남에는 쌀의 종류도 다양하며, 가오담톰gạo tám thơm, 가오담쏘안gạo tám xoan, 가오릇gạo lứt 등의 맵쌀과 넵검nếp cẩm, 넵까이화방nếp cái hoa vàng, 넵흐엉nếp hương 등의 찹쌀이 있다.

베트남은 또한 쌀을 이용하여 국수를 만들어 먹는 문화가 매우 발달되어 있다. 쌀국수는 베트남어로 퍼Phở라고 부르며, 퍼는 지역마다 각기 다양한 특색이 있다. 쌀국수는 세계화될 정도로 맛이 있으며, 특히 우리나라 사람들이 좋아한다. 베트남에서 찹쌀은 제사나 명절과 같은 행사가 있을 때, 찹쌀밥인 쏘이xôi나 떡을 만들 때 사용된다.

●● 채소 – 라우Rau

베트남 사람들의 식사에 밥 다음으로 중요하게 생각하는 것은 채소이다. 벼를 심은 땅에 채소를 심을 수 있기 때문에 계절에 따라 다양한 채소를 심을 수 있다. 자주 먹는 채소는 양배추, 무, 갓, 콜라비양배추의 한 종류, 호박, 라우므옹rau muống, 나물 종류 등이다. 베트남 사람들의 채소에 대해서 이야기할 때, 즈아모오이Dưa muối, 한국의 갓김치와 유사와 까cà, 발효된 가지는 빠질 수 없는 중요한 채소이다. 즈아무오이는 갓을 뽑아 뿌리를 자르고 햇빛에 하루 정도 말린 후 담근다. 즈아무오이를 담글 때, 갓의 잎을 잘게 썰지 않고 그대로 담근 후 대나무로 만든 망을 덮고 무거운 돌로 눌러 놓는다. 즈아무오이는 보통 삶은 돼지고기나 족발과 같이 먹는다. 즈아무오이가 발효되어 신맛이 나면 물고기와 탕을 만드는 데 사용한다.

가지는 까파오cà pháo, 일반 가지, 까딤cà tím, 보라색 가지, 까밧cà bát, 밥그릇 크기의 큰 가지 등 여러 종류가 있다. 까딤과 까밧은 튀김두부, 돼지고기와 함께 요리하며 먹기 전에 향신료를 넣는다. 까파오는 여러 가지 탕 등 국물요리에 사용된다.

베트남 사람들은 또한 더운 지방에서 그렇듯이 향채香菜를 즐겨 먹는다. 향채는 베트남어로 라우 텀rau thơm 혹은 응오ngổ라고 부르며, 쌀국수 등 많은 음식에 사용된다. 향채는 일반적으로 우리나라 사람의 입맛에 잘 맞지 않는다. 아무리 비싸고 훌륭한 요리일지라도 이 향채가 들어가 있으면 못 먹게 되는 경우가 종종 있다. 따라서 음식을 주문하면서 향채를 넣지 말아달라는 부탁을 하는 것이 좋다. "향채를 넣지 말아주세요."의 베트남어는 "또이 꽁 안 라우 텀. Tôi không ăn rau thơm."이다.

베트남 사람들이 즐겨먹는 향채

●● 느억맘과 맘

베트남 사람들은 생선을 재료로 느억맘nước mắm과 맘mắm 같은 특별한 음식을 만들어 먹는다. 느억맘은 우리나라의 멸치 액젓과 비슷한 음식으로 생선을 소금에 절여 발효시킨 맑은 액젓이며, 주로 멸치나 고등어로 만든다. 느억맘은 우리나라의 새우젓처럼 다른 음식의 맛과 간을 조절하며, 간장종지 같은 그릇은 공동으로 사용된다.

느억맘은 원액에 물을 타서 묽게 희석시키고, 설탕과 식초, 잘게 썬 파, 고추 그리고 후추를 넣은 느억 짬nước chấm의 형태로 제공된다. 이 소스의 맛은 시큼하여 조금씩 찍어 먹으면 먹을 만하지만, 많이 먹으면 비위가 상하기도 한다. 베트남에서 느억맘으로 유명한 고장은 중부지방의 판띠엣Phan Thiết과 베트남 최남단 섬인 푸꾸Phú Quốc이다. 여러 가지 음식을 느억맘에 찍어 먹기도 하며, 느억맘이 없으면 베트남 음식이라고 할 수 없을 정도로 중요하다.

맘Mắm은 생선을 절여 소금에 발효시킨 걸쭉한 액젓이다. 보통 맘에 향신료를 조금 넣기도 하고 필터로 걸러낼 수도 있다. 맘은 어떤 수산물을 원료로 사용하느냐에 따라 여러 종류가 있다. 예를 들어, 맘똠mắm tôm, 새우 액젓, 맘뎁mắm tép, 작은 새우 액젓, 맘르어이mắm rươi, 갯지렁이 액젓 등이 있다. 맘똠은 개고기나 두부와 같이 먹고, 맘뎁은 삶은 돼지고기와 같이 먹는다.

●● 고기 – 팃Thịt

베트남 사람들의 식사에 일부분을 차지하는 음식은 고기류이다. 일반적으로 돼지고기, 닭고기, 소고기, 오리고기, 거위고기, 개고기 등을 먹으며, 가장 즐겨먹는 고기는 돼지고기와 닭고기이다. 베트남 사람들의 음식에 개고기는 매우 개성 있는 음식이다. 개고기는 삶은 고기, 고기구이, 순대, 탕 등 여러 종류로 요리할 수 있으며, 맘똠새우젓, 리엥riêng, 향채인 방동사니의 일종 등 향이 강한 향신료와 같이 먹는다. 이것은 우리나라 사람들이 개고기를 먹을 때 향이 강한 깻잎이나 부추와 함께 먹는 것과 같다. 베트남에는 개고기에 대한 노래도 있다.

"닭은 레몬잎을 달라고 로고고하고, 돼지는 파를 달라고 꿀꿀거린다. 개는 앉았다 일어서면서, 멍멍! 시장에서 리엥향채을 사온다고 짖는다.Con gàcục tác lá chanh/Con lợn ủn ỉn củ hành mua tôi / Con chó khóc đứng khóc ngồi / U ơi đi chợ mua tôi đồng giêng."

리엥을 사온다는 것은 개를 잡는다는 의미이다.

식사 습관

베트남 사람들의 식습관은 중국의 영향을 많이 받았다고 볼 수 있다. 중앙에 커다란 밥을 놓고 여러 가지 반찬을 배치한 다음, 둘러 앉아 각자 자신의 접시에 덜어 먹는 형태이며, 이것은 우리가 중국집에 가서 요리를 먹는 형태이다. 밥을 먹을 때는 주로 젓가락을 사용하며, 작은 국자 모양의 숟가락은 국물을 먹을 때만 사용한다.

베트남 가정을 방문하여 대접을 받을 때는 주인에게 감사와 존중을 표시하기 위해 음식을 맛있게 먹어야 하며, 본인이 욕심이 많거나 굶주린 사람이 아니라는 것을 표현하기 위해 음식을 조금 남겨야 한다. 베트남 사람들의 음식은 우리나라와 마찬가지로 음양오행이 적용되며, 열이 많은 음식과 찬 음식의 조화를 추구한다. 예를 들어, 향신료를 사용하는 것은 음식을 맛있게 하는 의미 외에 수水와 화火를 조절하는 의미도 있다. 생강은 열이 나는 맛의 '양'을 상징하는 음식이고, 호박 · 배추 · 쇠고기 · 생선 등은 '한寒'을 상징하는 음식에 해당된다.

베트남 사람들은 오래전부터 젓가락을 사용해왔기 때문에 '젓가락 철학'이라는 개념이 있다. 그것에 대한 주요 의미는 '쌍'이며, 다음과 같은 민요가 있다.

"부부는 젓가락이 두 개 있는 것과 같다. 긴 젓가락과 짧은 젓가락이 함께 있으면 조화롭지 않은 것처럼 남편이 작고 아내가 크면 맞지 않는다."

대표적 전통음식

껌Cơm

껌은 밥 종류의 총칭이며, 쌀밥은 껌짱Cơm trắng이라고 부른다. 베트남의 껌짱은 옛날에 우리가 맛본 바 있는 안남미安南米로 푸슬푸슬 흩어지는 밥이긴 하지만, 동남아의 다른 곳에 비하면 먹을 만하다. 쌀의 종류가 여러 가지 있으며, 우리 입맛에 맞는 찰기 있는 밥도 있다. 하지만 베트남 사람들은 우리나라처럼 찰기 있는 밥에 익숙하지 않다. 밥을 짓는 방식도 달라서 베트남 사람들은 밥하는 중간에 솥의 뚜껑을 열어서 휘저은 다음 다시 쌀을 익힌다. 쌀의 종류도 그렇지만 이와 같이 밥을 하는 방법으로 인해 밥이 푸슬푸슬 흩어지는 형태를 띤다.

볶음밥 껌찐

베트남 사람들은 밥 위에 야채와 생선 그리고 숯불에 구운 돼지고기나 계란프라이 등을 얹어 먹는다. 껌찐Cơm chiên은 볶음밥으로서 밥에 여러 채소와 고기 등을 넣고 볶으며, 일반적으로 여행자들의 입맛에 잘 맞다.

베트남에서는 주로 음식을 숯불로 하며, 열대기후에서는 집에서 숯불을 피워 밥을 하는 것이 불편하므로 주로 매식에 의존한다. 밥도 시장에서 사먹는 경우가 많다. 베트남 속담 중에 "밥은 어머니다.Cơm tẻ mẹruột."라는 속담이 있듯이, 밥은 베트남 사람들에게 생명의 상징이다.

퍼Phở

퍼는 쌀국수로서 문헌에 따르면, 100여 년 전부터 즐겨 먹었으며, 베트남의 음식문화에 중요한 위치를 차지하고 있다. 주로 아침이나 저녁의 간식으로 먹는 퍼는 지역에 따라 17종류 정도 되며, 약간 느끼한 감이 있지만 우리나라 라면보다 세계적으로 인기가 있는 음식이다. 국물도 뼈나 고기를 오랫동안 우려낸 진국이어서 영양가가 높다. 소고기 쌀국수는 퍼보phở bò라 부르고, 닭고기 쌀국수는 퍼가phởgà라 하며, 퍼쩌우phở trâu는 물소고기로 만들며, 포사오탑검phở xào thập cẩm은 10가지 맛이 나는 쌀국수이다.

퍼의 본고장은 북부지방으로 하노이의 쇠고기 쌀국수인 퍼보phở bò를 가장 좋은 국수로 생각한다. 메콩 삼각주에는 후띠유라는 쌀국수가 있으며, 당면 같은 투명한 면에 돼지고기와 해물을 사용한다. 후띠유는 메콩 삼각주에서도 미토지방이 유명하며, 캄보디아 스타일의 쌀국수이다.

야채와 함께 제공되는 퍼

퍼는 일반적으로 레몬과 고추를 잘게 썬 것, 그리고 야채와 함께 제공된다. 퍼를 먹을 때 향채를 싫어하는 사람은 먼저 향채를 빼고 레몬을 몇 방울 떨어뜨린다. 매콤한 맛을 원하면 고추 썬 것을 넣으며, 베트남의 고추는 매우 맵기 때문에 조금만 넣어야 한다. 야채는 향채와 숙주나물 및 배춧잎 등이 제공되며, 숙주나물은 뜨거운 물에 살짝 데쳐서 먹으면 바삭한 맛이 좋다. 퍼를 먹을 때 주의할 점은 국물을 마실 때 그릇에 입을 대고 마시면 실례이므로 국물을 떠먹는 작은 숟가락을 사용해야 한다는 것이다. 지역에 따라 다르지만 길쭉한 모양의 도넛이나 뻥튀기 같은 칩을 곁들여 먹으면 그 맛이 잘 어우러진다.

분Bún

분은 쌀가루로 만든 국수로 퍼Phở의 면발이 소면이라면 분은 칼국수의 면발처럼 굵다. 또한 분은 퍼보다는 약간 고급스러운 음식으로 국물을 즐기기보다는 함께 먹는 고기나 해물 등을 즐긴다고 볼 수 있다. 분과 같이 먹는 음식들은 많이 있지만 고기와 함께 먹는 분짜bún chả, 스프링 롤spring roll과 같이 먹는 분냄bún nem, 조개류와 같이 먹는 분옥bún ốc 등이 있다. 또한 닭고기와 계란 등을 같이 먹으면 분탕bún thang이라고 하고, 게와 함께 먹는 분리에우bún riêu, 족발과 함께 먹는 분목bún mọc 등 다양한 종류의 분이 있다.

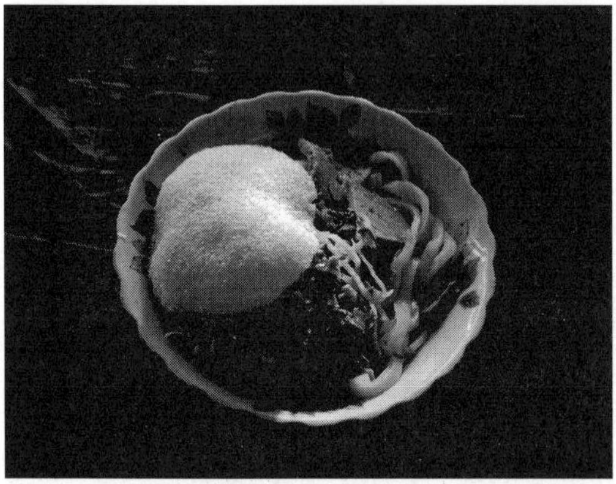
국물이 적은 쌀국수 분

북부지역에서 분탕과 분목은 가장 고급스러운 분 종류에 속하며, 후에Huế를 방문할 경우 소고기와 함께 먹는 분보bún bòHuế는 빼놓을 수 없는 음식이다. 유명한 관광지인 호이안에도 까오라우Cao lầu라고 하는 고유한 분이 있으며, 각종 채소와 돼지고기를 넣고 그 위에 바삭한 튀김을 얹은 국수이다. 남부지역에서 분은 '미엔따우miến tàu'라고도 불린다.

바인꾸언Bánh cuốn

바인꾸언은 소위 라이스페이퍼Rice Paper로서 쌀가루로 만든 얇은 부침개이다. 이 바인꾸언을 이용하여 월남쌈이나 월남만두 등 다양한 요리를 만들어 먹는 것이 베트남 음식의 특징이다.

바인꾸언을 만드는 쌀은 최상의 품질로 골라서 하루 전부터 물에 담가 불린 후, 다음 날 곱게 빻아 가루로 만든다. 그렇게 만든 쌀가루에 물을 붓고 묽게 반죽한 후 소금과 다른 재료를 넣어 맛을 낸다. 그 후 물이 담긴 솥을 얇은 천으로 덮는다. 그리고 솥 안의 물이 끓으면 솥을 덮고 있는 천 위에 쌀가루 반죽을 얇게 바른다. 이 반죽이 익으면 바인꾸언이 된다. 바인꾸언은 얇고 연하기 때문에 꺼낼 때 찬물에 적신 젓가락을 사용해야 한다. 바인꾸언은 얇고 부드러우면서도 질겨야 제맛이 난다. 바인꾸언을 건조시키면 딱딱하게 굳으며, 먹을 때는 다시 물에 불려 부드럽게 해서 먹는다. 바인꾸언은 여러 가지 음식을 싸서 먹는 용

바인꾸언을 만드는 모습

도로 사용된다. 담백하고 고소하면서도 혀에 닿는 부드러운 감촉이 일품이다. 바인꾸언은 검은 깨 등을 뿌려 구워 먹기도 하며, 누룽지처럼 고소한 맛이 난다.

냄란Nem rán-spring roll

북부지역에서 냄란이라고 불리는 이 음식은 남부지역에서는 짜요chágiò라고 불린다. 또한 영어로는 스프링 롤Spring Roll이며, 한국 사람들은 '월남만두'라고 부른다. 냄란은 쌀국수와 더불어 베트남에서 가장 대중적인 음식이라고 할 수 있다.

냄란은 다진 고기나 새우, 버섯, 당면, 야채 등을 바인꾸언에 싸서 기름에 튀긴 요리이다. 우리나라의 군만두 같은 맛이 나며 느억맘에 찍어 먹는다.

우리나라 군만두 같은 냄란

고이꾸언Gỏi Cuốn

닭고기, 부추, 향채, 쇠고기, 삶은 새우 등을 바인꾸언에 말아서 먹는 요리이다. 냄란과 다른 점은 튀기지 않아 담백한 맛이 난다는 것이다. 우리나라 사람들이 즐기는 '월남쌈'은 이 고이꾸언의 한 종류이다. 일반적으로 우리나라 사람의 입맛에는 향채Rau thơm가 맞지 않기 때문에 빼고 먹는 것이 좋다.

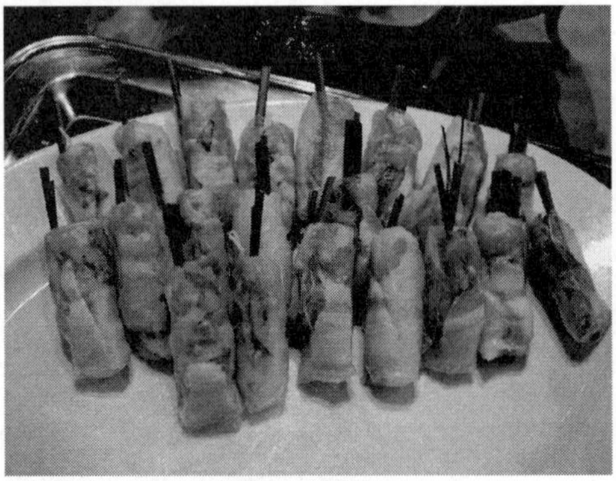

월남쌈 고이꾸언

반쌔오Bánh xèo

쌀가루 반죽에 숙주나물과 각종 채소, 새우, 돼지고기 등을 넣고 부치는 '베트남식 빈대떡'이다. 처음에는 쌀가루 반죽에 각종 고기나 채소를 넣고 우리나라의 빈대떡 모양으로 부치다가 반을 접어 전병 모양으로 만든다. 신선한 채소와 쌀 부침이 새우와 함께 어우러지는 맛이 일품이다. 남부를 중심으로 하는 더운 지방 요리이지만, 시원한 달랏에서 먹는 따끈하고 바삭바삭한 반쌔오는 일미이다.

베트남 빈대떡 반쌔오

반미Bánh mỳ

반미는 프랑스의 영향을 받은 바게트 빵으로서 쌀국수 못지않게 베트남 국민들의 식생활에서 대중적이고도 중요한 위치를 차지하고 있다. 그래서 저렴하고 간편하게 한 끼 때울 수 있는 먹을거리이다. 주로 아침이나 간식으로 많이 먹는다. 길가의 곳곳에서 반미의 가운데에 소시지나 야채를 넣어 샌드위치를 만들어서 판매하며, 맛있고 경제적이다.

바게트 빵 반미는 간편한 요깃거리이다.

반바오Bánh bao

우리나라의 왕만두 격인 반바오

우리나라 식으로 말하면, 왕만두로서 겉모양이나 맛도 왕만두와 비슷하여 먹을 만하다. 만두 속은 고기 다진 것과 야채 그리고 메추리알이 들어있다. 만두의 윗부분에는 붉은 점이 찍혀 있기도 하다. 장거리 여행 시 도시락 대용으로 애용된다.

반쯩Bánh chưng

반쯩은 찹쌀떡으로 설날뗏-Tết에 조상을 위한 제사상에 올리는 베트남의 대표적인 전통음식이다. 반쯩은 역사가 깊은 음식으로 베트남의 시조인 훙브엉vua Hùng 시대로 거슬러 올라간다. 반쯩은 훙브엉의 아들인 랑리에우Lang Liêu 왕자가 만들어서 부왕에게 올린 음식이라고 하며, 그때부터 제사상에 올리는 필수적인 음식이 되었다고 한다.

반쯩을 만드는 방법은 먼저 바나나 잎을 잘 닦은 다음, 그 안에 찹쌀가루를 넣고 중간에 육지를 상징하는 돼지고기, 하늘을 상징하는 메추리알, 바다를 상징하는 새우나 생선을 넣은 다음, 다시 찹쌀가루를 넣고 바나나 잎으로 싼다. 그 다음에는 은근한 불로 10시간쯤 찌면 반쯩이 완성된다. 반쯩은 보통 사각형 모양이며, 남부지방에서는 원통형으로 만들고 '설날 떡' 이라는 의미의 '반뗏bánh tét'으로 부르기도 한다. 우리나라는 제사상에 여러 가지 음식을 올리지만, 베트남에서는 이 반쯩과 꽃만 올려도 법도에 어긋나지 않는다.

설날의 전통음식 반쯩

저루어Giò lụa

저루어는 돼지고기 요리로서 신선한 돼지고기에 소금, 후추, 향신료 등을 넣은 다음 절구로 부드럽게 다진다. 이때 빠르지 않게 천천히 다지는 것이 중요하며, 숙련된 사람들은 고기 다지는 소리만 들어도 음식이 잘 되었는지를 알 수 있다. 양념된 돼지고기가 잘 다져졌으면 이것을 바나나잎에 싸서 찐다. 따라서 돼지고기는 바나나 잎의 향이 밴 독특한 맛을 내게 되며, 이를 저루어라 한다.

짜까Chả cá

짜까는 물고기 구이로 100여 년 전부터 즐기게 되었는데, 창시자는 하노이의 짜까거리ChảCá Street 14번지에 위치한 도안Đoàn 가문이다. 이 집은 아직도 짜까 요리를 제공하고 있으며, 식당 앞에는 낚시하고 있는 라봉LãVọng 할아버지의 동상이 서 있어서 손님들은 쉽게 이곳을 찾을 수 있다. 짜까를 만드는 재료는

짜까요리의 원조 짜까라봉Chả Cá Lã Vọng

까과cá quả, 가물치, 까내오cá nheo 등이 있으며, 가장 맛있는 것은 까랑cá lăng이다. 까랑 고기는 단맛이 나고 느끼하지 않으면서 가시가 많지 않다. 요리하기 전에 까랑의 가시를 발라내고 양념을 준비하여 2~3시간 재워둔 뒤 기름을 두른 팬에 구워먹는다. 짜까를 먹을 때는 각종 향신료와 야채, 새우액젓, 그리고 쌀로 만든 국수인 분bún을 함께 먹는다.

똠추어후에Tôm chua Huế

똠추어후에는 새우요리로서 '똠Tôm'은 새우를 뜻한다. 이 요리는 베트남 중부의 후에Huế 지방 고유음식이다. 이 요리를 만드는 방법은 새우를 깨끗이 씻은 후 새우의 다리를 자르고 술에 담근다. 그리고 한참 후에 꺼내서 술 냄새가 완전히 없어질 때까지 건조시킨다. 그후 죽순, 마늘, 생강, 고추 등을 얇게 썰어 이들과 준비된 새우를 소금과 느억맘nước mắm과 함께 잘 섞는다. 그리고 항아리에 넣은 후 공기가 들어가지 못하게 밀봉한다. 이것을 약 일주일간 숙성시킨 후, 향기와 빛깔이 좋아진 다음 먹는다. 이 음식은 식성에 따라 고추, 마늘, 설탕, 양념 등과 함께 먹는다.

까울우Cao lầu Faifoo

까울우는 베트남의 고도古都 호이안Hội An의 특산 쌀국수이다. 이 쌀국수를 까울우 파이포Cao lầu Faifoo라고도 하며, 파이포는 호이안의 옛 이름이다. 까울우의 국수는 호이안 지방에서 생산되는 쌀과 물을 이용해야 제 맛이 나며, 매우 까다로운 과정을 거쳐 만들어진다. 면발은 우리나라 칼국수처럼

호이안 특산요리 까울우

굵은 편이며, 너무 쫄깃해도 좋지 않고 너무 힘이 없어도 좋지 않다.

고기는 돼지 족발을 사용한다. 오향으로 양념된 족발을 얇게 썰어 쌀국수에 얹고 바삭한 튀김과 땅콩가루를 뿌려 소스와 함께 먹는다. 까울우는 향채, 구운 라이스페이퍼, 코코넛 주스와 함께 먹는다.

로우맘Lẩu mắm

로우맘을 다른 말로 표현하면, 생선액젓인 맘mắm을 사용하는 샤브샤브라고 할 수도 있다. 다양한 종류의 고기와 생선, 그리고 야채를 끓인 육수에 살짝 익혀 먹는 음식이기 때문이다. 채소, 생선, 고기, 젓갈, 뜨거운 육수는 이 음식의 주재료이다. 이 음식은 주변의 여러 나라 음식문화가 어우러진 것으로 소스는 베트남식으로 만들고, 육수는 캄보디아식으로 만들며, 양념과 육수를 섞는 것은 중국식이다. 호치민 등 남부 지역에서 로우맘은 손님접대의 주요 음식으로 인기가 많다.

이엔Yến

이엔은 바다제비집을 재료로 하는 매우 고급스러운 요리이다. 음력 11월부터 3월까지 바다제비가 둥지를 만든다. 밤이 되면 제비들이 침을 뱉어서 둥그런 모양의 둥지를 만드는데, 제비의 침은 길고 얇아서 당면과 비슷하다. 제비집은 주로 커다란 동굴의 천정이나 먼 바다에 있는 섬에 있어서 발견하기도 힘들고 채취하기도 어려우므로 매우 비싼 음식이다. 요리는 주로 부드러운 수프 형태로 만들며, 제비집은 해변 관광도시인 냐짱이 특산지이다.

꼼Cốm

덜 여문 찹쌀로 만드는 꼼

매년 음력 10월에 찬바람이 불고 쌀과 찹쌀의 수확 시기가 다가오면 꼼을 만든다. 꼼은 약간 덜 여문 찹쌀로 만들기 때문에 수확을 이른 시기에 한다. 꼼을 만들기 위해서는 덜 여문 찹쌀의 이삭을 뜨거운 냄비에 살짝 볶아 낸다. 그리고 이삭이 식은 후 절구에 넣고 빻아 껍질을 벗긴다. 이런 과정을 일곱 번 반복해야 한다. 그러면 쌀이 초록색으로 변한다. 쌀이 마르지 않게 하기 위해서 연꽃잎으로 싸며, 그러면 쌀에서 연꽃 향기가 나게 된다.

꼼은 바나나와 감과 같이 먹는다. 꼼을 천천히 잘 씹어야만 꼼의 향기와 맛을 제대로 느낄 수 있다. 꼼은 꼼떡, 볶음 꼼, 쩨꼼 등 베트남의 다른 전통음식을 만드는 재료로 이용된다. 꼼은 어디서나 만들 수 있지만, 꼼이 가장 맛있는 지역은 하노이에서 약 8km 정도 떨어져있는 봉 마을Làng Vòng이다.

반까이Bánh cáy

반까이는 북부지방 타이빈Thái Bình 시에서 약 10km 떨어져 있는 응엔사Nguyên xá 마을의 특산물이다. 반까이는 차와 함께 먹는 바삭바삭하면서 고소한 간식거리이다. 반까이를 만드는 과정은 상당히 복잡하다. 일단 쌀을 까악 열매빨간색의 열매, 나뭇잎 그리고 과자잉자잉quả dành dành, 자몽과 비슷한 과일을 섞어 노란색, 빨간색, 초록색 등 세 가지 색깔이 나게 한 다음 갈아서 떡으로 만든다. 그리고 그 떡을 5cm 정도의 길이로 자른 다음, 기름에 튀겨 쌀과자 형태로 만든다. 그 다음 찹쌀, 깨, 땅콩 그리고 돼지고기로 만든 꾸미를 쌀과자와 섞는다. 돼지고기는 기름기가 적은 엉덩이 부분을 사용해야 하며, 돼지고기를 설탕과 같이 15일 정도 숙성시킨 후 옥수수알 크기 정도로 작게 잘라 기름기가 없어질 때까지 잘 볶아야 한다. 그 다음 설탕으로 만든 시럽과 돼지고기 및 만들어둔 쌀과자 등 모든 재료들을 프레임에 넣어 사각형 모양의 반까이를 만든다. 이 프레임 안에는 미리 깨를 뿌렸기 때문에 과자에 깨가 붙어서 맛도 좋고 보기에도 좋다. 이 모양은 바닷가에 사는 작은 게의 한 종류인 까이cáy의 알과 닮아서 이름이 반까이Bánh cáy가 된 것이다.

●● 기호식품

━ 차와 커피 - 짜Trà와 까페Cà phê

베트남 사람들이 차를 즐겨 마시는 이유는 물에 석회 성분이 많아 물을 그대로 마시기 어렵기 때문이다. 베트남의 물을 끓여보면 석회 성분이 가라앉아 있는 것이 눈에 보일 정도이다. 차는 또한 음식을 먹은 후에 입맛을 개운하게 하고 건강에도 좋기 때문에 기호음료로 각광받고 있다. 특히 남부지방보다 북부지방 사람들이 차를 더 즐기며, 이것은 중국의 영향으로 보인다. 북부지방은 중국의 광동 요리에 영향을 많이 받았으며, 광동 요리는 기름지기 때문에 차가 애용되는 것이다.

쭝응웬Trung Nguyen 커피

일반적으로 말린 차는 남부에서 북부지방까지 전국적으로 애용된다. 중부지방, 특히 타인화Thanh Hoá, 응에안Nghệ An, 하띤Hà Tĩnh 지역에서는 생녹차잎을 병에 넣고 뜨거운 물을 타서 마신다. 북부지역 농촌에서는 느억보이nước vối , Lid eugenia tea를 즐겨 마신다. 보이차 나무의 잎과 꽃눈을 4~5일 동안 보관한 다음 햇빛에 말려 건조한 곳에서 보관한다. 차를 마실 때 잎이나 꽃눈 한두 개를 넣어 끓인 물에 타서 마신다. 그밖에 베트남에는 유명한 차들이 많이 있는데, 타이응옌Thái Nguyên 차, 단끄엉Tân Cương 차, 목쩌우Mộc Châu 차 등이 있다. 베트남에서는 손님이 오면, 먼저 차부터 내오는 것이 예의이며, 소주잔 정도의 작은 잔으로 몇 잔씩 마신다. 호텔의 객실에도 기본적으로 보온병에 담긴 뜨거운 물과 차가 제공된다.

커피는 서부 고원지역인 떠이응웬Tây Nguyên 지역의 특산물이다. 베트남의 커피는 질이 좋아 세계적으로 유명하여 수출도 많이 하며, 현재 브라질에 이어 세계 2위 또는 3위의 커피 수출국이다. 베트남에서 가장 유명한 커피 브랜드는 쭝응웬Trung Nguyên이며, 북부지방보다는 남부지방에서 애용된다. 베트남의 커피는 원두를 직접 갈아 물을 내려 마시며, 일반적으로 설탕과 연유를 넣어 매우 달게 마신다. 베트남에서는 사탕수수 주스 등 단 음료수들이 많은데, 땀을 많이 흘리는 기후에서는 건강상 필요하다.

전통술 - 리에우잔톡Rượu dân tộc

베트남어로 술은 리에우rượu이다. 베트남은 다양한 전통술이 있으며, 가장 즐겨 마시는 술은 리에우짱rượu trắng, 즉 하얀 술이다. 이 술은 우리나라의 전통소주와 비슷하며, 보통 맵쌀로 만들지만 찹쌀로 만들면 더 맛이 있다. 그밖에 지역마다 벼의 싹, 옥수수, 밤 등으로 맛이 독특한 술을 만들기도 한다. 전국적으로 유명한 술은 랑반Làng Vân, 토하ThổHà, 모우선Mẫu Sơn, 김선Kim Sơn 등이 있다. 박닌성Bắc Ninh 랑반 마을의 술Rượu làng Vân은 옛날부터 유명한 술이며, 마로 만든다.

북부산악지대 라오까이Lào Cai 성과 하장HàGiang 성의 산룽술Rượu San Lùng은 쌀과 여러 가지의 약초로 만들며, 흰색과 밝은 갈색 두 가지가 있다. 보남술Rượu

BóNặm은 옥수수와 박깐Bắc Kạn 성의 고원지대 물로 만든다. 닌빈Ninh Bình 지역의 유명한 김선술Rượu Kim Sơn은 김선의 후손들이 전통 약과 특별한 물을 혼합하여 제조한 술로 독특한 맛을 낸다. 빈딘Bình Định 지역의 유명한 보우다술Rượu Bầu Đá은 보우다의 물로 만들며, 중부지역의 대표적인 술이다. 남부지역은 롱안Long An의 고덴술Rượu GòĐen로 유명하다. 베트남 사람들은 술에 뱀, 도마뱀, 곰의 다리, 해마, 누에 등 동물들과 인삼 및 약초를 넣어 건강에 좋은 약술을 만들기도 한다.

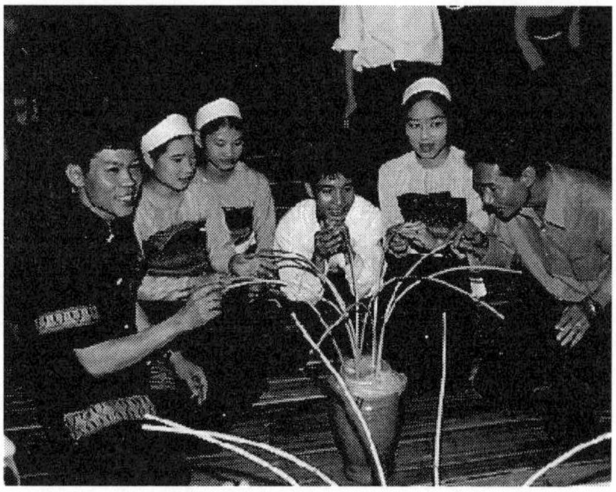

결속력을 다져주는 리에우껀

가장 독특한 술은 북부지역과 중부지역 및 떠이응웬 고원지역의 여러 소수민족이 축제 때나 손님이 왔을 때 마시는 리에우껀Rượu cần이며, 빨대로 마신다. 리에우껀은 옥수수, 마, 쌀, 율무 등 잡곡으로 만들며, 우리나라의 약주와 비슷한 맛이 난다. 술의 효소는 나뭇잎이나 약초 및 생강 등으로 만들며, 항아리에서 30일 정도 발효시켜 마실 수 있으나 오래 저장할수록 더 깊은 맛이 난다. 리에우껀은 약하지만 많이 마시면 취기가 오래간다. 빨대로 마시므로 잔으로 마시는 것보다 빨리 취한다. 술 항아리에는 여러 사람이 같이 나누어 마실 수 있도록 빨대를 많이 꽂을 수 있다. 이렇게 여러 명이 같이 술을 마시는 것은 친밀성을 더하기 위한 방법이다.

맥주 – 비아Bia

베트남의 산악지역에서는 날씨가 시원하여 독한 술을 즐기지만, 평지에서는 더워서 독한 술을 즐기지 않는다. 특히 평지의 도회지에서는 맥주를 즐겨 마시며, 서민들에게 대중적인 술은 비아허이 Bia hơi로서 비아Bia는 맥주라는 뜻이다. 비아허이는 우리나라 막걸리처럼 가정이나 양조장에서 만든 맥주로 저렴한 편이다.

후에 지방의 맥주 'Huda'

도시의 중산층들은 베트남 맥주나 외국산 맥주를 즐겨 마신다. 베트남 맥주는 우리나라 소주처럼 지방마다 다른 맥주가 있으며, 상권이 다르다. 하노이는 'Hanoi', 'Halida' 맥주가 주종을 이루며, 다낭이나 후에에서는 'Huda', 냐짱에서는 'Binagen', 호치민에서는 '사이공'과 'B.G.I.' 그리고 '3.3.3' 맥주가 주종을 이룬다.

베트남 사람들은 특이하게 맥주에 얼음을 타서 마시는데, 시원하기는 하지만 맥주에 물 탄 맛이 난다. 하지만 익숙해지면 땀을 많이 흘리는 더운 날씨에 갈증을 풀 수 있는 좋은 방법이기도 하다.

베트남 사람들은 맥주를 마시면서 "못짬펀짬!"이라고 외치는데, 이는 100%라는 뜻으로 우리나라로 치면 "원샷!"의 의미이다. 또 다른 건배 용어는 "죽슥쾌!Chúc sức khỏe!"이며, "건강을 위하여!"라는 뜻이다. 또한 베트남에는 "차는 셋, 술은 넷"이라는 속담이 있는데, 차는 셋이서 마시고 술은 넷이서 마셔야 가장 즐겁다는 뜻이다.

담배 – 투옥라오Thuốc lào

베트남 남자들은 담배를 매우 즐긴다. 친구들을 만나거나 손님을 만나면, 먼저 담배부터 권하는 것이 일종의 예의이다. 다른 열대지방처럼 베트남의 담배도 매우 독한 편이다.

베트남의 전통 담배는 투옥라오thuốc lào라고 부른다. 옛날부터 투옥라오는 평민 또는 귀족과 상관없이 중장년 남성들이 일반적으로 애용하였다. 투옥라오는 중독이 되면 끊는 것이 매우 힘들다. 베트남 민요 중 투옥라오 중독증에 관해 다음과 같은 가사가 있을 정도이다.

대나무통에 투옥라오를 피우고 있는 모습

"그 누구보다도 투옥라오를 많이 그리워했다. 땅에 묻어두었다가 다시 꺼낼 정도로. Nhớ ai như nhớ thuốc lào. Đã chôn điếu xuống lại đào điếu lên."

비엣족 외에 타이족, 따이족, 므엉족, 몽족 등 여러 소수민족들도 투옥라오를 피는 풍습이 있다. 투옥라오Cây thuốc lào-Nicotiana rustica 잎에는 니코틴 함량이 매우 많으며, 일반적으로 얇게 말아서 피운다. 가장 유명한 투옥라오는 하이퐁의 빈바오Vĩnh Bảo 현의 것이다. 빈바오의 투옥라오에 대하여 다음과 같은 민요도 있다. "빈바오 투옥라오를 남편이 피우는데, 아내가 취하고 아들이 옆에 있어도 취해서 바닥에 누워 있다. Thuốc lào Vĩnh Bảo/Chồng hút vợ say/Thằng con châm đóm lăn quay ra nhà." 독한 빈바오 투옥라오의 간접흡연의 폐해를 이야기한 것이다. 투옥라오는 독하기 때문에 디에우까이Điếu cày나 디에우밧Điếu bát이라는 도구를 사용하여 물담배의 형태로 피운다. 디에우까이Điếu cày는 길이 50cm, 직경 5cm 정도의 대나무로 만들며, 가운데에 투옥라오를 넣어 불을 붙이는 구멍노, nõ이 하나 있다. 대나무통 담뱃대의 한쪽은 막혀 있고 다른 한쪽은 열려 있으며, 이곳을 통해 담배연기를 빨아들인다.

디에우밧Điếu bát은 호리병의 형태이며, 이 병은 두 개의 구멍이 있다. 하나는 투옥라오를 넣는 곳노, nõ이고, 다른 하나는 대나무 빨대를 꽂는 곳이다. 투옥라오를 필 때 투옥라오를 노nõ에 넣고 불을 붙여 피운다. 띠에우까이나 띠에우밧 안에는 물이 들어 있기 때문에 니코틴 함량은 줄어든다. 투옥라오는 일반 담배보다 더 독하여 처음 피우는 사람들은 쉽게 취할 수 있다. 투옥라오는 주로 남부보다 북부지방에서 많이 피우며, 냄새가 강하면서 중독성이 강하며 건강에 좋지 않기 때문에 점점 피우는 사람이 줄어들고 있는 추세이다.

베텔 – 쩌우까우trầu cau

쩌우까우를 씹는 것은 베트남 사람들의 오랜 풍습이며, 고대 동남아시아 지역에서도 일반적으로 쩌우까우를 씹었다. 쩌우까우의 쩌우는 베텔betel이라고 하며, 구장나무의 잎과 나무뿌리로 만들며, 까우빈랑자를 넣어 만든다. 쩌우까우는 껌처럼 씹으며, 전통적으로 남성들보다는 주로 여성들이 즐겼다. 쩌우까우는 빈랑자의 단맛, 구장나무 잎의 매콤한 맛, 석회와 나무뿌리의 고소한 맛이 있으며, 함께 씹으면 진한 빨간색의 즙이 되어 향이 좋고 입술이 빨갛게 된다. 쩌우까우를 씹는 것은 입냄새를 제거하면서 치아를 튼튼하게 해준다. 약간의 진통작용과 담배처럼 환각작용이 있기도 하다. 또한 구장나무 잎은 딸꾹질과 눈병 등을 치료하는 데 사용되기도 한다. 베트남 남자들에게 대화의 시작은 담배이며, 여자들에게 대화의 시작은 쩌우까우라고 할 수 있다. 오늘날 이 풍습은 거의 사라져 버렸지만, 북부의 박닌과 박장지역 등 농촌지역에서는 아직도 유지되고 있다.

베텔을 만드는 빈랑나무

04

베트남의 복식문화

전통의상

베트남 사람들은 의복을 매우 중시해서 먹는 것과 대등하게 생각할 정도이다. 그래서 베트남 속담에는 먹는 것과 입는 것이 "먹고 입는다.ăn mặc."와 같이 항상 붙어 다니는 특징이 있다. 우리나라에 '옷이 날개'라는 말이 있듯이 베트남에는 "벼가 거름으로 인해 잘 자라는 것처럼, 사람은 옷으로 인해 예뻐진다."라는 말이 있다.

베트남 사람들의 의상특징은 옷감을 통해서 잘 드러난다. 베트남은 농업 국가이며 날씨가 덥기 때문에 옷감은 주로 가볍고 시원한 것으로 선택한다. 고급 옷은 실크로 만들며, 대중적으로는 땀을 잘 흡수하는 면으로 된 옷을 입는다.

베트남 사람들의 옷은 기후와 농업환경에 따라 스타일이 조금씩 다르다. 일반적으로 베트남의 기후는 고온다습하기 때문에 옷을 시원하게 입는다. 베트남 여성들의 가장 오래된 전통적인 옷은 치마이다. 치마는 두 종류가 있다. 바이머váy mở는 옆이 터져 있는 치마이며, 바이낀váy kín은 옆이 터져 있지 않은 원통형의 치마이다. 치마는 옛날부터 더운 동남아시아 지역에서 가장 대표적인 옷이라 할 수 있다. 산악지역에서는 여자뿐만 아니라, 남자들도 치마를 입는다. 치마를 입으면 논과 밭에서 일할 때 시원하고 편리하기 때문이다. 현대에 들어서서 베트남 사람들의 의복은 서양문화의 영향을 받아 치마보다 바지가 일반적이다.

평상시에는 남녀 모두 작업복으로서 주머니가 있는 윗옷을 입으며, 이것은 북부에서 아오까잉áo cánh이라고 부르고, 남부에서 아오바바áo bà ba라고 부른다. 이 옷은 단추가 달려있지만 여성들이 일부러 단추를 풀어놓기도 한다. 이것은 여성의 몸매가 드러나면서 시원하기 때문이다. 축제 등 특별한 날에 베트남 여성들은 아오뜨턴áo tứ thân을 입으며, 이 옷은 상의가 아오자이처럼 길다. 18세기부터 여성들은 여성스럽고 멋스러운 아오자이를 입기 시작했다.

전통의상의 종류

아오뜨턴Áo tứ thân

아오뜨턴은 원래 북부지방 여성들의 전통의복이었다. 이 옷은 20세기 초까지 일상복으로 여겼으나, 요즘에는 전통적인 축제에서만 볼 수 있다. 아오뜨턴은 아오자이와 비슷하며, 아오자이는 상의가 길게 두 갈래로 늘어져 있지만, 아오뜨턴은 네 갈래로 나누어져 있다. 옷의 뒷부분은 두 부분의 원단으로 만들며 대부분 갈색이다. 앞부분은 또 다른 두 부분의 원단이며, 이 부분은 따로 풀어 놓고 여성의 몸매를 잘 드러내고 윗부분은 이엠yếm이라는 속옷을 보이기 위해 약간 풀어 놓는다. 목의 칼라 부분은 1~2cm 정도로 두껍다. 이 옷은 발목까지 내려오고 소매를 팔보다 조금

북부지방 전통의상 아오뜨턴

더 길게 만든다. 전통 연극무대에서도 이 옷을 많이 볼 수 있으며, 무대에서 입는 옷들은 주로 진하고 화려한 색이 있는 옷들이다. 그리고 옷의 오른쪽에는 동그란 단추가 달려있다.

아오바바Áo bà ba

이 옷은 남부지역 여성들이 평상복으로 입는다. 예전에 메콩 삼각주 지역의 농민들은 주로 검은색 아오바바를 입고 일을 했다. 이 옷은 시원하며, 검은색이기 때문에 더러움이 덜 타고 빨래하기에도 편하다. 또 이 옷의 특징은 빠르게 건조시킬 수 있다는 것이다. 더욱이 이 옷은 아오자이나 아오뜨턴처럼 길지 않고 골반까지 내려오며, 양쪽 옆구리 부분은 터져있기 때문에 시원하며 활동하기에 편리하다. 옷에는 양옆에 작은 주머니가 있어서 돈이나 담배 등 작은 물건을 넣을 수도 있다. 그렇기 때문에 이 옷은 여성에게만 인기 있는 것이 아니라, 남성들도 선호한다. 일을 할 때는 검은색을 입지만, 시장에 가거나 친구를 만나는 등 외출할 때는 색깔이 더 밝고 부드러운 옷감의 옷을 입는다. 나이가 많은 여성들은 초록색이나 연두색을 선호하며, 부자들은 실크 등 비싼 옷감으로 아오바바를 만들어 입는다.

남부지역 평상복인 아오바바

최근에 도시의 여성들은 이 옷을 현대적으로 예쁘게 개량해서 입는다. 요즘의 아오바바는 옛날처럼 헐렁하지도 않고, 맵시 있게 날렵해졌으며, 허리도 매력적으로 보이게 개량되었다. 원래 옷과 소매가 붙어 있지만, 지금은 소매와 옷을 분리해서 만들어서 입기도 한다. 소매는 약간 더 길고 넓어졌으며, 맵시 있게 보이기 위해 주머니를 생략하기도 한다.

이엠Yếm

북부지방 여성들의 전통 속옷 이엠

이엠은 여성의 가슴을 가리는 전통적인 속옷이며, 주로 아우뜨턴의 속에 입었다. 이엠은 사각형이며, 목과 허리 부분에 각각 두 개의 끈이 있어 등쪽으로 묶는다. 목부분의 모양에 따라 이엠의 이름도 다양하게 부른다. 동그란 라운드 모양이면 이엠꼬세이yếm cổ xây라고 부르고, V자형이면 이엠꼬새yếm cổ xe라고 부른다. 이엠의 색깔도 신분이나 연령에 따라 다르다. 농민들은 갈색 이엠을 입고, 부잣집 여자들은 더 세련되고 깨끗한 색의 이엠을 입는다. 나이가 많은 사람들은 어두운 색깔을 주로 입으며, 색깔이 화려하고 앞부분이 깊게 파진 이엠은 선호하지 않는다.

아오자이Áo dài

아오자이Áo dài는 베트남의 대표적인 전통의상으로 우리말로는 '긴 옷'이라는 뜻이다. 아오자이는 말 그대로 목부터 무릎 아래까지 길게 입는 옷이다. 아오자이는 하얀색이나 하늘색이 일반적이며, 속살이 비치는 하늘하늘한 천으로 만들어져 매우 육감적이다. 더구나 옆구리가 터져 있어 속살이 드러나 보여 더욱 매력적이다. 자전거나 오토바이를 탈 때는 손으로 옷자락을 잡고 타야 한다.

아오자이는 거의 온몸을 가리는 동시에 여인들의 아름다운 몸매를 가장 잘 드러내는 옷이다. 아오자이는 입는 사람의 몸에 꼭 맞게 만들어지므로 일반적으로 기성복보다는 맞춤으로 만들며, 22군데의 신체지수를 재어 꼼꼼하게 만든다. 그래서 아오자이는 신체가 비슷한 사람이라도 빌려서 입을 수 없다.

매혹적인 아오자이

아오자이는 중국 통치기간BC 111~AD 938 중 중국 의복의 영향을 받은 옷이라고 볼 수 있다. 즉, 중국의 전통의상이 더운 베트남에서 실용적이고도 맵시있게 발전적으로 개량된 것이다. 아오자이가 현재의 모습으로 정착된 것은 프랑스 통치하인 1930년부터 1945년 사이인 것으로 추정된다. 당시 '로무야'라는 디자이너가 파리에서 열리는 국제의상대회에 출품한 작품이 바로 오늘날의 아오자이 모습이다.

아오자이는 국제적으로도 아름다운 옷으로 정평이 나있는 옷이지만, 사회주의 통제가 심할 때에는 퇴폐적이고 집단농장에서 일하기 불편하다는 이유로 입는 것을 금지시키기도 하였다. 그러나 지금은 규제가 풀려 결혼식이나 축제 등 큰 행사가 있을 때 아오자이를 입으며, 여학생들의 교복으로 착용되기도 한다. 아오자이를 입고 긴 머리카락을 휘날리며 자전거나 오토바이를 타고 질주하는 여인들의 모습은 베트남에서만 볼 수 있는 또 하나의 명물이다.

베트남 남성들의 전통의상

오래전 베트남 남성들은 일할 때 윗옷은 입지 않고, 아랫도리는 주요 부분만을 가린 샅바와 비슷한 옷을 입었으며, 이를 코Kho라고 부른다. 이 코는 옛날부

아오자이와 비슷한 남성의상

터 베트남뿐만 아니라, 무더운 동남아시아에서 일반적인 남성들의 옷이었다. 코는 지금도 일부 오지에서는 착용되고 있다. 베트남에서는 "남성은 코샅바, 여성은 이엠전통 브래지어" 같은 말이 있을 정도로 코는 일반적인 옷이었다.

베트남 남성들의 의상에서 바지 문화는 일찍부터 도입되었다. 물론 바지는 서양에서 들어왔다고 볼 수 있으며, 베트남 민속은 의복의 실용성을 매우 중시했기 때문에 서양식 바지를 개량해서 입었다. 베트남식 개량 바지를 꾸안라또아quần lá tọa라고 하며, 바지는 우리나라의 한복처럼 허리폭이 넓으면서 다리의 폭도 넓다. 그래서 이 바지를 입을 때 허리띠가 필요하다. 허리띠를 착용해서 바지의 남은 부분을 밑으로 풀어놓으면 나뭇잎의 모양과 비슷하게 보이기 때문에 이 바지를 '나뭇잎 바지'라고 한다. 이 바지는 다리 부분이 넓기 때문에 치마처럼 시원하다. 그리고 노동 형식에 따라 바지의 모양을 다양하게 변화시킬 수 있다. 바지의 종아리 부분을 묶거나 그냥 풀어놓을 수 있기 때문에 상황에 따라 편리하게 입을 수 있다.

나뭇잎 바지가 베트남 남성들에게 일할 때 가장 선호하는 옷이라면 축제나 경조사에 갈 때는 꾸안옹써를 입는다. 바지는 흰색이며, 다리는 좁고 허리도 작기 때문에 맵시 있게 보인다. 그리고 근대에 들어서서 베트남 남성들은 더 멋있게 보이기 위해 여자들이 입는 아오자이와 비슷한 옷을 만들어 입었다. 그리고 멋있는 모자도 같이 썼으며, 베트남의 귀족들이나 상류층들은 평소에도 이 옷을 입고 생활하였다.

05

베트남의 주거문화

●● 베트남 가옥의 일반적인 특징

베트남은 무더울 뿐만 아니라, 홍수나 태풍 등의 재연재해, 그리고 뱀이나 해충 등이 많기 때문에 가옥이 매우 중요한 위치를 차지한다. 베트남에서는 가옥nhà이라는 개념은 가족gia Đình과 동일한 의미를 지닌다. 이것은 우리나라에서 집이라는 개념에 가족의 개념이 포함되어 있는 것과 마찬가지이다.

베트남은 홍하 삼각주나 메콩 삼각주를 배경으로 한 농경문화가 발달되었기 때문에 가옥들은 주로 강가에 위치한다. 특히 고기를 잡거나 물고기 양식으로 생계를 유지하는 사람들은 수상가옥을 짓거나, 배 자체가 가옥의 역할을 한다. 배로 된 가옥을 냐투엔nhà thuyên 또는 냐배nhà bè라고 부르며, 여러 배들이 모여 촌락을 이루면 어촌같이 쏨짜이xóm chài, 랑짜이làng chài 또는 반짜이vạn chài라 부른다.

베트남 사람들은 옛날부터 우리나라의 원두막처럼 나무기둥 위에 집을 지었으며, 이것을 냐산nhà sàn이라고 한다. 냐산은 동썬Đông Sơn 시대부터 보편적으로 사용되었으며, 가옥 형태는 늪지대나 고산지대에 적합하다. 늪지대에서 냐산은 홍수에 대비할 수 있을 뿐만 아니라, 열대기후의 높은 습도나 곤충이나 악어와 같은 야생동물로부터 보호해줄 수도 있다. 고산지대에서의 냐산은 땅에서 올라오는 습한 공기를 막고 짐승과 뱀 등으로부터 보호해준다. 또한 집과 땅과의 공간을 창고로 사용하거나, 돼지 등 가축을 기르는 공간으로 활용하기도 한다.

오늘날의 가옥은 많이 현대화되어 평지에 벽돌로 집을 짓지만, 메콩 삼각주 등 홍수가 많은 지역이나 습도를 피해야 할 곡물보관 창고의 경우에는 냐산의 건축양식을 아직도 유지하고 있다.

베트남의 가옥은 천장이 높고 문이나 창문이 넓어 개방적인 특징을 가지고 있다.

이것은 시원한 공간을 확보하고 자연과의 화합을 위한 것으로 실내를 따뜻하게 유지하기 위해 낮은 천장과 두꺼운 벽 등을 특징으로 하는 서양의 건축양식과는 다른 점이다. 베트남의 가옥, 특히 산악지역의 가옥은 지붕의 옆쪽에 삼각형 모양의 통풍구를 설치한다. 이것은 집안의 뜨거운 공기나 음식을 위해 피운 불의 연기가 빠져나갈 수 있게 하기 위한 장치이다.

오늘날에는 튼튼한 벽돌로 집을 짓기 위해 평지에 집을 짓는 추세이지만, 홍수에 대비하기 위해 터를 높게 해야 하고, 넓고 시원한 공간을 유지하기 위해서 지붕이 높아야 한다. 또한 빗물이 빨리 흘러내리도록 가능하면 지붕의 경사를 급하게 만들어야 하고, 비를 피하기 위해 처마를 길게 만들면 편리하다.

베트남 사람들은 또한 가옥의 건축형식을 공동체를 반영하는 거울이라고 생각한다. 가옥구조를 서양처럼 별도로 작은 방을 여러 개로 나누지 않으며, 사생활을 위한 개인적인 공간보다는 가족구성원 모두를 위한 공동공간을 더 중시한다. 그래서 베트남 사람들의 가옥에서는 조상숭배와 손님접대를 위한 공간이 우선적으로 고려되며, 가장 넓은 공간으로 배치된다. 조상숭배를 위한 제단이 가옥의 가장 안쪽에 배치되며, 밖으로 열린 개방적이고 시원한 공간에 손님들을 위한 응접실이 배치된다. 이것은 베트남 사람들의 지극한 조상숭배 전통과 손님을 환대하는 전통을 반영하는 것이다.

또한 베트남에는 좌측동쪽을 중시하는 전통이 있다. 한 집에 친가와 외가의 조상을 함께 모실 경우 친가의 제단은 좌측에, 그리고 외가의 제단은 우측에 배치된다. 부모가 모두 돌아가셨을 경우, 부모의 제단은 좌측에 배치되고, 조부모의 제단은 우측에 배치된다.

또한 베트남의 건축양식에는 음양오행의 원리가 적용되며, 양택陽宅, 즉 살아 있는 사람의 집에는 홀수가 적용되고, 음택陰宅, 즉 죽은 사람의 묘지에는 짝수가 적용된다. 그래서 집의 칸 수나 계단의 수는 항상 홀수로 한다. 집 앞마당에 들어설 때 삼관三關 문을 지나고, 집 안으로 들어갈 때 삼급三級 계단을 거친다. 일반 중산층의 집은 보통 세 칸으로 구성되어 있으며, 두 개의 짜이chái-작은 칸를 합해 다섯 칸을 만들 수 있다. 큰 건축물들은 '세 개의 건물'이라는 뜻인 땀또아tam tòa로 짓는다.

베트남에서는 이웃과도 매우 허물이 없이 지내므로 높은 담장을 만들지 않고 낮은 나무를 사이에 두고 이웃과 구분하여 서로 이야기도 할 수 있고, 필요할 때는 서로 넘나들 수도 있다.

오늘날 베트남 가옥의 건축양식은 서양건축을 수용하면서 고층건물이나 현대식빌라 형태로 짓는다. 전통가옥은 갈수록 사라지고 있기 때문에 문화유산으로 보호를 받고 있다. 베트남의 현대식 건물은 매우 특색 있다. 즉 도로와 평행하는 가로 방향의 길이는 매우 짧고 세로 방향의 길이는 매우 긴 것이다. 이것은 상업적인 가치가 높은 도로변에 한 집이 너무 넓은 면적을 차지하지 못하게 하고, 여러 건물을 지어 혜택을 공평하게 하기 위한 합리적인 방법이기도 하다.

전통 가옥의 모형

북부지역의 가옥

북부지방의 민간가옥은 나무기둥 위에 집을 짓는 냐산nhàsàn에서 땅 위에 짓는 집으로 변화하는 과정을 겪고 있다. 평야지역 집의 뼈대는 나무나 대나무로 만들고, 벽은 흙으로 바르며 지붕은 초가로 덮는다. 기와지붕에 벽돌집을 지으려면 매우 튼튼한 나무로 뼈대를 구성해야 한다.

북부지방의 대갓집은 일반적으로 본채, 바깥채부엌이 딸린 방, 축사, 마당, 성원, 연못, 우물 등으로 이루어져 있다. 본채의 칸 수는 보통 1칸, 3칸, 5칸의 홀수로 만든다. 본채는 보통 남향으로 지으며, 이 방향은 밝으며 시원한 바람을 받을 수 있다. 집 앞에는 큰 나무들을 많이 심으며, 이것은 조경뿐만 아니라 시원한 그늘을 만들어준다.

북부 산간지방의 전통가옥 냐산

서부고원지역의 가옥

베트남의 쯔엉長 산맥지역과 서부고원지대Tây Nguyên에 거주하는 산악 소수민족인 에데Ê Đê족, 머농MơNông족 등은 냐아이Nhà dài 라는 집을 짓는다. 이것은 칸막이 없이 길게 집을 지으며, 군집생활을 위한 원시시대의 대표적인 주거방식이다. 이 집은 좁고 긴 방이 하나 있을 뿐이며, 집의 길이는 100m 이상 될 수도 있다. 이 집에 사는 구성원들은 모계 중심의 씨족으로 씨족 중 여성이 결혼하면 집은 더 길어진다. 예전에는 100명 이상의 대가족이 함께 한 냐아이에 살기도 하였다. 그러나 오늘날에는 부계제도가 모계제도를 대신하면서 대가족의 형태도 점점 사라지고 있으며, 집의 길이도 30m 정도로 줄어들었다.

자라이Gia Lai와 껀둠Kon Tum 성의 사람들은 냐아이보다는 발전된 형태의 집인 냐롱Nhà rông을 짓고 산다. 그러나 냐아이는 씨족의 주거지이고, 냐롱은 마을 공회당의 성격을 띠고 있다. 냐롱은 마을 중심에 커다란 마당을 끼고 위치한다. 냐롱은 대나무와 짚 등 서부고원지역의 숲에 있는 재료로 만들며, 종족에 따라 모양과 장식이 다르다. 이 집의 특징은 지붕이 크고 높아서 매우 위엄 있어 보인다는 것이다. 지붕이 매우 높으므로 기둥은 오래된 큰 나무로 만들고, 집의 지붕은 말린 나뭇잎으로 둘러서 노란색을 띤다.

공회당 성격의 냐롱은 마을의 모든 중요한 일이나 축제 등을 진행하는 곳이며, 무기나 징 및 북 같은 각종 의식에 쓰는 물건들을 보존하는 장소로 사용된다. 또한 냐롱은 마을의 장로들이 모여서 담소를 나누는 경로당의 역할도 하며, 젊은이들이 어른들로부터 전통문화와 예의를 배우는 교육적인 공간이기도 하다.

마을의 공동 공간 냐롱

IV

베트남의 풍습과 종교

VIETNAM
ODYSSEY

응웬 반 히에우
Nguyen Van Hieu
김영순
Kim, Young Soon
응웬 뚜언 아잉
Nguyen Tuan Anh

01

명절과 축제

명절과 축제의 일반적 특징

베트남의 전통 명절과 축제는 가족과 일가친척, 그리고 이웃들이 모여 서로 즐겁게 교류하며, 맛있는 음식을 나누어 먹고 공동체의 유대감을 공고히 하는 행사이다. 그리고 베트남 사람들은 명절이나 축제에 반드시 조상의 은덕에 감사하는 행사를 개최하며, 이로 인해 개인과 가족 및 크고 작은 공동체가 안녕과 평화를 누릴 수 있다고 믿는다. 또한 베트남 사람들은 명절과 축제를 통해 가족과 이웃이 즐거움과 고통을 함께 나누며, 가족과 지역사회 및 국가가 강력한 공동체의식으로 묶여 하나로 단결된다. 베트남에는 벼농사 위주의 생활방식과 중국의 영향 등으로 우리나라와 비슷한 명절과 축제들도 많다.

베트남의 각 명절과 축제는 독특한 특징이 있지만 공통점도 있다. 공통점은 조상에게 경배하고 감사하며 소원을 비는 것이다. 베트남에는 "물을 먹으면 근본을 기억하고, 과일을 먹으면 과일나무를 심은 사람을 기억한다."라는 속담이 있는데, 이것은 조상들의 은덕을 잊지 말자는 의미이다. 그래서 베트남 축제의 특징은 자신들의 직접적인 조상뿐만 아니라, 외국의 침략으로부터 나라를 수호한 영웅들의 업적을 기리는 것이 많다. 이렇게 조상들에게 감사하고 그 뜻을 기리는 베트남의 축제는 과거와 현재를 이어주는 가교의 역할을 하며, 젊은이들에게 자신들이 속해있는 가족과 사회 및 국가에 대해 자부심을 갖게 하는 교육적인 효과도 있다.

베트남의 명절과 축제는 '의례'와 '공연' 두 가지로 구분된다. '의례'는 조상들에 대한 제례의식으로서 개인과 국가의 조상들에게 향이나 술, 차 및 음식을 바치는 것이다. '의례'는 전통으로 내려오는 방식으로 모두 유사하지만, 지방마다 제사상에 오르는 음식이나 제례방식이 약간씩 다르다. '의례'는 조상들의 은덕에 대한 감사와 자신들의 소원성취를 비는 구복求福적인 성격이 강하다.

모든 축제의 뚜렷한 차이점은 '공연' 부분이다. 공연은 공동체적인 놀이나 무대공연 또는 특별한 인물이나 자연 대상물에 대한 의식 등이다. 축제의 놀이는 남녀 간 노래자랑의 일종인 꽌호Quan họ, 씨름, 닭싸움, 그네타기, 방직 시합, 밥 짓기 시합 등이 있다. 한편 우리나라 단오에 즐기던 그네타기가 베트남에서는 설날에 즐겨하는 민간놀이이다.

베트남은 약 500여 개의 크고 작은 명절과 축제가 있는 '축제의 나라'이며, 이러한 다양한 명절과 축제들의 의례와 공연들은 민족문화의 아름다움을 즐길 뿐만 아니라, 국내외 관광객들에게 매력적인 관광 상품 중의 하나가 되기도 한다. 이들 축제는 전국적인 것과 지역적인 것으로 나눌 수 있다.

전국적인 명절과 축제

설날 – 뗏Tết

뗏은 우리나라의 음력설로 중국의 춘절春節에 해당한다. 베트남의 설은 매우 길어 음력 12월 23일부터 음력 1월 7일까지 약 보름간 지속된다. 베트남 사람들은 설이 되기 전에 먼저 부엌신인 따오꿘Táo Quân에게 제사를 지내는 풍습이 있다. 베트남의 부엌신은 1년 동안 가정을 잘 먹고 잘살게 돌봐준다고 믿고 있다. 부엌신 따오뀐은 음력 12월 23일에 하늘로 올라가 1년 동안 그 가정에 있었던 일을 옥황상제에게 보고하고 1월 7일에 다시 돌아온다고 믿는다. 그래서 공식적인 설은 정월 초하루에서 사흘간이지만, 12월 23일부터 준비하고 설이 지나도 1월 7일까지 그 분위기가 이어진다.

이와 같이 뗏은 베트남에서 가장 큰 명절이며, 가족과 마을 및 국가 공동체의 축제이다. 뗏은 가족들이 함께 모일 수 있는 중요한 기회이며, 아무리 먼 곳에 있어도 뗏에는 집으로 돌아와 가족과 함께해야 한다. 뗏에는 조상은 물론 집을 지키는 신인 토공Thổ công, 그리고 마을을 지키는 신인 탄황Thành Hoàng, 城隍 등과 같은 신을 숭배하는 제례의식 중심으로 지낸다.

우리나라와 마찬가지로 뗏은 지난해를 마감하는 날이며 새로운 해를 맞이하는 날이다. 그래서 지난해의 나쁜 일이나 불행한 일에서 벗어나서 새해에는 좋은 일만 생길 것을 기원한다. 베트남에서도 어린이에게 세뱃돈을 주지만, 세배를 하지는 않는다. 또 설날 아침에는 집을 청소하거나 바닥청소를 금기시하고 있다. 청소를 하면 새해에 복이 다 날아간다고 생각하기 때문이다. 그리고 설날 아침에는 남의 집에 가서 불이나 라이터를 빌리는 것을 피해야 한다. 불을 빌리는 사람이 그 집의 복과 행운을 모두 가져가 버린다고 생각하기 때문이다.

또한 베트남 사람들은 뗏에 꽃으로 집안이나 제단을 장식한다. 북부지방에서는 복숭아꽃hoa Đào이 전통적으로 인기 있는 꽃이고, 남부지방에서는 살구꽃hoa mai이 인기 있는 꽃이다. 복숭아꽃과 살구꽃은 새해에 가정에 행복을 가져다주는 상징으로 여겨진다.

뗏에는 가정마다 제단 위에 각종 떡과 과자를 올릴 뿐만 아니라, 다섯 종류의 과일을 올린다. 베트남 북부지방에서 다섯 종류의 과일은 바나나 · 자몽 · 오렌지혹은 귤 · 감 · 레몬 등이며, 남부지방의 다섯 종류의 과일은 야자 · 망고 · 망

행복을 상징하는 복숭아꽃

고스틴 · 파파야 · 무화과 등이다. 이 다섯 종류 과일은 넉넉하고 충만한 복을 기원하는 상징이다.

또한 뗏에는 집필새해에 처음으로 펜을 잡고 글을 쓰는 행사, 개경새해에 처음으로 나무를 심거나 농사를 짓는 행사, 새싹 따기행운을 빌며 새해에 새로 튼 싹을 따는 행사, 장수 기원하기, 봄 구경하기 등과 같은 미풍양속이 있다. 특히 설날에 우리나라는 가래떡으로 떡국을 끓여 먹듯이 베트남에서는 떡의 일종인 반쯩Bánh chưng을 먹는 풍습이 있다. 우리나라에서는 가족들이 모여 앉아 만두를 빚듯이, 베트남에서는 반쯩을 만드는데, 반쯩은 찹쌀 · 콩 · 돼지고기 등을 바나나 나뭇잎에 싸서 은근한 불에 찌는 떡과 같은 음식이다.

베트남의 뗏에서 가장 성스러운 시간은 송구영신送舊迎新의 의미로 하는 쟈

오트어giao thừa라는 제사의식이다. 이때 가족들은 정성껏 제사상을 차린 후 제사를 지낸다. 그리고 제사를 지낸 후 가장은 정원에 가서 나뭇가지를 하나 따갖고 와서 제단위의 꽃병에 꽂는다. 이 행사는 하이록도우쑤언hái lộc Đầu xuân, 초봄의 새싹 따기라고 하며, 나뭇가지가 싱싱하게 자라서 잎이 나면 1년 내내 가족에게 행운이 깃든다고 믿고 있다. 베트남 사람들은 이것을 '송나Xông nhà'라고 부른다. 쟈오트어 제사가 끝나면 사람들은 친구 집이나 이웃집을 방문하여 "새해의 첫 손님이 되기Xông nhà"를 바라며, 즐겁게 명절을 보낸다. 첫 손님으로는 유명 인사나 인상이 좋은 사람, 인사를 잘하는 사람 등을 복을 가져다주는 사람으로 여겨 반긴다. 집주인들은 손님에게 설 음식을 대접하며, 이 음식은 복을 주고받기 위한 성스러운 음식으로 여기며 서로 음식을 권하고 덕담을 주고받는다.

전통적으로 베트남의 뗏에서 분위기를 한껏 고조시키는 것은 폭죽놀이다.

뗏Tết의 폭죽놀이

폭죽놀이는 설뿐만 아니라, 각종 행사에 많이 사용되며, 매우 커다란 소리와 함께 연속적으로 폭죽을 터뜨리며 즐거워한다. 폭죽놀이는 비용도 많이 들고 화재의 위험이 많기 때문에 정부 차원에서 금지시키기도 하지만, 뿌리 깊은 전통으로 인해 잘 지켜지지 않는다.

오늘날의 뗏은 예전처럼 그리 길지 않다. 오늘날 뗏 연휴는 일반적으로 음력 12월 30일, 새해 1월 1일, 2일, 3일의 총 4일이다. 연휴가 짧아졌지만, 베트남 사람들의 뗏에 대한 의식과 가족 및 조상들을 위해서는 아름답고 신성한 풍습이 그대로 남아 있다. 베트남 사람들은 "1년 동안 모은 돈을 설날 하루에 다 쓴다."라는 말이 있을 정도로 설 명절을 위해 돈을 많이 지출한다.

추석 – 뗏쭝투Tết Trung Thu

베트남의 추석은 우리나라와 마찬가지로 중추절中秋节, Trung thu이라고 한다. 이는 '가을의 중간'을 의미하며, 음력 8월 보름을 뜻한다. 그러나 베트남의 추석은 우리나라와 다소 다르다. 우리나라는 오곡백과의 수확을 감사하는 의미에서 일가친척들이 모여 조상들에게 차례를 올리고 풍요로운 결실을 즐기지만, 베트남의 추석은 주로 '어린이를 위한 명절'이다.

추석에는 음력 8월 초부터 준비한 여러 가지 모양의 등불Đèn ông sao을 집집마다 걸고 추석음식인 반재오Bánh dẻo와 반느엉Bánh nướng, 즉 월병을 먹으며 지낸다. 월병月餠은 둥그런 보름달 모양의 떡이라는 뜻으로 여러 가지 재료가 들어가며, 달콤해서 어린이들이 매우 좋아한다. 어린이 명절을 위해서 부모들은 용이나 호랑이 등 짐승 모양이나 별 모양의 등불을 준비하여 집 안팎에 걸어둔다. 그리고 어린이들은 골목이나 큰길가에서 친구들과 함께 노래 부르며 논다. 어린이들은 연등행진을 하기도 하고, 등불을 이용한 놀이를 하기도 한다. 많은 가정에서 어린이들에게 각종 과자와 과일 등으로 풍성한 잔칫상을 차려주고 그

어린이들의 입신양명을 비는 종이 박사 인형

잔칫상 위에 종이로 만든 박사 인형을 올려놓는다. 박사는 옛날부터 학식이 뛰어나 과거에 급제한 사람에게 주어지는 칭호이다. 이 종이 박사 인형은 어린이들에게 학문이나 학업에 힘쓸 것을 권하는 의미이다. 어린이들과 어른들은 중추절의 크고 밝은 달에게 소원을 빌고 나서 풍성한 음식을 나누어 먹으며 덕담을 주고받는다.

추석에는 어린이뿐만 아니라, 어른들에게도 큰 명절로서 추석 음식을 만드는 대회 등 여러 가지 경연대회를 하며 즐겁게 지낸다. 베트남 북부지방에는 추석에 쫑꾸언trống quân이라는 노래를 부르는 풍습이 있다. 이것은 빈 통 위에 팽팽하게 연결된 줄을 박자에 맞추어 치면서 남녀가 서로 노래를 주고받는 형태이다.

추석에는 또한 사자춤Múa Sư tử, múa lân을 추는 행사도 열린다. 사자춤은 여러 명이 함께 추며, 그중 한 사람은 종이로 만든 사자탈을 쓰고 북소리에 맞춰 사자

어린이 명절, 추석

의 행동을 흉내 내며 춤을 춘다. 사자의 몸은 천으로 만들어졌으며, 이 천 속의 춤꾼들은 허리를 구부린 채 춤을 춘다. 꼬리 쪽에 있는 사람은 북소리에 맞추어 꼬리를 흔들며 흥을 돋운다. 춤추는 사자 뒤에는 어린이와 어른들이 뒤따르며 함께 춤을 춘다. 사자춤의 행렬은 액을 몰아내고 복을 가져다주는 의미로 길가의 상점이나 집을 방문한다. 집주인은 그들에게 음식을 주거나 복돈을 주어 춤꾼들을 위로하고 자신의 복을 빈다.

개천절 – 조또훙브엉Giỗ tổ Hùng Vương

조또훙브엉은 우리나라의 개천절과 비슷한 행사이다. 즉 우리나라에서 개천절에 나라의 시조인 단군에게 제사를 올리듯이, 베트남에서는 베트남의 시조인 훙브엉Hùng Vương, 훙왕에게 제사를 올린다. 베트남의 개천절은 우리나라보다 더 국가적인 차원에서 강조되며 큰 행사로 치러진다. 그래서 베트남에는 "누구나 어디에 있어도 3월 10일 홍왕Hùng Vương의 제삿날에는 와야 한다."라는 가사의 민요가 있을 정도이다.

우리나라에서 단군을 기리는 곳은 강화도 마니산이지만, 베트남 개천절의 행사는 덴홍Đền Hùng, 홍사원이라는 곳에서 행해진다. 덴홍은 푸토PhúThọ성 퐁쩌우Phong Châu 현 히랑Hy Lang 읍 응이아린Nghĩa Lĩnh 산에 자리 잡고 있다.

조또홍브엉은 음력 3월 10일이며, 행사는 3월 9일부터 11일까지 3일 동안 진행된다. 이 행사는 옛날에 홍왕들이 신에게 제물을 바치던 사찰인 덴트엉Đền Thuong에서 향을 올리는 의식으로 시작한다. 이때 다섯 종류의 과일을 제단에 올리며, 이것은 오곡백과의 농사법을 가르쳐준 홍왕의 공덕을 잊지 말자는 의미이다.

베트남의 성대한 개천절 행사

그 다음에는 신을 맞이하는 행사가 이어지며, 띠엔끄엉Tiên Cương, 히끄엉Hi Cương, 프엉지오Phương Giao, 꼬띡CổTích 등의 마을에서 신 맞이하기, 코끼리 행진, 가마 행진 등과 같은 의식이 펼쳐진다. 신을 맞이하여 제물을 바친 후 덴트엉Đền Thượng 사원에서 무아핫쏘안Múa hát xoan, 핫까추Hát ca trù 같은 전통공연과 놀이 등을 펼치며 흥겨운 시간을 갖는다.

덴홍에서 펼쳐지는 축제는 베트남의 특성을 잘 나타내는 사회 · 문화적으로 독특한 행사일 뿐만 아니라, 베트남의 기원을 되돌아보는 신성한 행사이기 때문에 관광객들로부터 큰 인기가 있다. 이 축제는 베트남 사람들에게 조상을 사랑하게 하고, 국가에 대해 애국심을 갖게 한다. 베트남 정부는 이 날을 근로자의 공식적인 휴일로 지정하고 있다.

청명절 – 뗏탄민Tết Thanh minh

뗏탄민은 우리나라의 청명淸明에 해당한다. 음력 3월의 날씨는 맑고 청명하면서 나무의 싹이 트는 시기이다. 그래서 청명은 논에 물을 대며 농사일을 시작하는 의미의 절기이다. 청명은 또한 우리나라처럼 조상들의 묘소를 돌보는 날이기도 하다. 그래서 베트남에서도 레따오모Lễ Tảo Mộ, 즉 조상에게 존경하는 마음을 표현하기 위해서 조상의 묘를 깨끗이 단장하기도 한다. 또한 이 시기에 사람들은 '푸른 풀을 밟는다'는 의미의 답탄Hội Đạp Thanh 축제를 즐기며, 이것은 봄의 정취를 즐기기 위해 산과 들로 놀러 간다는 의미이다.

불교행사 – 부란LễVu Lan

부란은 불교의 종교적 행사로 음력 7월 15일에 행해진다. 이 날은 염라대왕이 죽은 사람의 영혼에 복을 내리는 날로 여긴다. 그래서 가정마다 조상에게 제사를 지내기 위해 음식을 준비한다. 조상에게 제사를 지낸 후, 죽은 사람의 영혼을 위하여 제단 위의 방마vang ma, 종이로 만든 제수들을 태운다. 또한 집이 없어 방황하는 영혼을 기리기 위해서 제사음식을 별도로 준비한다. 제사음식에 사용되는 것은 죽, 쌀을 튀겨 만든 튀밥, 반다banh da, 구운 과자, 과일 등 쉽게 먹을 수 있는 음식들이다. 어떤 사람은 바나나 나뭇잎 같은 넓은 나뭇잎으로 접은 깔때기 모양의 그릇에 죽을 담아서 나무나 마당 구석에 꽂아 놓기도 한다. 이렇게 함으로써 집 없이 방황하는 불쌍한 영혼들이 음식을 쉽게 먹을 수 있다고 생각하기 때문이다. 제사를 지낸 후에는 복을 누리라는 의미로 어린이들에게 제사음식을 나누어준다.

단오 - 뗏도안응오Tết Đoan Ngọ

뗏도안응오는 단오端午로서 우리나라와 같이 음력 5월 5일이다. 이날은 음양오행에서 양기가 좋은 5자가 겹쳤다는 의미에서 옛날부터 중요한 명절로 기념되었다. 또한 이 절기는 농경사회에서 모를 심거나 밭작물을 파종한 후 약간의 휴식을 취할 수 있는 시기라는 의미도 있다. 이 시기는 환절기이기 때문에 쉽게 병에 걸릴 수 있으므로 사람들은 액을 물리치기 위해 부적을 만들고 조상들에게 제사를 지내는 의미도 있다. 베트남에서는 발효된 찹쌀과 과일을 먹음으로써 액을 물리칠 수 있다고 믿는다. 이러한 절기를 기념하는 명절은 주로 남부지방보다 사계절이 뚜렷하고 중국의 영향을 많이 받은 북부지방에서 잘 지켜진다.

부엌신 제사 - 뗏옹따오Tết Táo Quân

뗏옹따오는 음력 12월 23일로 뗏Tết 명절의 준비가 시작되는 날이다. 베트남 사람들은 집집마다 부엌을 지배하는 3위의 신Táo Quân이 있다고 생각하며, 이 신을 위해 큰 명절 전에 제사를 올리는 것이다. 우리나라의 부엌신은 조왕신竈王神으로 한 명이며, 불의 신으로 여겨지기도 한다. 베트남의 전설에 의하면, 이날은 부엌신Táo Quân들이 옥황상제를 방문하여 1년 동안 자신이 관리한 부엌에서 발생한 일들을 보고하는 날이다. 이날은 집집마다 살아있는 잉어나 금붕어를 사다가 제사를 지낸 후 강에 놓아준다. 사람들은 이 물고기들이 부엌신들을 하늘나라로 데려다 준다고 믿고 있다. 그 다음 가족들은 함께 모여 식사하면서 설날을 위해 준비할 일들에 대하여 의논한다.

부엌신을 위한 제사상

●● 지역축제

흐엉 사원 축제Hôi Chùa Hương

흐엉Hương은 향香이라는 뜻으로 쭈아 흐엉Chùa Hương은 향사香寺, 즉 'Perfume Pagoda'가 된다. 이 사원은 하노이에서 남서쪽으로 60km 정도 떨어진 하떠이HàTây 성에 위치하며, 아름다운 석회암 산Hương Tích Mountain의 절벽을 배경으로 자리하고 있다. 이 사원은 일명 '천국으로 향하는 사원'이라고 불리며, 현지인들에게 매우 인기가 있다. 사람들은 이 사원을 관음보살이 수행하던 신성한 도량처라고 믿기도 한다.

매년 봄이 되면 흐엉썬Hương Sơn 산과 숲에 하얀 살구꽃이 필 무렵에 전국에서 수많은 불교 신자와 관광객들이 흐엉 사원의 축제에 참가하러 찾아온다. 흐엉 사원의 축제는 음력 1월 6일에 시작하여 3월 하순까지 계속된다. 축제의 하이라이트는 음력 1월 15일부터 2월 18일까지이다. 축제가 시작되기 전날에는 흐엉선의 모든 사찰, 암자, 묘소 등의 제단에 향을 피워 축제의 분위기를 한껏 고조시킨다. 그리고 축제 당일이 되면 흐엉 사원에서는 대규모의 향불을 피우는 가운데 제단에 꽃과 과일 및 각종 음식을 가득 올려놓는다. 제물을 바칠 때

노란색 장삼을 걸친 두 분의 스님이 특별한 의미를 가진 동작으로 춤을 춘다. 축제가 개최될 때부터 끝날 때까지 수많은 스님들이 합장을 하고 염불을 외우며 주변의 사찰, 암자, 묘소를 순례한다.

외부에 위치한 사찰에서는 도교적 요소가 많이 가미된 행사가 이어진다. 끄아봉 사원Đền Cửa Vòng에서는 신성한 용의 다리인 쩐롱린뜨chân long linh từ를 모시고 있으며, 주변의 산과 숲들을 관리하는 트엉응온Thượng Ngồn 여신을 숭배하는 곳이다. 또한 빡다이Bac Dai 사원, 뚜엣선Tuyết Sơn 사원, 까Chùa Cả 사원은 다섯 마리의 호랑이와 신성한 물고기를 숭배하는 곳이다.

흐엉 사원의 축제는 베트남 종교의 총체적인 신앙을 보여준다. 즉 불교를 중심으로 도교와 유교 및 샤머니즘 등의 요소가 모두 포함된다. 축제에 참가한 사람들은 사찰에서 제단까지 신위를 모시고 간다. 깃발과 북이 앞서고, 그 다음에는 여덟 개의 악기와 선남선녀들이 따라가고 원로들이 신위를 모시고 간다. 제문은 마을의 장로가 작성한다. 먼저 제문을 작성하는 장로의 집에 가마를 보내 제문을 받아 모시고 제단으로 가서 의식의 진행자에게 전달한다. 축제의 진행자가 제문을 정중하게 읽고, 스님들과 마을의 장로들은 절차에 따라 제례를 갖춘다.

축제 분위기는 참가자들의 영혼을 신앙심으로 충만하게 한다. 축제는 부처님에 대한 예배이자 젊은이들의 열정이며, 어른들과 조상을 공경하는 마음이기도 하다. 축제는 남녀노소 모두가 경건하고 즐거운 마음으로 즐길 수 있으며, 처음 보는 사람일지라도 서로 "나무아미타불!"이라고 인사를 나눈다.

축제가 시작될 때에는 흐엉 사원을 드나드는 수많은 배들로 인해 장관을 이룬다. 흐엉 사원 축제의 매력은 작은 배를 타고 아름다운 경치를 감상하며, 신성한 세계에 진입하게 되는 경험이다. 그래서 흐엉 사원을 떠올리면 자연스럽게 아름다운 배오래 전부터 베트남 사람들의 '배 문화'의 한 유형를 생각한다. 그리고 이곳에서

아름다운 흐엉 사원 가는 길

는 오늘날까지도 보트경기가 개최되며, 이 경기는 관광객들의 환호를 자아내면서 분위기를 한껏 고조시킨다. 관광객들은 배에서 내려서 주변의 경치를 구경하면서 산을 오르게 된다. 흐엉선 산은 석회암 산이므로 아름다운 석회동굴도 많다. 산을 올라가는 것은 힘들더라도 아름다운 경치와 함께 축제의 분위기를 느끼는 특별한 체험을 할 수 있다. 흐엉 사원 축제에 참가하는 일은 부처님께 경배하고 내세를 기원하는 일뿐만 아니라, 자연을 경외하고 자연과 화합하는 일이기도 하다. 음과 양은 서로 다른 양극의 성격을 가지고 있지만, 같이 존재함으로써 완전해진다. 이와 마찬가지로 불교의 땅을 여행하는 것은 순례자의 몸을 고달프게 하지만, 마음속에서는 평화를 느끼게 해준다.

이엔뜨 사원 축제Hội chùa Yên Tử

이엔뜨Yên Tử는 산악지역으로 베트남 북동부의 꽝닌Quảng Ninh 성 우옹비Uông Bí에서 14km 정도 떨어진 트엉이엔꽁Thượng Yên Công 현에 위치한다. 옛날 이엔뜨 산의 모습은 커다란 코끼리 형상과 유사하여 '코끼리 산núi Voi'이라고 불리기도 했다. 문헌에 의하면, 이엔뜨 산은 '백운산Bạch Vân Sơn'이라고 불렀으며, 그 이유는 이 산이 항상 하얀 구름 속에 둘러싸여 있기 때문이었다.

베트남의 동북부 평야지대에 탑처럼 솟아 있는 이엔뜨 산은 1,000m 이상의 높은 산으로 오래 전부터 유명하였다. 베트남 왕조들은 이엔뜨Yên Tử 산을 국가의 '신성한 산'이라고 불렀다. 이곳은 예전부터 베트남 불교의 중심지였으며, 죽림Trúc Lâm, 竹林 선종파가 탄생한 곳이기도 하다. 수많은 이엔뜨 유적 중에 현재 11개의 절과 수많은 탑들이 남아 있다. 이 중 동사원Chùa Đồng은 가장 높은 정상 1,068m에 위치하며, 이곳에 오르면 마치 구름 속에 떠 있는 것처럼 느껴진다. 응웬짜이Nguyễn Trãi와 이엔뜨 산에는 3층 석탑이 자리하고 있다.

순례지로 유명한 이엔뜨 사원

이엔뜨 축제는 1월 9일부터 3월 말까지 열린다. 이엔뜨 산 아래서 엄숙하게 진행되는 제사의식이 끝난 후, 수많은 순례자들은 정상에 있는 동사원으로 올라간다. 순례자들이 이엔뜨 사원 축제에 참가해서 동사원에 오르는 목적은 세속적인 생활을 벗어나 위대한 자연에 몸을 맡기는 '종교적 순례'를 하기 위한 것이다. 동사원으로 올라가는 도중에 풍요롭고 신비로운 자연을 배경으로 하는 암자와 탑 등을 볼 수 있어서 마음을 청결히 할 수 있으며, 정상에 도착하면 천국의 문에 진입한 느낌을 가지게 된다. 정상은 전망도 좋아 동북쪽 바다 전체를 조망할 수 있다. 이곳에서는 누구나 향을 피우면서 마음을 차분히 가라앉혀 속세를 벗어난 느낌을 가진다. 베트남 민요에는 "수백 년 동안 수행을 하고 미덕을 쌓아도 이엔뜨를 순례하지 않으면, 아무 소용이 없다."라는 구절이 있을 정도이다.

림 축제Hội Lim

수도 하노이에서 멀지 않은 킨박Kinh Bắc 지역은 무술武術의 땅일 뿐만 아니라, 문학의 땅이기도 하며, 수많은 미풍양속이 이어져 내려오는 전통의 땅이다. 이 지역에서 계승되는 미풍양속은 림Lim 축제이다. 림 축제는 매년 1월 13일에 열리고, 노이주에Nội Duệ, 노이주에칸Nội DuệKhánh, 노이주에남Nội DuệNam, 룽지양Lũng Giang의 꺼우럼Cầu Lõm, 쑤언오Xuân Ó 마을들이 참가하는 축제이다. 이 지역은 띠에우뜨엉Tiêu Tương 강변을 따라 홍번Hồng Vân 산에 접하고 있으며, 산 위에는 절이 있다.

림 축제는 다른 축제와 마찬가지로 시작하는 의식과 중심이 되는 제사의식, 그리고 제사의 뒤풀이로 무술시합, 깃발시합, 방직시합, 밥 짓기 시합 등과 같은 여러 가지 프로그램이 있지만, 가장 독특한 것은 '꽌호Quan họ 민요'이다. 이 꽌호 민요는 실내에서 노래하는 것이 아니라, 주로 경치가 좋은 언덕이나 배 위에서

림 축제

노래한다. 꽌호 민요의 가사와 마을축제의 북소리는 신성함과 고귀함이 내제되어 있으며, 마을사람들을 화합시킨다. 축제 참가자들의 모자인 논꽈이타오nón quai thao와 논빠떰Ba tầm 및 전통 실크옷은 축제의 격을 한층 품위 있게 해준다.

푸자이 축제Hôi PhủGiày

음력 3월 3일을 우리나라에서는 '강남 갔던 제비가 돌아오고 봄이 본격적으로 시작된다'는 삼짇날이라고 하여 기념하지만, 베트남에서는 푸자이PhủGiày 축제가 거행된다. 푸자이 축제는 베트남 민족의 '신성한 어머니' 리에우한Liễu Hạnh 성모mẫu, 聖母를 기리는 축제이다. 리에우한 성모는 옥황상제의 딸이 인간으로 환생한 것으로 여기며 극진히 숭배된다. 이것은 베트남 고유의 여신 숭배사상과 어머니 숭배사상에서 비롯되었다. 리에우한의 숭배는 탄화Thanh Hóa 성, 응에

푸자이 축제의 화쯔엉호이

안Nghệ An 성 같은 곳에서 전통적으로 실시되지만, 성모 리에우한의 출생지인 남딘Nam Định 성 부반Vụ Bản 현 킴타이Kim Thái 읍에서의 축제가 특히 유명하다.

푸자이 축제는 장엄한 의식과 활기차고 독특한 민간문화 활동을 위한 화합의 장으로서 수많은 관광객으로부터 인기를 끌고 있다. 푸자이 축제에 참가하는 관광객들은 성모의 제사에 참여하기도 하며, 아주 독특한 전통 사원과 사당을 순례하며 감상하기도 한다. 푸자이 축제에서 가장 대표적인 것은 3월 6일 띠엔흐엉Tiên Hương 산의 고이사원Chùa Gôi에 성모를 모시는 일이다. 성모를 모시는 행렬에는 길고 장엄한 악단이 뒤따르며, 그 길이가 1km 정도에 이른다. 다음날인 3월 7일에는 '화쯔엉호이Hoa trượng hội'라는 행사가 열린다. 이것은 사람으로 글자를 만드는 행사이며, 한 글자를 만들려면 100명 정도 필요하다. 동원된 사람들은 노란 겉옷과 하얀 바지를 입고 푸른 허리띠를 두르며 붉은 스카프를 맨다. 그리고 2m 정도 긴 막대기를 들고 글자를 만든다. 이를 지휘하는 사람을 똥꺼Tổng cờ라고 부르며, 동원된 사람들은 똥꺼의 지휘와 북소리에 맞추어 의미 있는 글자를 만든다.

축제에 참가한 사람들은 불경을 외우며 가마를 맞이하는 것을 참관하고 띠엔흐엉Tiên Hương 산에서 용춤을 관람한다. 또한 밤이 되면 사람들은 가지각색의 등불과 함께 흥겨운 쩌우반Chầu văn 노래를 감상한다. 푸자이 축제는 수백 년 전부터 이어 내려온 베트남 문화의 근본이기 때문에 인근 주민은 물론 민족 차원의 동질성을 확인하는 행사다.

물소싸움 축제Hội chọi trâu

하이퐁Hải Phòng 성 도선ĐồSơn 지역에서는 매년 음력 8월 9일에 물소싸움 축제가 개최된다. 이 축제에 참가한 물소들은 음력 5월 중순과 6월 8일 사이에 예선을 거친 물소들이다. 물소를 이 축제에 참가시키는 것은 매우 자랑스러운 일이며, 이를 위해서는 철저한 준비가 필요하다. 먼저 좋은 물소를 골라서 사오는 일부터, 키우고 훈련시키는 과정까지 모든 일은 세심하고도 전문적인 지식이 있어야 한다. 시합에 참가하기 위해서 선발된 물소는 대부분 목이 짧고 가슴이 넓으며 꼬리가 단단하다. 또한 다리가 길고 날카로운 뿔이 있어야 한다. 싸움소는 보통 4~5년생이어야 하며, 일반 물소와 같이 키우지 않고 별도로 키우며 훈련시킨다.

본격적인 소싸움이 시작되기 전에 축제의식은 아침부터 점심까지 진행된다. 먼저 건장한 청년 12명이 풍악과 함께 큰 가마를 들고 다니며 물소를 맞이하는 의식이 진행된다. 6마리의 물소는 깨끗이 씻은 후, 등 위쪽에 붉은 색 옷감으로 덮고 뿔은 분홍색 비단실로 장식한다. 그 후 24명의 사람들이 편을 나누어 깃발을 휘두르며 춤을 춘다. 깃발 춤이 끝나면 두 마리의 물소를 몰고 와서 응우

박진감 넘치는 물소싸움

풍Ngũ Phụng, 五鳳旗 깃발 아래 세운다. 싸움을 위한 첫 번째 신호가 울려 퍼지면 두 마리의 물소를 20m 정도의 간격으로 접근하게 한다. 그리고 두 번째 신호와 함께 두 물소 주인은 물소의 코뚜레 줄을 잡아당기며, 소리를 지르며 물소들을 싸우게 한다. 이때 관객들은 환호하며 각기 자신의 마을을 대표하는 소를 응원한다. 물소싸움의 승패가 결정되면 승리한 소는 용왕님께 제물로 바쳐지게 된다. 제물로 희생된 소는 축제에 참여한 사람들이 나누어 먹으며 건강과 복을 기원한다.

코끼리 경주 축제Hội đua voi Tây Nguyên

코끼리 경주 축제는 봄이 한창인 음력 3월에 열린다. 이 축제는 서부고원지역인 떠이응웬Tây Nguyên의 닥락Dak Lak 성, 돈마을Buôn Đôn에서 진행된다.

코끼리 시합은 코끼리 10마리가 한 줄로 동시에 같이 설 수 있을 정도로 넓

서부 고원지역의 코끼리 경주 축제

고 평평한 경기장에서 거행된다. 경기를 주관하는 심판이 나팔을 불어 경기의 준비를 알리면 코끼리를 훈련시킨 조련사들은 코끼리들을 출발점에 서게 한다. 그리고 출발신호가 울려 퍼지면 코끼리들이 소리를 지르며 내달리게 된다. 이때 관중들은 징이나 북을 치며 자신들의 마을을 대표하여 출전한 코끼리를 응원한다. 시합에서 승리한 코끼리는 사탕수수를 상으로 받게 된다. 코끼리 시합이 진행되는 떠이응웬 지역의 웅장한 자연환경은 전통축제의 맛을 한층 더 돋보이게 한다.

까옹 축제 Lễ Hội CáÔng

까옹CáÔng의 까Ca는 물고기라는 뜻이고, 옹ông은 할아버지라는 뜻이다. 그러므로 까옹은 '할아버지 물고기'라는 뜻이며, 고래를 의미한다. 베트남 사람들은 고래를 물고기의 신으로 여긴다.

다낭 지방의 풍어제인 까옹 축제

꽝남Quảng Nam과 다낭Đà Nẵng 지역 어부들의 축제인 까옹 축제는 풍어와 안녕을 비는 일종의 풍어제이다. 축제는 음력 3월 중순에 이틀 동안 열리며, 축제의 주관은 주로 어촌마을 원로들이 맡는다. 물고기의 신인 까옹을 위한 풍요로운 제단에는 해산물이 아닌 제사음식을 올린다. 제주는 제단에 절을 하고 축문을 읽으며, 어선의 무사고와 풍어를 기원한다. 이때 어선은 꽃이나 등불로 호화롭게 장식한다.

마을사람들은 풍어제를 지낸 다음날 아침 바닷가에서 신을 맞이하는 의식을 치른다. 모든 배들은 일정한 곳에 정박하고, 선주들이 다시 안전과 풍어를 기원하는 의식을 거행한다. 그리고 마을사람들은 이날 밤에 향을 피우고 풍악과 함께 전통가극인 핫보이Hát bội를 즐긴다.

소 경주 축제Lễ hội Đua bò

전통적인 소 경주 축제는 안양An Giang 성에서 소를 가장 많이 키우는 띤삐엔Tịnh Biên과 찌똔TriTôn 현에 속한 커머Khmer족의 독특한 축제문화이다. 이 시합은 관객이 앉아서 관람할 수 있도록 60m의 너비와 170m 길이의 넓은 경기장에서 개최된다. 소들이 달리는 거리는 100m 정도이다. 소 달리기는 두 마리가 한 조가 된다. 이 지역에서는 논이나 밭을 갈거나 평평하게 고를 때 두 마리의 소를 이용하기 때문이다. 두 마리의 소는 하나의 멍에로 함께 연결되며, 땅 쪽에는 써레가 달려 있다. 농부는 그 써레를 타고 서서 논이나 밭을 고른다. 소 날리기는 규칙에 의해 한번에 두 커플씩 시합한다. 경기는 논을 써레로 고르는 작업을 하는 것을 상징하는 것으로 물이 고여 있는 경기장에서 이루어진다. 경기가 시작되면 써레를 타고 있는 사람이 채찍으로 소를 채근하여 소가 빨리 달리게 한다. 결승전에서 승리한 소는 주인은 물론 소가 소속된 마을 사람들에게 커다란

논을 써레로 고르는 작업에서 유래된 소 경주

영광을 안겨 준다. 또한 음력 8~9월에는 이 지역에서 소싸움이 펼쳐진다. 커머족 남자들은 이 시합을 통해 용맹과 재능을 보여줄 수 있는 기회를 가진다.

후에 축제Hue Festival

후에 축제는 가장 최근에 생긴 축제이며, 국내외 관광객들에게 인기가 가장 많은 축제 중 하나이다. 1992년 후에Hue 시는 프랑스의 코더Codev 시와 함께 개최한 베트남-프랑스 축제를 바탕으로 수준이 높은 축제를 계획하였다. 이 계획은 베트남 정부와 주 베트남 프랑스대사관으로부터 적극적인 호응을 얻게 되었다. 그래서 베트남 정부는 1998년 10월에 후에와 주 베트남 프랑스대사관과 협력하여 '2000년 후에 축제2000 Hue Festival'를 개최하도록 허락하였다.

그 후 베트남과 프랑스 전문가들은 서로 협조하여 베트남의 가장 큰 문화 이벤트로서 '2000년 후에 축제'를 준비하였다. 이 축제는 단숨에 베트남 국내뿐

세계적인 후에 축제

만 아니라, 국제적인 규모로 발전하면서 베트남에서 첫 번째로 국가적인 규모와 국제성을 갖춘 축제로 발돋움하였다. 2000년 후에 축제는 12일 동안 밤낮으로 진행되었다. 베트남 및 프랑스의 유명한 예술단, 30여 곳의 전문 예술가들이 축제에 참가하였으며, 41만 명의 관광객이 모여들었다. 이 축제는 단순한 축제가 아니라, 정치 · 경제 · 외교 · 문화적인 교류활동을 활성화시키는 계기가 되었다.

2000년에 이어 비엔날레 형식으로 개최된 2002년 후에 축제는 '후에, 고도古都에서 살아 숨쉬는 예술을 발견함'이라는 주제를 가지고 진행되었다. 이 축제도 12일 동안 계속되었으며, 개막식 한 달 전부터 '베트남-후에의 인상'이라는 주제로 국제조각창작 페스티벌이 열렸다. 이 축제에 참석한 나라는 프랑스, 중국, 일본, 한국, 인도네시아, 타이, 라오스, 캄보디아 등에서 온 33개의 예술단 및 국내 예술단이다. 이 축제에 참석한 국내 관광객은 7만 5,000명이며, 외국인 관광객은 1만 8,000명으로 전체적으로 100만 명의 관광객들이 축제를 즐겼다. 이후에도 후에에서는 2년마다 대규모의 축제가 개최되어 베트남 문화의 가치를 일깨우며 세계적 축제로 자리 잡았다.

02

전통의례

전통혼례 – 레끄어이Lễ cưới

세계 어느 곳이나 마찬가지지만, 특히 가족에 대한 가치를 높게 가지고 있는 베트남 사람들에게 혼례는 가장 중요한 행사이다. 혼례는 개인과 개인뿐만 아니라, 가족과 가족, 나아가서는 문중과 문중의 결합이기 때문에 매우 신중하게 행해진다. 베트남의 전통 혼례는 우리나라와 마찬가지로 개인의 의사보다 양가 부모님이나 조부모 등 집안 어른들의 의사가 더 크게 작용한다. 혼례의 질차 또한 전통적인 격식에 따라 이루어진다.

신식 결혼식을 올리는 커플

청혼 – 지얌응어Dạm ngõ

전통적인 베트남 사회에서는 대부분 혼인을 당사자가 결정하는 것이 아니라, 양가 부모님들이 결정한다. 신랑 측이 '문당호대門當戶對', 즉 신분과 직위가 서로 비슷한 가문에서 마음에 드는 신붓감이 있으면 먼저 사주를 본다. 사주가 마음에 들면 신랑 측의 부모는 중매인을 통해 신부집에 청혼을 한다. 신부 측이 혼인을 받아들이면 신랑 측은 쩌우까우Trầu cau, 빈랑나무 잎과 열매로 여성들이 씹는 기호식품와 함께 예물을 신부의 집으로 보낸다. 이런 과정을 지얌응어Dạm ngõ라고 부른다.

약혼 – 레안호이Lễ ăn hỏi

레안호이는 우리말로 약혼에 해당한다. 중매인을 통하여 지얌응어가 이루어지면 신랑 측은 쩌우까우Trầu cau, 녹차, 삶은 돼지고기, 찹쌀xôi 같은 음식을 가지고 신부의 집으로 찾아가서 신부 측 부모에게 예를 갖추어 인사한 후 신부의 조상들에게 제사를 올린다. 이때부터 결혼식까지 신랑 측은 신부 측 가족에게 정기적으로 세우Sêu라고 불리는 음식 예물을 보내야 한다. 이것은 우리나라에서 혼례 후에 신부 측에서 신랑집으로 예물음식을 보내는 이바지와 비교하면 반대의 성격을 띤다.

신랑 측이 신부 측에 세우 음식을 보내는 기간은 6개월 또는 1년 정도이며, 양가의 합의하에 3년까지 할 수도 있다. 이 기간은 우리나라로 말하면 약혼기간이라고 할 수 있다. 세우 음식은 일반적으로 계절에 따라 달라져야 한다. 예를 들어, 찹쌀로 만든 꼼Cốm의 계절이면 꼼Cốm을 선물로, 용의 눈을 닮은 과일인 용안nhãn의 계절이면 용안을 선물해야 한다. 이러한 세우 음식은 신부 측이 반만 받고, 나머지 반은 신랑 측으로 다시 되돌려주는 것이 예의이다.

예물교환 – 탁끄어이Thách cưới

레안호이 기간이 끝나고 결혼식 날을 잡을 때 신랑 측은 신부 측과 예물에 대해 상의해야 한다. 어떤 예물로 할지 또는 예물의 수량을 어느 정도 할지를 미리 정해야 하며, 이를 탁끄어이라고 한다. 예물은 대부분 신부의 장신구와 돼지고기, 쌀, 까우, 녹차, 술 등이다. 신랑 측은 신부 측의 요청을 만족시켜야만 결혼 날짜를 정할 수 있다. 베트남의 이러한 전통적인 혼인 풍속은 오늘날에도 이어져 남성은 많은 결혼비용이 필요한 반면, 여성은 비교적 적은 비용이 든다. 다만 여성은 결혼해서 가족을 위하여 열심히 일해야 한다. 베트남 여성은 노동력으로서의 의미가 큰 것이다.

결혼식 – 레끄어이Lễ cưới

결혼식 날에는 신랑과 신랑의 가족들이 신부의 집으로 가서 신부의 조상에게 예를 올린다. 그리고 신부 측의 가족과 친지들에게 인사를 하고 신부를 데리고 신랑집으로 간다. 신부는 신랑집에 가서 신랑의 조상에게 한 가족이 되었다는 것을 말하고 제사를 올린다. 그후 신랑과 신부는 관청에 가서 혼인신고를 한 후 정식으로 결혼식을 올린다. 결혼식은 양가 친척과 친구 및 이웃들에게 공식적으로 두 사람의 결혼을 선포하는 행사이다. 그래서 많은 음식을 차려놓고 신랑과 신부의 친지와 친구들을 초대한다. 결혼식에 초대받은 사람들은 신랑과 신부의 결합을 축하하는 의미로 돈이나 선물을 가져온다. 오늘날 베트남 남성들은 갈수록 많아지는 결혼비용을 마련하지 못하여 결혼 연령이 점차적으로 높아지는 추세이다.

폐백 – 라이맛lại mặt

결혼식이 끝나고 2~3일 후 신혼부부가 예물을 준비하여 신부의 집에 가서 신부의 부모에게 인사한 후, 다시 신부의 조상에 제사를 지낸다. 이것은 우리나라의 폐백과 비슷한 행사다. 물론 최근에는 신랑 신부가 연애를 하여 결혼하는 경우가 대부분이며, 결혼식 과정도 과거보다 간단해졌다. 이러한 베트남의 결혼식 과정에서 신부보다 신랑의 경제적 부담이 많다는 것과, 깍듯하게 조상에 대한 예를 올리는 것은 베트남 결혼의 특징이라고 할 수 있다.

장례식 – 레당Lễtang

염殮 – 목죽Mộc dục

조상을 극진히 모시는 베트남에서 장례식은 매우 중요한 의식이다. 장례는 우선 목죽의식으로 시작되며, 이것은 돌아가신 분의 시신을 깨끗이 닦는 행사로 우리나라로 말하면 '염殮'이라고 할 수 있다. 전통적으로 목죽은 고인이 아버지일 경우 아들이 행하고, 어머니일 경우 딸이 행하는 것을 원칙으로 한다. 고인의 시신을 닦을 때에는 향수를 뿌린 따뜻한 물을 사용한다. 이것은 속세의 업을 없애주는 절차이다. 시신을 닦은 후에는 고인의 머리를 깨끗이 빗어주고 손톱을 깨끗하게 깎아준다.

입관 – 컴리엠Khâm Liệm

컴Khâm은 수의壽衣를 입히는 것이고, 리엠Liệm은 입관하는 절차이다. 일반적으로 수의는 하얀색으로 하며, 부자들은 비단으로 지은 수의를 입힌다. 입관은 고인의 출생일과 나이에 따라 시간을 택하며, 관의 안쪽과 바깥에 명복을 비는 부적을 많이 붙인다.

위패 모시기 – 티엣린Thiết linh

티엣린은 시신을 입관한 후 집안의 제단에 위패를 모시는 단계이다. 장례식 후 이 위패를 모신 제단에 식사 때마다 예를 올린다.

장례복식 – 탄푹Thành Phục

탄푹은 장례식 때 조문하는 사람들이 착용하는 복장으로 고인과의 관계에 따라 복장이 달라진다. 장례식 복장은 일반적으로 하얀색이다. 고인의 자식일 경우에는 하얀 옷을 입고 머리에 하얀색 두건을 쓰고 짚으로 만든 줄을 두르며, 대나무 지팡이를 든다. 그리고 일가친척일 경우에는 머리에 하얀색 띠만 두른다.

조문 – 레비엥Lễ Viếng

고인의 친척과 이웃 및 친구들이 조문할 경우, 예전에는 대부분 술을 가져왔지만 오늘날에는 조의금을 가져온다. 조문할 때는 고인이 누워 있는 관의 앞쪽에 가서 절을 올리고 두 손을 모은 채 관의 주변을 돈다. 베트남 사람들은 "살아 생전에는 등불과 기름이 있어야 하고, 죽었을 때에는 북과 나팔이 있어야 한다."라는 생각을 가지고 있다. 그렇기 때문에 상주는 고인의 영혼을 달래기 위해 장례악단을 초대하여 음악을 연주하게 한다. 악단의 연주는 비교적 경쾌한데, 이것은 장례식장의 분위기를 너무 무겁게 하지 않기 위해서이다.

장례행렬 – 레드아당Lễ Đưa tang

레드아당은 고인을 묘지로 모시는 단계이다. 고인의 관을 앞세우고 고인의 가족이나 친지 및 친구들은 고인이 매장될 곳으로 간다. 장례 일행 중 선두에 가는 사람이 상례의 깃발을 들고 가며, 그 다음에 고인의 시신을 모신 장례차가 뒤따른다. 고인의 가족이나 친척들은 장례차를 잡고 슬피 울면서 따라가며, 친구나 이웃들은 장례차 뒤를 천천히 따라간다. 이 의식에서는 고인의 아들 역할이 가장 중요하다. 고인이 아버지일 경우, 아들은 대나무 지팡이를 짚고 장례차의 뒤를 따라 가는 반면, 고인이 어머니인 경우에는 아들이 갈대 지팡이를 짚고 장례차의 앞쪽에서 장례행렬을 이끌어야 한다.

하관 – 하후엣Hạ Huyệt

하후엣은 이미 파놓은 구덩이에 관을 내리는 하관下棺의 절차이다. 하관 후에 조문객들은 흙을 한 줌씩 관 위에 뿌린다. 시신을 관에 넣는 리엠Liệm과 이 하후엣의 순간은 고인의 가족들이나 조문객들이 가장 슬퍼하는 시간이다.

장례 후 49일째 되는 날과 100일째 되는 날에 가족들은 묘지에 찾아가서 제사를 지낸다. 그리고 매년 고인이 돌아가신 날에 묘지를 찾아 제사를 올린다. 지역마다 제사를 지내는 방식은 다르다. 상주는 우리나라처럼 3년 상을 치루기도 하고, 1년이나 6개월 상을 치르기도 한다. 상중에 있을 때는 결혼식이나 생일 등의 경사에 가급적이면 참석을 피한다.

이장 – 까이땅Cải táng

베트남 북부에서는 시신을 두 번 매장하는 풍습이 있다. 한 번은 시신이 빨리 분해될 수 있도록 습기가 많은 논이나 밭에 매장한 후, 3년이 지나 뼈만 남으면 풍수가 좋은 곳으로 이장移葬하는 것을 까이땅이라 부른다. 까이땅을 행할 때

악단이 이끄는 베트남의 신식 장례행렬

는 먼저 제사를 지내고 묘지를 판 후, 정성스럽게 유골을 수습하여 술과 향기가 있는 물로 깨끗이 씻는다. 그리고 미리 준비한 도자기 항아리에 유골을 순서대로 넣고 이장할 곳으로 가지고 간다. 이장은 보통 친족들의 공동묘지인 선산에 한다.

이와 같은 장례의식은 집에서 이루어지는 전통적인 절차이고, 오늘날에는 우리나라같이 장례식장에서 간단한 의식으로 진행된다. 조문 시 우리나라에서는 상주와 조문객이 서로 맞절을 하지만, 베트남에서 두 손을 모으고 머리를 숙이는 목례로 대신한다.

●● 조상숭배 – 터꿍또띠엔Thờ cúng tổ tiên

베트남 사람들의 가족과 조상에 대한 의미는 유달리 긴밀하고 절대적이다. 그래서 베트남은 가정마다 가장 중심이 되는 위치에 조상을 모시는 제단을 만들어 놓고 있다. 명절이나 제삿날 및 매월 첫날과 보름날을 뜻하는 속봉Sóc Vọng 등의 날에 꽃과 음식을 차려놓고 차례를 지내는 것은 물론 매일 아침과 저녁으로 예를 올리기도 한다.

전통적인 농촌에서는 조상을 위한 제단 옆에 부엌신을 위한 제단을 하나 더 만들어 놓는다. 베트남에서는 먹고 사는 것과 관련된 부엌신을 가장 중요시하기 때문이다. 그러나 현대에 들어서 부엌신을 위한 제단은 생략되고 있는 추세이다. 일반적으로 조상을 위한 제단에는 향로가 세 개 있다. 가운데의 제일 높은 향로는 토지 신

베트남 가옥의 중심을 이루는 제단

이나 네 방향을 다스리는 신을 위한 것이다. 그리고 왼쪽의 향로는 조상을 위한 향로이고, 오른쪽 제일 낮은 향로는 제주祭主보다 나이가 어려서 죽은 사람을 위한 것이다. 그러나 요즈음에는 하나의 향로로 모든 것을 대신하기도 한다.

제단의 양옆에는 꽃병이 놓여 있으며, 베트남 사람들은 꽃을 매우 좋아하여 차례를 드릴 때는 반드시 꽃을 놓는다. 우리나라에서는 차례상에 꽃을 올리지 않는 것과는 대조적이다.

베트남 사람들에게 조상숭배는 매우 깊은 의미를 갖는다. 첫째, 조상숭배는 자신의 근본을 기억하게 한다. 둘째, 조상숭배는 효의 가치를 대대로 이어준다. 셋째, 조상숭배는 가족구성원을 서로 친밀하게 결합시키고 유지시킨다. 그래서 베트남 사람들에게 조상에 대해 예를 갖추는 것은 공기처럼 일상화되어 있다.

집들이 – 믕냐머이Mừng nhà mới

베트남에는 '안거낙업安居樂業'이라는 말이 있다. 이것은 안정할 수 있는 집이 있으면 즐겁게 일을 할 수 있다는 뜻이다. 이와 같이 베트남 사람들은 우리나라 사람들과 마찬가지로 집을 짓거나 사는 것을 매우 중요하게 생각한다. 그래서 집을 짓거나 사면 먼저 조상들에게 감사의 차례를 올리고 집들이를 한다. 집들이는 집을 산 사람이 친지나 친구 및 이웃 등을 접대하는 문화이며, 아직도 베트남에서 보편적으로 행해지고 있는 미풍양속이다.

추수감사 축제

추수감사 축제는 세계적으로 매우 일반적인 축제이다. 베트남에서도 역시 다양한 형태의 추수감사 축제가 열린다. 다수민족인 킨Kinh족이 거주하는 홍하 삼각주와 메콩 삼각주 등에서는 추수감사 축제를 뗏껌머이Tết Cơm Mới라 하며, 이것은 '새로운 밥의 설날'이라는 뜻이다. 뗏껌머이는 음력 10월 10일에 개최된다. 이 축제에서는 새로 수확한 쌀을 요리해서 신과 조상에게 올리는 차례를 지낸 후 먹는다. 추수감사의 축제는 풍성한 수확을 하게 해준 신과 조상에게 감사하며, 다음 농사철에도 풍성한 수확을 바라는 기원이 담겨 있다.

서부고원인 떠이응웬Tây Nguyên, 비엣박Việt Bắc, 서북Tây Bắc 등의 산악지역에 거주하는 민족들은 옥수수나 벼를 수확한 후 추수감사 축제를 개최한다. 어떤 지역에서는 한 달 동안 이어지는 큰 축제를 개최하기도 한다.

03

베트남의 종교

일반적 특징

일반적으로 베트남 사람들의 종교는 조상숭배의 성격이 강한 불교라고 말할 수 있다. 그러나 엄밀한 의미에서 이들의 종교는 한마디로 말할 수 없는 묘한 성격을 가지고 있다. 어떤 학자는 베트남의 종교를 불교라고 하기보다는 조상숭배라고 말하기도 한다. 즉 불교, 유교, 도교 그리고 그들 고유의 샤머니즘이 조상숭배라는 큰 틀 속에 녹아들어 묘한 혼합신앙의 성격을 나타내고 있다. 이러한 신앙의 융합 속에서도 어떤 갈등이나 모순을 발견하기 힘들다. 샤머니즘의 사당이 불교나 도교의 사찰과 마찰 없이 오히려 조화를 이루며 어우러져 있다. 각 가정마다 조상을 모시는 작은 제단이 마련되어 있어 아침과 저녁으로 향을 피우고 음식과 꽃을 바치는 정성을 드리고 있다. 조상들의 묘지도 자신들의 생활터전인 뒤뜰이나 논과 밭에 만들어서 항상 조상들과 함께 생활하고 있다. 조상숭배에 관한 한 베트남이 우리나라보다 더 진지하고 생활화되었다고 할 수 있다. 이것은 전 역사에 걸쳐 외적과의 싸움에서 자신과 가족 그리고 동족을 보호하는 과정 속에서 자연스럽게 형성된 것으로 종교가 가족의 안위와 조상숭배의 도구가 된 것은 당연하다고 할 수 있다.

베트남 종교의 중요한 특징 중의 하나는 융통성이다. 일반적으로 베트남 사람들은 배려와 이해심이 많기 때문에 종교 간의 갈등이 적고 화합하는 특징을 가진다. 베트남 사람들은 비록 종교가 다를지언정, 종교는 모두 '행복한 삶'을 위한 것이고, 종교 간의 차이는 중요하지 않다는 의식을 가지고 있다. 그래서 베트남에서는 불교, 유교, 도교뿐만 아니라, 천주교 등 기독교도 비교적 종교적 갈등을 겪지 않고 평화롭게 공존한다.

주요 종교

불교Phật Giáo

베트남의 불교는 서기 200년경 지금의 하노이 일대에 인도나 중앙아시아의 승려들에 의하여 포교되었다고 생각된다. 당시 지배자였던 토섭土燮은 불교를 장려하였고, 해상무역의 발달과 더불어 서역의 승려들이 무역선을 타고 이 지역에 진출하여 불교가 융성하게 되었다. 거의 같은 시기에 남쪽의 메콩강 유역에서도 인도의 영향을 받은 불교가 전파되었다.

5세기부터 인도 승려 마하기븍Ma Ha Kỉ Vực과 중국 승려 머우박Mâu Bác 등을 통해 불교가 지속적으로 베트남에 유입되었으며, 인도에서 유입된 불교는 소승불교이며, 중국에서 유입된 불교는 대승불교이다. 그 당시 베트남에서도 틱후에탕Thích Huệ Thắng, 440~479과 틱다오티엔Thích Đạo Thiên, 457~483 같은 유명한 승려가 있었다.

이후 베트남 최초의 장기 왕국인 리李 왕조1009~1225의 역대 황제들은 이미 대중화되어 있던 불교를 보호하고 장려함으로써 자신들의 지지기반을 넓혀 중앙집권을 강화하는 데 이용하기도 하였다. 세 차례에 걸친 몽고의 침입을 격퇴시켜 민족정신을 고양시킨 쩐陳 왕조1225~1400 시대 초기에는 불교가 번성하였으나,

갈수록 과거제도에 의하여 선발된 유학자들에 밀려 약화되었다. 15세기에 들어서 베트남을 침략한 명明나라는 유교를 장려하고 불교를 억압하는 정책을 펴서 많은 사찰과 탑 및 불교서적 등을 파괴하였다. 그래서 불교는 유교에 의해 압도되어 쇠퇴하던 중, 18세기 응웬Nguyễn, 阮 왕조가 들어서면서 다시 되살아나 국민종교로 뿌리를 내리게 되었다.

근대에 들어와서 불교 승려들은 부정부패로 사회가 혼란스러워졌을 때, 무력 또는 비폭력운동을 전개하여 이를 바로잡고자 노력해왔다. 그러나 사회주의 통일 이후 잠시 불교를 비롯한 종교활동이 위축되기도 하였다. 그러나 최근에는 다시 개방의 물결을 타고 급격히 활발해지고 있다. 1981년에는 베트남 불교회가 설립되어 베트남의 공식적인 불교단체가 되었다. 베트남의 불교사상은 대승불교와 소승불교 이외에 티엔동Thiên Tông, 禪宗 종파, 멋동Mật Tông, 密宗 종파, 띤동Tinh Tông, 淨宗 종파 등이 영향력을 발휘하고 있다. 그중 티엔동Thiên Tông 종파가

남베트남 정권의 불교탄압정책에 항거하여 분신하는 스님

가장 중요한 역할을 하며, 이 종파는 중국으로부터 유입된 선禪 종파이다. 또한 2000년의 오랜 역사를 지닌 베트남 불교는 호국불교의 전통을 발전시킴으로써 민족의 자존심과 관계가 깊으며, 베트남의 문화 · 도덕 · 풍습 등 생활방식을 형성하는 데 큰 기여를 하였다. 특히, 베트남 불교는 조상숭배와 결합하여 베트남 특유의 종교적 의미가 형성되었다. 현재 베트남에서 불교신자는 약 800만 명 정도이고, 승려가 약 3만 명, 사원의 수는 약 1만 5,000여 개이다.

유교Nho giáo

기원전 110년경 한반도에 한사군이 설치될 무렵, 한 무제는 베트남을 정복하고 7군을 두어 지배하기 시작하였다. 이후 베트남은 약 1000년 동안 중국에 직간접적으로 영향을 받았으며, 유교 사상이 꾸준히 유입되었다. 그러나 10세기까지는 베트남 땅에서 유교의 영향이 크지 않았다.

그러다가 11세기 초반 리李 왕조 때부터 유교의 영향이 확산되어 모든 제도를 유교적 차원으로 개혁하려는 시도가 일어났다. 그리고 1070년당시 중국은 송나라 공자를 모신 문묘文廟, Văn Miếu를 지음으로써 유교는 베트남에서 공식적으로 인정되었다. 따라서 베트남 유교는 중국 각 시대의 유교인 한유Hán Nho, 한나라의 유교, 당유Đường Nho, 당나라의 유교, 명유Minh Nho, 명나라의 유교, 청유Thanh Nho, 청나라의 유교와 달리 송유Tống Nho-송나라의 유교이다. 그리고 1076년 국자감Quốc TửGiám이 문묘 안에 설립되었다. 그러나 아직 유학의 보급은 초기단계에 있으면서 왕권을 강화하는 데 이용되었다. 리왕조의 뒤를 이은 쩐 왕조1225~1400 때에는 과거제도에 의해 선발된 유교적 소양이 풍부한 문인들이 득세함에 따라 본격적으로 유교가 발전하게 되었다. 이Lý, 李와 쩐Trần, 陳 왕조는 과거시험을 20여 회 시행했으며, 많은 유학자를 배출했다. 그래서 쩐 왕조의 후반에는 쭈반안Chu Văn An, 1292~1370, 응우옌 짜이Nguyễn Trãi, 1380~1442 등 훌륭한 유학자들이 많이 등장하였다. 특히, 14세기 초

베트남이 명에 의해 지배당할 때, 명은 불교와 도교를 억압하고 유교를 적극 권장하는 중국 동화정책을 실시해나갔다. 이후 17세기 전후에 북부의 쩐 왕조나 남쪽의 응웬 왕조 모두 정치적 안정과 사회질서를 확립하기 위하여 유교사상을 강화하였다. 관리와 농민들은 유교사상을 통해 군주에게 충성, 부모에게 효도 및 친족 간에 화목을 강조하여 사회의 분열을 방지하고 안정을 꾀하는 역할을 하였다.

현재 외형적으로 유교는 베트남에서 거의 존재하지 않지만, 내부적으로는 지금도 계속해서 일상생활에 영향을 크게 미치고 있다. 오늘날 베트남의 강력한 가족 중심의 전통은 유교와 고유의 조상숭배신앙 그리고 외적으로부터 시달려온 그들의 역사가 결합한 결과이다. 그러나 사회주의공화국인 베트남의 입장에서 볼 때 계급을 고착화시키고 관념적이고 보수적인 유교의 가치는 극복되어야 할 대상으로 간주되고 있기도 하다.

도교Đạo Giáo, Taoism

2세기부터 도교는 중국으로부터 베트남에 유입되었고, 민간신앙과 결합하여 자연스럽게 유행하게 되었다. 도교는 노이뚜nội tu, 안쪽을 개선함와 응오아이즈엉ngoại dưỡng, 바깥쪽을 발전시킴으로 크게 두 가지 종파로 나눌 수 있으며, 베트남에서는 노이뚜nội tu 종파가 유행하였다. 베트남의 도교는 신선사상, 부적, 점 또는 풍수지리사상에 중심을 두고 민간신앙과 결합하여 발전해나가며 무위자연無爲自然에 가치를 두게 되었다. 그래서 몇몇 학자들은 유교의 경직성과 독단성을 비판하며 향촌의 자연으로 돌아가기도 하였다. 대표적인 도교학자들은 응우옌빈키엠Nguyễn Bỉnh Khiêm, 응우옌쯔Nguyễn Dữ, 응우옌항Nguyễn Hàng, 풍칵코안Phùng Khắc Khoan 등이다. 17세기 레턴동Lê Thần Tông, 1607~1662 왕의 시대에 노이다오nội Đạo, 內道라는 도교 종파가 생겼다. 이 종파는 설립자 쩐또안Trần Toàn의 고향인 탄화Thanh Hóa에서 응에안Nghệ An 성을 거쳐 하노이Hà Nội까지 확장되었으며, 한때 수십만 명에 이르는 신도를 거느린 종교로 발전하였다. 전설에 따르면, 레턴동Lê Thần Tông 왕은 몸에 호랑이털이 돋아나는 이상한 병을 가지고 있었으나, 쩐또안Trần Toàn이 주문술로 이 병을 완전히 치료하였다고 한다.

현재 베트남에서는 도교가 조직을 갖춘 종교의 형태로 존재하지는 않지만, 불교나 유교 그리고 민속신앙 속에 녹아들어 아직도 자취를 남겨놓고 있다. 특히, 도교는 민속신앙 속에 파고들어 무당이라 할 수 있는 바동bà Đồng을 통해 이어지고 있다. 바동은 렌동lên Đồng이라는 행사로 정체성을 이어가며, 렌동은 우리나라의 굿과 마찬가지로 죽은 사람의 혼령을 불러와서 그 혼령을 달래거나 소원을 비는 행사이다. 그러나 기본적으로 유물론을 바탕으로 하는 사회주의에서는 미신적 신령숭배를 배척하는 입장이다. 그래서 렌동은 리에우한Liễu Hanh 성모를 숭배하는 '어머니교'와 관계해서 그 명맥을 유지하고 있을 뿐이다. 도교와 관련된 건축물은 관Quan이라 부르며, 관은 우리나라의 산신각이나 삼성각처럼 신령을 모시고 있는 곳이다.

까오다이교Đạo Cao Đài

까오다이교高臺敎, 고대교는 가톨릭이 강세지역인 남부지역에서 탄생되었다. 20세기 초 불교, 유교, 도교 등의 기존 종교들은 국민의 심리적인 갈망을 충족시키지 못하고 있었으며, 당시 출현한 라잉Lành교, 즈아Dừa교, 응오이Ngồi교, 민스Minh Sư교 등의 종교들도 국민들에게 정신적으로 위로가 되지 못했다. 여러 가지로 혼란스러웠던 당시의 사회상황에서 종교와 윤리관이 제 역할을 하지 못하고 신앙적인 측면에서 틈이 생기자, 까오다이교가 탄생하게 된 것이다.

까오다이교는 1926년 10월 지식인과 공무원 및 농장주들이 만든 것이다. 프랑스와 베트남 관리들이 참여한 종교설립행사는 고갠Gò Kén 절에서 진행되었다.

탄생시기부터 종교설립자들은 이 종교가 세계 최고의 종교가 될 것이라 여기며 '까오다이 대교'라고 불렀다.

1925년 관료였던 응오반찌에우Ngô Văn Chiêu에 의해 사이공 지역에서 시작된 카오다이교는 유교, 불교, 도교, 기독교의 교리를 종합하여 만든 종교로 중국의 태평천국교와 비슷한 점이 많다. 카오다이교의 핵심 사상은 땀지아오동응우옌Tam giáo Đồng nguyên이며, 이것은 유교 · 불교 · 도교의 세 가지의 종교가 같은 근원이라는 뜻이다. 즉 불교의 자비, 유교의 평등, 도교의 박애가 한 가지라는 사상을 바탕으로 한 것이다.

까오다이교의 숭배대상은 눈이 천 개인 천제天帝와 공자, 석가모니, 예수 등 각 종교의 교주들이다. 그래서 이 종교의 상징은 '사람의 눈'이며, 이것은 인간 본연의 선한 마음과 평등성을 나타내며, 이를 바탕으로 대동사상에 의한 이상

까오다이교의 예배 모습

사회 건설을 목표로 하고 있다. 까오다이교도들은 채식주의자로 인간과 신의 결합, 조상숭배사상을 가지고 있으며, 빅토르 위고나 셰익스피어를 성인으로 추앙하기도 한다. 까오다이교는 반프랑스적 색채를 띠어 프랑스 식민당국에 의해 억압받던 남부베트남의 농민들 사이에 급속히 전파되었다. 현재는 주로 남부지방에 약 200만 명의 교도가 있으며, 본부는 사이공 북서쪽의 96km 지점의 떠이닌Tây Ninh에 위치한다. 사원의 모습은 교리와 마찬가지로 가톨릭 성당과 전통 건축양식이 혼합된 형태이다.

호아하오교Đạo Hòa Hảo

1939년 후인푸소Huỳnh PhúSổ라는 사람이 불교를 단순화시켜 만든 종교이다. 이 불교는 복잡한 불교의 이론과 의식보다는 개인의 믿음과 중생철학을 강조하고 있다. 호아하오교의 중심 사상은 네 가지 은혜를 뜻하는 "뜨언히에우응이아 Tứân hiếu nghĩa"이며, 이것은 조상의 은혜, 부모의 은혜, 동포의 은혜, 불佛 · 법法 · 승僧, 3보의 은혜가 그것이다. 호아하오교는 교리나 종교의식이 단순할 뿐만 아니라, 사원을 건축하지도 않으며, 동상이나 그림 등의 우상도 숭배하지 않는다. 종교생활의 실천은 주로 가정에서 진행되며, 집의 중앙에 위치한 제단에 빨간 옷감을 걸어놓는다. 이것은 불교의 사상을 표현한다. 호아하오교는 부처뿐만 아니라, 조상과 국가의 영웅들을 숭배한다. 예물로 사용되는 물건도 검소하고 간단하여 향과 꽃 그리고 깨끗한 물뿐이다. 밤에는 집안과 마당에 있는 제단에 불을 밝힌다. 의식이 진행되는 동안 불교경전을 암송하지 않고, 교주인 후인푸서Hùynh PhúSổ가 만든 간단한 경전만 읽으며, '나무아미타불Nam môA Di ĐàPhật'이라는 염불만 반복하여 낭송한다. 호아하오교의 본부는 메콩 삼각주의 롱수엔Long Xuyên 지방에 있다.

가톨릭Thiên Chúa Giáo

가톨릭은 16세기를 전후하여 베트남에 유입되었다. 초기에는 포르투갈과 스페인의 신부들에 의해 전파되었으나, 1964년 이후에는 프랑스 파리의 외국전도협회MEP가 교황의 명을 받아서 베트남을 비롯한 동남아 지역의 선교를 맡게 되었다.

17세기에서 19세기의 시기에 베트남은 외국의 침략과 내전이 계속되었고, 국민들은 생활고에 시달리는 것은 물론 생명을 지키기에도 어려운 시기였다. 이러한 시기에 국민들은 자연스럽게 종교를 찾게 되었고, 이를 배경으로 가톨릭도 그 세를 확장시킬 수 있었다. 더욱이 19세기 후반 베트남은 프랑스의 지배하에 놓이게 되었고, 프랑스 식민통치자들은 식민통치의 일환으로 가톨릭을 의도적으로 확산시켰다. 그후 1933년 바티칸 교황청은 베트남가톨릭수도회에 자

하노이 대성당

치권을 주었으며, 응우엔바동Nguyễn Bá Tòng을 주교로 임명하였다.

공산 통일 이후에 당국은 가톨릭을 경계하여 억제하였으나, 지금은 개방의 물결과 함께 종교의 자유도 되살아나서 신도들이 성당으로 몰려들어 문 밖에서까지 미사를 보는 등 활기를 띠고 있다. 현재 베트남에는 6,000여 개의 성당이 있으며, 신도 수는 약 500만 명 정도로 추산된다.

개신교Đạo Tin Lành

19세기 말 개신교는 미국 개신교 종파를 통해 베트남에 유입되었다. 처음에는 베트남 정부의 박해와 현지 전통과의 갈등으로 어려움을 많이 겪었지만, 1954년까지 약 6만 명의 신도로 교세가 확장되었다. 그리고 베트남전쟁 후 북부지방 신도들은 별도로 북부지역개신교협회Hội Thánh Tin lành miên Bắc를 설립하였다. 이것은 종교적인 활동을 하면서 동시에 애국적 활동을 하기 위한 목적으로 설립되었다. 이 시기에 남부지역의 개신교는 미국의 도움을 받으며 그 세력을 확장하여 베트남개신교연맹Tổng liên hội Thánh Tin lành Việt Nam을 만들었다. 특히, 개신교는 남부 고원지역인 떠이응우옌Tây Nguyên과 쯔엉선Trường Sơn 남쪽 지역에서 집중적으로 성장하였다. 현재 베트남 개신교인의 수는 약 50만 명 정도이다.

이슬람교Đạo Hồi

베트남의 이슬람교 신자는 주로 메콩 삼각주 지역의 짬Chăm족이며, 대부분 닌투언Ninh Thuận, 빈투언Bình thuận, 안지앙An Giang 등 남부지역에 집중적으로 거주하고 있다. 짬족들은 원래 힌두교 문화를 가지고 있었으나, 15세기를 전후하여 해상교통이 발달하여 아랍, 페르시아, 인도인들과 통상관계를 맺었기 때문에 이슬람교가 유입되어 개종하였다. 현재 베트남에는 10만 명의 신도에 100여 개의 모스크가 있다.

04

베트남의 민간신앙

특징

베트남의 민간신앙은 우리나라와 마찬가지로 벼농사 문화를 배경으로 하고 있다. 그래서 자연과 밀접한 샤머니즘과 토테미즘의 민간신앙이 발달되었다. 그러나 특이한 점은 베트남 토착신은 모계사회의 특징을 반영하여 대부분이 여성이라는 것이다. 할머니 신 바쩌이Bà Trời, 땅의 어머니 매닷Mẹ Đất, 물의 할머니 바투이Bà Thủy, 꽃의 할머니 바호아Bà Hỏa 등이 있으며, 그밖에 비의 여신, 구름의 여신, 천둥의 여신, 벼락의 여신, 출산의 할머니가 모두 여성이다. 또한 베트남에서는 남성 중심의 유교적 전통사회에서도 독특하게 리우에한Liễu Hạnh이라는 성모Mẫu, 聖母를 섬기는 '어머니교'가 존재한다. 이와 같이 전통적인 베트남 사람들은 여성을 중심으로 하는 다신교적 민간신앙을 가지고 있었다. 이러한 토착신들과 연결된 조상숭배는 베트남의 독특한 종교 형태로 자리 잡고 있다.

기본 신앙

폰특Phồn thực

폰특의 폰Phon은 '많음'을 뜻하고, 특Thuc은 '출산'을 뜻한다. 즉, 폰특은 다산多産을 숭배하는 민간신앙이다. 다산에 대한 신앙은 세계적으로 보편적이지만, 문화권에 따라 대동소이하게 나타난다. 전통적으로 베트남에 전해져 내려오는 다산신앙은 남녀의 성기와 성교행위의 숭배, 두 가지로 나타나고 있다.

성기의 숭배

베트남의 성기숭배는 농경문화에서 비롯된 전통과 힌두교 문화가 결합된 것으로 볼 수 있다. 보통 농경문화에서는 남근의 숭배가 일반적이지만, 베트남은 여근도 동시에 숭배된다. 특히 푸토PhúThọ, 하박HàBắc, 선떠이Sơn Tây, 화빈Hòa Bình 등지에서 노느엉Nõnường을 숭배하는 풍습이 있다. 노Nõ는 쐐기이며, 남근linga을 상징하고, 느엉nường은 바구니이며 여근yoni을 상징한다. 남근과 여근은 나무 등 인위적으로 만들어서 숭배하기도 하고, 남녀의 성기를 닮은 자연석이나 나무를 숭배하기도 한다. 그리고 건축물 곳곳에 남근과 여근을 상징하는 모양으로 장식하여 숭배하기도 한다.

제단 위에 놓여 있는 남녀 성기 모양의 상징물

성교행위의 숭배신앙

베트남의 성교행위에 대한 신앙도 원시신앙으로서 뿌리가 매우 깊다. 기원전 약 500년에 만들어진 다오틴Đào Thịnh 구리병의 뚜껑에는 성교하는 남녀 네 쌍이 조각되어 있다. 또한 이 구리병의 몸체에는 성교하는 용이 두 마리 새겨져 있다. 그리고 황하Hòang Hạ 청동북의 윗부분에는 한 쌍의 새가 성교 자세로 조각되어 있기도 하다. 성교 행위의 숭배는 춤으로 나타나기도 하는데, 푸토PhúThọ 성의 마을축제에서 공연되는 '뚱지tùng dí' 춤이 그 예이다. 뚱지춤은 남녀가 남근과 여근을 상징하는 물건을 손에 들고 한 쌍씩 춤을 추다가 북소리 신호와 함께 두 상징을 결합시키는 춤이다. 떠이응우옌Tây Nguyên 지방의 한 무덤에서는 성교 자세를 하고 있는 남녀상이 발견되기도 하였다.

성교자세를 취하고 있는 남녀상

어머니 여신의 숭배Đạo Mẫu

베트남의 민간신앙은 어머니의 상징인 여신들을 섬기는 특징이 있다. 우주의 탄생도 해의 여신Nu than Mat Troi과 달의 여신Nu than Mat Trang으로부터 시작된다고 믿고 있다. 두 여신이 물과 어둠만이 존재하는 땅에 빛을 밝게 비춰주었으며, 여와NưOa, 女媧 여신이 하늘을 고치고, 산을 쌓고, 강을 넓혀 세상을 만들었다고 한다. 그리고 팝번Pháp Vân 여신은 구름을 만들었고, 팝부Pháp Vũ 여신은 비를 만들었으며, 팝로이Phap Lôi 여신은 천둥을, 팝디엔Pháp Điện 여신은 번개를 만들었다고 전해진다.

산악지역의 소수민족인 따이Tày족, 눙Nùng족 등도 달의 여신, 꽃의 여신, 불의 여신 등을 숭배하고 있다. 이 중 특히 달의 여신은 대중적으로 인기가 있어 음력 1월과 2월의 밤에는 따이족과 눙족들이 달의 여신을 맞이하는 축제를 개최한다. 그리고 달의 여신에 관한 전설이나 노래도 풍부하다. 이들 소수민족들은 어머니에 대한 인식이 남달리 깊어서 불교의 석가모니도 "석가모니 성모Mẹ Phật Thích Ca"라고 부르며, 여성화하여 토착화시켰다. 이 석가모니 성모는 지엔칸Diện Khánh 사원에 있는 기꿍Kỳ Cùng 사당에 모셔져 있다.

베트남 사람들의 이러한 여신숭배는 중국 도교의 영향을 받은 결과이며, 또 생명을 탄생시키는 어머니를 사랑하는 마음이 남다른 까닭이다. '어머니 신母神' 중 옥황상제의 딸인 트엉티엔Thượng Thiên 성모가 가장 높은 위치에 자리하여 하늘을 관리하고, 트엉응안Thượnng Ngàn 성모는 숲과 나무를 관리하며, 토아이Mẫu Thoải 성모는 하천을 관리하고, 마지막으로 디아모Mẫu Địa 성모는 토지를 관리한다. 이와 같이 하늘과 나무와 하천과 토지를 중시하는 것은 논농사 문화를 반영하는 것이다.

리에우한 성모

베트남에는 이러한 '어머니 신Mẫu, 聖母'에 대한 믿음을 바탕으로 '어머니 교Đạo Mẫu, 母教'라 할 수 있는 종교가 형성되었으며, 리에우한 성모가 그 중심에 있다. 리에우한은 16세기에 베트남 북부의 남딩Nam Định 성 푸저이PhủGiày가 고향인 실존하던 인물이며, 신격화되었다. 즉, 리에우한을 옥황상제의 딸인 트엉티엔Thượng Thiên 성모의 환생으로 간주하는 것이다. 다시 말하면, 트엉티엔이 인간으로 환생한 것이 리에우한이라는 믿음이다. '어머니교'는 이전의 막연한 여신 숭배보다 더 구체적이고 체계적으로 발전하였다. '어머니교'는 불교의 한 형태로 발전하였으며, 몇몇의 사원Phủ이 리에우한에게 봉헌되었다. '어머니교'의 의례는 허우봉Hau Bong 행사가 대표적이며, 우리나라의 굿과 비슷한 행사이다.

역사적으로 볼 때 전통사회의 베트남은 모계사회의 특징을 반영하여 대부분의 신은 여성이다. 역사상 베트남에서 가장 오래된 여신은 나라의 시조인 훙브엉雄王, vua Hùng을 낳은 어우꺼Âu Cơ이다. 어우꺼는 우리나라로 말하면 단군을 낳은 웅녀熊女와 비교할 수 있다. 베트남에서는 매년 음력 1월 7일에는 국모 어우꺼Đên Quốc Mẫu Âu Cơ를 기리는 행사가 열리기도 한다.

베트남의 중부지방에 위치한 후에Hue에도 여러 여신들이 섬겨지며, 티엔야나Thien Ya Na라는 여신은 후에 및 중부지역에 있는 거의 모든 마을의 사당에 모셔져 있다. 특히, 후에남HuệNam 사원이 그 숭배의 중심지이다. 후에Huế에는 또한 베트남 영토를 보호하는 세 명의 여신이 섬겨지고 있다. 북부는 리에우한 여신, 중부는 티엔야나 여신, 그리고 남부는 바댄BàĐen 여신이 베트남 영토를 보호한다고 하며, 이 세 여신들은 모두 옥황상제의 딸들로 믿고 있다. 베트남의 중부 및 남부지방에서는 또한 인도의 힌두교에서 비롯된 짬Chăm족의 어머니인 포나가Poh Nagar도 중요한 의미를 부여하며 섬기고 있다. 또한 여자임에도 불구하고 역사적으로 외적을 물리치는 데 큰 공을 세운 여성들이 많으며, 이들도 신격화되어 숭배되고 있다. 하이바쯩Hai Ba Trung, 쯩자매, 바찌에우BàTriệu, 이란ỶLan, 부이티쑤언Bùi ThịXuân 등이 이에 해당한다.

수공업직업의 신에 대한 숭배

전통적으로 베트남에서는 같은 수공업을 하는 사람들이 함께 모여 사는 경향이 있다. 전통 수공업은 방직, 자수, 목공, 금세공, 은 조각, 진주 상감, 한지

만들기, 전통 모자인 논nón 만들기, 도자기 제작 등 그 종류가 매우 다양하다. 이들 수공업을 하는 사람들은 자신에게 직업을 마련해준 신창시자에게 고마움을 표시하고 일이 번성할 수 있게 해달라는 의미에서 지극한 마음으로 섬긴다. 수공업 전통마을의 사람들은 자신이 하고 있는 직업의 창시자를 마을 수호신으로 삼고 사당을 세워 제사를 지내고 숭배한다. 이 행사는 각 가정마다 별도로 하기도 하고, 마을사람들이 모여서 함께 하기도 한다.

마을 사당 딘Đình과 성황 숭배

베트남의 전통적인 마을의 특징은 마을을 수호해주는 성황城隍을 모신 딘Đình을 중심으로 발달한다는 점이다. 딘을 우리말로 하면 사당이라고 할 수 있다. 이 사당은 매우 신성하고 중요한 공간이므로 마을에서 가장 높고 중심이 되는 자리에 위치한다. 학자들에 의하면, 베트남의 딘이 쩐Trần 시대에 북부지방에서 유래했다고 한다. 이곳은 원래 조정에서 파견한 출장관리들이 머물기 위한 장소였으나, 점차적으로 성황을 숭배하는 딘의 역할을 맡게 되었으며, 마을의 공공행사가 진행되는 공회당의 역할도 하였다.

딘은 마을에서 가장 높고 규모가 큰 건축물이며, 마을사람들의 집은 딘보다 더 높게 지을 수가 없었다. 옛날부터 사람들은 딘의 위치와 방향을 매우 중시하였다. 모든 길흉화복이 성황을 모신 이 딘에서 비롯된다고 믿었기 때문이다.

1945년 공산혁명 후 딘에 모셔진 성황은 애국지사와 장군, 예를 들어 한나라에 대항하여 싸운 쯩자매, 13세기 몽고군을 격퇴시킨 쩐흥다오 장군, 현대 제국주의와의 항전에서 절대적인 영웅인 호치민과 지압 장군 등에 의해 그 자리가 대치되기도 하였다.

V

베트남의 전통예술과 문화

응웬 쑤언 화
Nguyen Xuan Hoa

응웬 뚜언 끄엉
Nguyen Tuan Cuong

오영훈
Oh, Young Hun

김재민
Kim, Jae Min

VIETNAM ODYSSEY

01

문학

베트남 전통예술의 여러 분야 중 문학은 비교적 개성이 강하고 뛰어난 작품들이 많다. 베트남의 문학은 구전口傳문학과 성문成文문학으로 구분할 수 있다. 문자로 기록된 성문문학은 한자문학, 한자를 차용한 이두 같은 언어인 쯔놈Chữ Nôm 문학, 현재 베트남 사람들이 사용하는 로마자형 베트남 문자인 쯔꾸옥응으Chữ Quốc Ngữ 문학 세 가지로 나눌 수 있다. 이밖에 베트남에는 53개의 소수민족의 문학작품이 있으며, 이들도 베트남 전통문학의 형성에 커다란 영향을 끼치고 있다.

구전 민간문학

베트남의 구전문학은 입에서 입으로 전해온 결과물로 다양하고 복잡한 과정을 거쳐 신화와 전설, 그리고 속담, 민요, 우화, 수수께끼 등 다양한 장르로 자리 잡았다. 그 내용은 주로 건국이나 국가를 수호하는 과정, 그리고 남녀 간의 사랑 등으로 베트남 사람들의 사고와 정서, 그리고 심미주의적인 가치를 반영하고 있다.

신화 – 탄토아이Thần thoại

베트남의 신화는 우주의 근원, 자연현상, 만물의 이치, 건국 등을 설명한다. 신화에 근거한 베트남의 신들을 보면 해의 여신 느턴맛쩌이NữThần Mặt Trời, 달의 여신 느턴맛짱NữThần Mặt Trăng, 비의 신 턴므아Thần Mưa, 바람의 신 턴지어Thần Gió, 바다의 신 턴비엔Thần Biển 등이 있으며, 이러한 베트남의 신들은 주로 여신인 것이 특징이다. 이것은 베트남의 고대사회가 모계사회였다는 것을 나타낸다.

베트남의 건국신화는 홍방Hồng Bàng, 鴻龐신화이며, 이미 언급한 락롱꿘Lạc Long Quân과 어우꺼Âu Cơ와 관련된 신화이다. 그리고 건국 이후 국가를 수호하는 과정에서 형성된 신화로는 탄딴비엔Thánh Tản Viên 신화, 탄지옹Thánh Gióng 신화, 안즈엉브엉An Dương Vương 신화 등이 있다. 산악 소수민족의 신화로는 므엉Mường 족의 므엉신화Thần thoại Mường가 흥미롭다.

고전 – 쭈엔꼬띡Truyện cổ tích

베트남의 고전은 신화적인 요소와 민간신앙적 요소 등 수많은 요소들이 결합하여 형성되었다. 예를 들어, 동물을 의인화한 이야기는 "개구리 아내와의 결혼Lấy vợcóc", "염소 남편과의 혼인Lấy chồng dê", "야자열매 껍질Sọdừa" 등이 있다. 그리고 사람이 죽어서 식물이나 동물로 환생한 이야기로 "떰깜Tấm Cám 이야기", "탁사인Thạch Sanh 이야기" 등이 있다.

전설 – 쭈엔투엣Truyện thuyết

전설은 옛날부터 내려오는 상상력의 결과이지만, 종종 역사적 사실을 반영하기도 한다. 베트남의 전설도 상상력이 풍부하게 가미된 문학작품이기도 하면서, 역사이기 때문에 묘비나 사당에 기록되어 있는 것들도 많다.

베트남의 전설도 다른 나라와 마찬가지로 종교적인 주제와 민속적 주제가 많다. 예를 들어, 만므엉Man Nương, 꾸안엄티낀Quan Âm Thị Kính 전설 같은 불교 전설도 있고, 콩로Không Lộ 스님, 뜨다오한Tu Dao Hanh 스님에 대한 전설도 있다. 또한 리에우한 공주에 관한 전설, 뜨푸Tu Phu 성인에 관한 전설도 유명하다. 이외에 각종 수공업 등 직업의 창시자에 대한 전설도 많다.

베트남 전설의 주제 면에서의 특징은 외부의 침략에 저항하여 국가를 수호하는 내용이 많다는 점이다. 예를 들어, 안즈엉브엉An Dương Vương과 미쩌우MịChâu에 관한 전설, 쯩자매Hai bàTrưng에 관한 전설, 바찌에우BàTriệu에 관한 전설, 딘보린Đinh BộLĩnh에 관한 전설, 레풍히에우LêPhụng Hiểu에 관한 전설, 이엣끼에우Yết Kiêu에 관한 전설이 그것이다. 왜냐하면 외부의 침략을 많이 받았던 베트남의 역사적 시련과 그의 극복과정이 흥미진진한 전설로 발달하였기 때문이다. 또한 응웬후에Nguyễn Huệ에 관한 전설과 떠이산Tây Sơn, 꾸언해Quận He, 꿘해오Quận Héo, 짱리아Chàng Lía, 후어따오Hau Tảo, 바반Bá Vành, 까이방Cai Vàng 같은 농민봉기에 관한 전설도 실제 역사적 사건을 바탕으로 형성되었으며, 중세와 근대의 일반 대중들의 자주의식을 뚜렷이 반영하고 있다.

민요 – 까야오Ca dao

베트남의 고전 민요는 6 · 8조와 7 · 7 · 6 · 8조의 고유한 운율이 있으며, 단가短歌와 장가長歌의 형식이 있다. 민요의 주제는 다양해서 낭만적인 전원생활, 협동 노동을 위한 노동요, 계층 간 불공평과 인습에 대한 비난과 풍자, 애국심 그리고 남녀 간 애틋한 사랑 등의 내용이 있다. 이 중 남녀의 사랑에 관한 노래는 가장 일반적이며, 인간의 가장 기본적이고 미묘한 감정을 표현하고 있다. 사랑에 관한 민요의 예는 다음과 같은 것이 있다.

"다리 위를 지나갈 때 바람에 실려 날아간다.Qua Cầu gió bay.", "자몽의 꽃을 따기 위하여 자몽나무에 올라간다.Trèo lên cây bưởi hái hoa.", "연못 안에는 연꽃만큼 예뻔 꽃이 없다.Trong Đầm gì đẹp bằng sen.", "어젯밤 마을 사당의 바깥쪽에서 물을 퍼냈다.Đêm qua tát nước Đầu Đình.", "등에 금띠를 매다.Ngang lưng thì thắt bao vàng.", "조용히 앉아서 입이 밥을 씹고 혀로 생선뼈를 발라주신 어머니를 생각한다.Ngồi buồn nhớ mẹta xưa, Miệng nhai cơm búng, lưỡi lừa cá xương.", "손길 하나 정도로 강이 좁으면 님이 올 수 있게 다리를 놓고 속옷을 깔아주련만.ước gì sông hẹp một gang, Bắc cầu dải yếm cho chàng sang chơi.", "사랑하면 어려운 일도 마다하지 않고 어울리지 않아도 어울리게 하겠다.Yêu nhau vạn sự chẳng nê, Dẫu trăm chỗ lệch cũng kê cho bằng.", "사랑하는 사람에게 옷을 벗어주고, 집에 돌아와서 어머니에게 다리를 건너갈 때 바람이 불어서 옷이 날아갔다고 핑계를 댄다.Yêu nhau cởi áo cho nhau, Về nhà dối mẹ qua cầu gió bay."

예전에는 많은 사람들이 민요를 노래하고 창작하기도 하였다. 민요는 서민들의 고단한 생활에 위로와 활력소가 되었으며, 현대적인 가요의 발전에 바탕이 되었다. 또한 민요는 베트남 사람들의 감성의 원천으로서 민족문학의 토대가 되기도 하였다.

속담 – 뚝응으Tục ngữ

속남의 내용은 인생살이의 교훈, 자연현상에 관한 것들이 많다. 예를 들어, 부부에 관한 속담은 "부부가 같은 마음을 가지고 있으면, 동해의 물을 모두 퍼다 올릴 수 있다.Thuận vợ thuận chồng, tát biển Đông cũng cạn."라는 속담이 있으며, 의식주 생활에 관한 속담은 "집이 깨끗하면 시원하고, 그릇이 깨끗하면 밥이 맛있다.Nhà sạch thì mát, bát sạch ngon cơm."라는 속담이 있다. 또한 자연현상에 관한 속담은 "별이 총총하면 날씨가 좋고, 별이 조금밖에 없으면 비가 올 것이다.Đông sao thì nắng, vắng sao thì mưa."라는 속담이 있다.

우화 – 응우응온Ngụ ngôn

우화는 주로 동물들이 풍자적으로 인간들에게 교훈을 주는 내용으로 구성되었다. 예를 들어, "코끼리를 본 점쟁이Thầy bói xem voi"가 있다. 또 우화는 가난한 사람과 부자간의 관계, 지배자와 피지배자 같은 사회문제에 대한 내용도 있다. 예를 들어, "공작의 털을 빌린 까마귀Quạ mượn lông công", "박쥐Con dơi" 이야기 등이 있다. 또한 민요 형식으로 구성된 우화도 있으며, "고양이가 빈랑나무에 올라간다.Con mèo mà trèo cây cau.", "개미가 바나나 나무에 올라간다.Con kiến mà leo cành Đa." 라는 민요가 있다. 이 우화들은 재미있으면서 교훈적인 의미가 담겨져 있다.

해학 – 쭈엔끄어이Truyên cười

베트남 사람들은 자신의 의견을 에둘러 표현하는 해학을 매우 좋아한다. 베트남 사람들은 상대방을 고려하는 관용의 마음이 크기 때문에 불공평이나 차별에 직접적으로 말하기보다는 풍자나 해학으로 표현하는 것을 좋아한다. 전통해학의 주요 주제는 우리나라와 마찬가지로 선량하고 핍박받는 서민을 옹호하는 반면, 이기적이고 욕심 많은 양반의 악행을 비판하고 응징함으로써 서민들의 응어리를 해소시켜주는 내용이 많다. '재미있는 숲의 이야기Tiếu lâm'는 깊은 의미를 가지고 있으며, 과거시험에서 장원급제한 '꾸잉장원Trạng Quỳnh', '돼지장원Trạng Lợn'에 대한 이야기는 재미있으면서도 사람들의 심금을 울린다.

풍자시 – 배Vè

베트남 특유의 풍자시는 배vè라고 불리는데, 일정한 운율이 있는 운문체이고 구전으로 전해진 창작물이다. 주로 베트남의 북부지역과 중부지역에서 유행한 배는 마을공동체에서 '말로 하는 신문'이라고 할 수 있다. 배는 마을에서 발생한 사건을 주제로 노래하며 뉴스같이 여론을 형성하기 때문이다. 마을에서 일어난 어떤 사건이 '문제 있다'고 판단되어 자주 사람들의 입에 오르내리면 즉시 배로 표현되고, 아이들이 이 배를 흥얼거린다. 이렇게 함으로써 그 배는 여론이 되고 심판의 성격을 갖게 된다. 배는 가장 보편적인 의견을 전달하는 것이고, 잘못되었거나 불공평한 일과 나쁜 사람을 비판하는 역할을 한다. 때로는 나라의 일에도 비판적인 기능을 가지며, 예를 들어 지나치게 호화로운 뜨득Tự Đức, 1829~1883 황제의 50세 잔치에 대해 비판하는 '배'가 있었다. 또한 배는 불행하고 불쌍한 사람을 동정하는 이야기도 있다. 예를 들어, 군대에 징집된 사람, 첩의 신분으로 시집간 여성, 과부들에 대한 배vè 등이 있다.

●● 성문문학

봉건시대에 성문화된 문학작품은 일반적으로 한자Chữ Hán나 쯔놈Chữ Nôm으로 창작되었다. 그러나 쯔놈으로 작성된 작품의 수보다 한자로 작성된 작품의 수가 더 많았다. 그것은 중국 문화의 영향을 받았지만, 베트남 글자가 아직 형성되지 않았고, 우리나라의 이두 같은 쯔놈이 일찍부터 만들어졌지만, 봉건정부가 이를 장려하지 않았기 때문이다. 쯔놈으로 작성된 작품은 13세기에 등장하여 18세기 말에 폭넓게 유행하였다.

19세기의 말에는 라틴 알파벳을 활용한 쯔꾸옥응으Chữ Quốc Ngữ, 國語가 폭넓게 보급되어, 이것을 활용한 문학이 발전하여 오늘날에 이르고 있다. 베트남어로 쯔Chữ는 '글자'라는 뜻이다.

한문학

한문학은 고전문학에서 중요한 부분을 차지하며, 10세기부터 20세기까지 약 1000년 동안 베트남 지식인들은 한자로 모든 작품을 창작하였다. 한자문학은 13세기 말부터 20세기까지 약 700년 정도 이어진 쯔놈Chữ Nôm과 19세기 말부터 지금까지 약 150년 정도의 역사를 가진 쯔꾸옥응으Chữ Quốc Ngữ와 비교하면 베트남 성문문학 중 가장 오랜 역사를 지니고 있다.

한자는 BC 111년에 베트남 북부지방이 한나라에 점령당하면서 베트남에 전래되었고, 939년부터 20세기까지 베트남 봉건정부의 정식적인 문자로 채택되었다. 당시 포고문, 격문, 법 같은 국가행정 관리문서가 한자로 기록되었다. 한자는 또한 유교를 중심으로 하는 교육과 과거제도에도 적용되었다. 당시의 유학자와 관리 그리고 왕조차 모두 유학을 추종하였으며, 중국에서 들여온 사서오경이나 역사책, 문학작품 같은 문헌 이외에는 다른 문헌을 거의 사용하지 않았다. 이들은 당연히 새로운 문학작품을 창작할 때도 한자와 그 필법을 적용하였다.

그러나 베트남의 한문학이 중국문화와 문학과 관계가 아무리 깊다고 하더라도 그것은 베트남 문학의 일부분이다. 왜냐하면 그것들은 베트남의 역사, 문화, 사회를 반영하였기 때문이다. 어쨌든 베트남에서의 한문학은 오늘날 베트남의 정신문화에 상당한 영향을 끼쳤다.

이Lý 왕조와 쩐Trần 왕조10~14세기에는 건국을 정당화하는 내용의 작품이 많았다. 대표적인 작품으로는 이태조Lý Thái Tổ의 천도에 대한 당위성을 노래한 찌에우저이도Chiếu dời Đô, 병사들에게 전투참여를 독려하는 쩐흥다오Trần Hưng Đạo의 힉뜨엉시Hich tuong si 또는 유제비장격문論諸裨將檄文, 박당강 전투를 예찬한 쯔엉한시에우Trương Hán Siêu의 백등강부白藤江賦, Bạch Đằng Giang Phú 등이 있다.

그리고 이 왕조와 쩐 왕조 시대에는 불교가 주류를 이루고 있었기 때문에 불교와 관련된 작품들도 많았다. 대표적인 작품으로는 쩐타이동Trần Thái Tông의 과허록課虛錄, Khóa Hư Lục과 선종지남禪宗指南, Thiên Tông chỉ nam, 뚜에쭝트엉시Tuệ Trung Thượng Sĩ의 상사어록上士語錄, Thượng sĩ ngữ lục, 영집원선英集苑禪, Thiên uyển tập anh 등이 있다.

15세기인 레Lê 왕조와 떠이선Tây Sơn 왕조, 응웬Nguyễn 왕조 시대부터는 유교가 부흥하여 유학자들이 득세하였기 때문에 유교의 핵심 가치인 충忠, 효孝, 인仁 등을 강조하는 작품들이 주류를 이루었다. 당시의 가장 훌륭한 시인은 응웬짜이Nguyễn Trãi, 1380~1442와 응웬쭈Nguyễn Du, 1765~1820로서 중국의 유명한 시인들 못지않은 훌륭한 작품을 남겼다.

산문분야에서는 새로운 경향이 일어나기도 하여 응웬즈Nguyễn Du는 남녀 간의 사랑을 노래한 단편소설인 『전기만록傳奇漫錄, Truyên Kì Mạn Lục』을 창작하였다. 전기傳記 부분에서도 레흐우짝LêHữu Trác, 1720~1791의 『상경기사上京記事, Thượng Kinh Kí sự』, 응오티NgôThì의 『황려일통지皇黎一統志 Hòang LêNhất Thống Chí』 등 여러 작품이 창작되었다. 수필 분야에서는 팜딘호Phạm Đình Hổ, 1768~1839와 응웬코아찌엠Nguyễn Khoa Chiêm, 1659~1736 등이 유명하다.

19세기 말과 20세기 초에는 서양문화의 영향으로 쯔꾸옥응으으로 작성된 신문의 출현으로 인해 한자문학의 영향력이 점점 사라지게 되었다. 1919년부터는 과거제도가 사라져서 한자의 교육체계가 급격히 붕괴되었으며, 오늘날에는 한자를 해독할 수 있는 사람은 몇몇 전문적인 학자뿐이다. 현재 베트남의 소수 한학연구자들은 과거에 한자로 작성된 문학작품들을 번역하고 해석하는 데 노력하고 있다. 이러한 작업은 고전문학에 대해서 다시 이해하기 위해서이다. 왜냐하면 고전문학의 발전 과정에서 과거와 현재를 연결하는 '문화의 다리'가 단절되었기 때문이다. 단절된 원인은 한자와 쯔놈에서 너무 급격하게 쯔꾸옥응으 단계로 변화되었기 때문이다.

베트남의 한문학은 우리나라와도 무관치 않다. 한국과 베트남은 일찍이 한자를 받아들인 국가로서 중국의 당과 송 때부터 중국으로 간 사신들끼리 만나 문학작품의 교류가 이루어졌다. 사료에 의하면, 최초로 한국과 베트남 문인의 교류는 고려918~1392 때이다. 공민왕1352~1372 때 중국 원元나라 사신으로 갔던 이상인이 베트남 사신을 만났다는 사실을 베트남의 문물을 기록한 『도은문집道隱文集』에 전하고 있다. 조선시대에도 여러 문필가들이 북경에 사신으로 방문하여 베트남 사신들과 교류한 흔적이 있다. 대표적으로 조선 사신 이수광李睟光, 1563~1628과 베트남 사신 풍칵코안Phùng Khắc Khoan, 1528~1613이 주고받은 한시, 그리고 홍계희와 베트남의 유명한 시인 레꾸이돈LêQuýĐôn, 1726~1784 간에 주고받은 한시가 레꾸이돈의 북사통록北使通錄, Bắc SứThông Lục에 기록되어 있다. 20세기에 들어오면서 베트남 독립운동가인 판보이쩌우Phan Boi Chau, 1887~1940가 쓴 안남망국사安南亡國史, An Nam Vong Quốc Sử가 우리나라에서 최초로 소개된 베트남의 역사 산문집이다. 당시 나라를 잃은 우리나라 선비들이 자신의 운명을 베트남과 비교해서 이 책을 읽었다고 한다.

쯔놈ChữNôm 문학

쯔놈은 우리나라의 이두 같은 글자이다. 한자는 뛰어난 표현력을 지니지만, 베트남어의 고유한 소리를 표현하는 데 한계가 있었고, 서민들이 이해하기에는 어려움이 많았다. 그래서 쯔놈이 12세기부터 체계적으로 만들어졌다. 쯔놈은 한자의 글자와 발음, 구성법을 차용하여 베트남어의 소리를 기록하고 읽을 수 있게 고안되었으며, 이후 베트남 고유의 쯔놈 문학이 독창적으로 발전하였다. 이와 같은 쯔놈 문학의 발전은 베트남 고유의 자주정신과 민족정신과 관련이 있다고 볼 수 있다. 즉, 중국의 한자문화에서 벗어나 자신들만의 고유한 문화를 발전시키기 위한 것이다. 우리나라의 이두는 상류층의 천시 등으로 크게 유행하지 못했지만, 베트남의 경우에는 상당한 발전이 있었으며, 민족정신의 고양에 상당한 영향을 끼쳤다.

베트남은 중국의 한자문화에서 벗어나 자주적인 문학을 창작하기 위해서 일찍부터 쯔놈을 사용하였지만, 초기의 작품은 보존에 어려움이 많아 현재까지

남아있는 것은 많지 않다. 13세기 말의 작품인 쩐난통Trần Nhân Tông, 1258~1308의 「득취림천성도가得趣林泉成道歌, Đắc thú lâm tuyên thành Đạo ca」, 거진악도보居塵樂道賦, Cưtrần lạc Đạo phú와 현광玄光, Huyên Quang, 1215~1334 승려의 「영화연사부詠花煙寺賦, Vịnh hoa yên tựphú」라는 작품 정도이다. 그리고 15세기에 와서는 응웬짜이Nguyễn Trãi, 1380~1442의 『국음시집國音詩集, Quốc Âm thi tập』과 레성종LêThánh Tông, 1442~1497이 28명의 조정 대신과 공동 저술한 『홍덕국음시집Hồng Đức quốc âm thi tâp』은 그 방대한 양과 예술적 가치 등으로 쯔놈문학을 한층 발전시켰다.

18세기부터 19세기까지 쯔놈 문학은 급속도로 발전되었다. 이 시대의 대표적인 작가와 작품으로는 위대한 시인 응웬쭈Nguyễn Du가 쓴 『쭈엔끼에우Truyện Kiêu』와 『평신도의 조사Văn tế thập loại chúng sinh』, 응웬딘찌에우Nguyễn Đình Chiểu, 1822~1888가 쓴 『룩번띠엔전Lục Vân Tiên』 등이 있다.

쯔놈 문학은 운율이 있는 소설인 시소설詩小說과 우리나라의 판소리와 비슷한 응엄쿡Ngâm khúc과 핫노이Hat noi 등 세 장르로 나눌 수 있다. 이와 같은 장르들은 쯔놈으로 창작된 문학작품들이 중국의 영향에서 벗어나 독립적이었다는 것을 의미한다. 시소설 장르에서는 현재 100편 이상의 작품이 남아있지만, 그 중 가장 유명한 작품은 응웬쭈Nguyễn Du의 『쭈엔끼에우』, 응웬후이뜨Nguyễn Huy Tự, 1743~1793와 응웬티엔Nguyễn Thiện, 1763~1818이 공동으로 저술한 『쭈엔화띠엔Truyện hoa tiên』, 응웬딘찌에우Nguyễn Đình Chiểu의 『쭈엔룩번띠엔Truyện Lục Vân Tiên』, 팜타이Phạm Thái의 『서낀떤장Sơkính tân trang』 등이 있다. 그리고 응엄쿡으로는 응웬지아티에우Nguyễn Gia Thiêu, 1741~1798가 쓴 전사 부인의 노래인 『정부음征婦吟, Chinh Phụ Ngâm』과 궁녀의 노래인 『궁원음곡宫怨吟曲, Cung oán ngâm khúc』, 딘녓턴Đinh Nhật Thận, 1815~1866의 가을밤의 노래인 『추야려회음秋夜旅懷吟, Thu dạ lữ hoài ngâm』 등이 있다. 이와 같은 시소설과 응엄쿡은 대부분 길이가 길어 300개 이상의 문장이 들어있다. 핫노이Hát nói 장르는 이보다 더 짧고, 각 작품은 20~30개의 문장으로 이루어져 있다. 이

장르에서 유명한 작가는 응웬꽁쯔Nguyễn Công Trứ, 1778~1858, 응웬쿠엔Nguyễn Khuyến, 1835~1909, 즈엉쿠에Dương Khuê, 1939~1902 등이 있다.

쯔놈 문학은 대월大越, Đại Việt 왕조의 국가제도를 뒷바침하였으며, 경제와 문화 및 사회와 함께 더욱 더 발전하였다. 중세에 도시의 등장시민, 목판조각, 인쇄, 서적판매은 쯔놈으로 작성된 시나 산문, 특히 시소설이 발전하는 계기가 되었다. 그러나 호뀌리HồQuýLy 왕과 찐Trịnh 왕, 꽝쭝Quang Trung 왕을 제외한 각 왕조의 왕들은 쯔놈을 천시했기 때문에 표준화되지 못했다. 그럼에도 불구하고 쯔놈 문학은 옛날부터 입에서 입으로 구전되어오던 작품을 성문문학으로 변화시키는 공헌을 하였다. 또한 쯔놈으로 인해 한자의 영향을 축소시키고 베트남의 언어가 온전하게 보존된 측면도 있다. 오늘날에는 쯔놈을 읽을 줄 아는 사람이 많지 않지만, 여러 학자들이 쯔놈 문학을 이해할 수 있도록 쯔꾸옥응으國語로의 번역을 시도하고 있다. 베트남 최대 문호인 응엔주Nguyễn Du, 1765~1820가 쯔놈chữNôm으로 쓴 서사시 낌번끼우전Kim Vân Kiêu, 金雲翹傳이 최근 우리말로 번역 출판되기도 하였다.

쯔꾸옥응으ChữQuốc Ngữ 문학

쯔꾸옥응으는 국어國語라는 뜻이다. 쯔꾸옥응으는 17세기 초에 프랑스 신부인 알렉산더 드 로드Alexandre de Rhodes, 1591~1660에 의해 만들어졌으며, 가톨릭 공동체에서 부분적으로 사용되다가, 19세기 중반 남부지역에서부터 베트남 언어를 기록하는 수단으로서 보편적으로 사용되었다. 쯔꾸옥응으는 사실 프랑스가 가톨릭을 용이하게 전파하기 위해 만들었지만, 역설적으로 시간이 갈수록 프랑스의 식민지배에 저항하는 저항문학의 도구로 사용되었다.

쯔꾸옥응으가 베트남에서 보편적으로 사용된 시기는 쯔꾸옥응으 문학이 등장한 시점과 일치하며, 1930년대부터 본격적으로 문학작품들이 쯔꾸옥응으로 작성되었다. 그리고 옛날에 한자나 쯔놈으로 작성된 문학작품들을 후세에 남기기 위해 쯔꾸옥응으로 번역하는 작업도 꾸준히 진행되었다.

쯔꾸옥응으가 남부지역에서 먼저 보급된 것은 쯔꾸옥응으 신문 및 책자의 등장과 관계가 깊다. 가장 먼저 출판된 쯔꾸옥응으로 작성된 신문은 '지야딘 일보'라는 뜻인 지야딘바오Gia Định bao, 1865였다. 지야딘Gia Định은 호치민 시의 옛 이름이다. 그 후 녓징남끼Nhật Trình Nam Kỳ, 남기디아펀Nam kỳĐịa phận, 판이엔바오Phan yên báo, 농꼬민담Nông cổmín Đàm, 룩띤떰번Lục tỉnh tân văn 같은 쯔꾸옥응으로 쓰인 신문들이 연이어 발간되었다. 초기 쯔꾸옥응으 문학의 대표적인 작가들은 쯔엉빈기Trương Vĩnh Kí, 후인띤꾸아Huỳnh Tịnh Của, 응웬쫑꾸안Nguyễn Trọng Quản, 응웬짠삿Nguyễn Chánh Sắt, 호비에우짠HồBiểu Chánh 등이었지만, 발행 부수는 그리 많지 않았다. 오히려 북부지역에서 쯔꾸옥응으가 늦게 보급되었지만, 파급력은 더 컸다. 북부지역에서 쯔꾸옥응으의 보급을 선도한 것은 『남풍Nam Phong』이라는 잡지이다. 이 잡지의 편집자는 20세기 전반 베트남의 유명한 지식인인 팜꾸인Phạm Quỳnh, 1892~1945이었다. 『남풍』을 비롯하여 『다이남동반Đại Nam Đồng văn』과 『동양Đông Dương』, 『찌떤Tri tân』 등의 잡지를 통하여 쯔꾸옥응으는 점차적으로 일반화되었다. 그래서 쯔꾸옥응으로 글을 쓰는 많은 문인들이 출현하였으며, 유명한 문인들은 응웬반빈Nguyễn Văn Vĩnh, 판게빈Phan KếBính, 응웬노묵Nguyễn ĐỗMục, 응웬바혹Nguyễn Bá Học, 팜주이똔Phạm Duy Tốn, 응웬쫑투엇Nguyễn Trọng Thuật, 쩐쫑김Trần Trọng Kim 등을 들 수 있다. 이 학자들은 대부분 한학과 서양학문에 능통한 사람들이었다. 이들은 프랑스 문학 중 명작을 골라 번역하여 베트남에 널리 소개하였다. 이들의 공헌은 베트남의 서민들이 재미있게 쉬운 쯔꾸옥응으를 공부하게 함으로써 개화시켰다는 점이다. 또한 이들의 작업은 오랫동안 중국의 영향을 받은 베트남 문학에 새로운 생명력을 불어넣는 역할을 하였다. 이들이 바로 베트남 문학 현대화의 선두주자이자, 쯔꾸옥응으 보급의 선봉자들이었다.

베트남 문학의 현대화 작업은 선봉자들을 이은 2세대 작가들의 몫이었으며, 특히 이들은 1930년부터 1945년까지 적극적으로 활동하였다. 이 시기는 베트남 문학의 부흥기라고 할 수 있다. 이 시기에 등장했던 대부분의 작가들은 서구 문학을 전공한 작가들이었다. 소설에서 수필 장르에 이르기까지 낭만주의와 현실주의 작품들이 등장하였다. 낭만주의 소설 장르에서는 자력문단自力文團, TựLực Văn Đoàn 그룹의 작가인 느엇린Nhất Linh, 1905~1963, 카이훙Khái Hưng,1896~1947, 황도아Hoàng Đạo 등이 손꼽힌다. 현실주의 소설로는 부쫑풍VũTrọng Phụng, 1912~1939, 응오떳또NgôTất Tố, 1894~1954, 응웬꽁환Nguyễn Công Hoan, 1903~1977, 응웬홍Nguyên Hồng, 1918~1982 같은 작가들이 있다. 단편소설 분야에서는 응웬꽁환Nguyễn Công Hoan, 1903~1977, 탁람Thạch Lam, 1910~1942이 최고의 작가들이다. 수필 장르에서는 응웬뚜안Nguyễn Tuân, 1910~1987이 단연 으뜸이었다. 특히 이 시기에 문학계에서 가장 큰 관심을 받은 것은 '현대시Thơmới 운동'이었으며, 독특한 스타일을 가진 뛰어난 작가들이 많이 등장하였다. 유명한 현대시 작품으로는 휘껀Huy Cận, 1919~2005의 시집 『신성한 불Lửa Thiêng』, 쑤언지에우Xuân Diệu, 1916~1985의 시집 『바람에게 향을 보내기Gửi hương cho gio』, 쩨란비엔ChếLan Viên, 1920~1989의 시집 『황폐Điêu tàn』, 한막뜨Hàn Mặc Tử, 1912~1940의 시집 『미친 시ThơĐiên』 등이 있다.

또한 문학평론 분야가 이 시기에 등장하여 문학 활동의 분위기를 한껏 고조시켰다. 문학평론 분야에서는 호아이탄Hoài Thanh, 1909~1982, 하이찌에우Hải Triêu, 1908~1954, 당타이마이Đặng Thai Mai, 1902~1984, 티에우선Thiếu Sơn, 1908~1978 등의 작가들이 있다.

1945년부터 현재까지의 베트남 문학은 세계화의 시기였으며, 이 시기의 문학 활동은 다른 시기와 비교하여 활발하였다. 작가, 비평가, 연구자의 수가 과거보다 훨씬 더 많아졌고, 문학의 각 분야에서 괄목할 만한 발전이 이루어졌다. 이 시기의 대표작가로는 응웬꽁환Nguyễn Công Hoan, 응오떳또NgôTất Tố, 응웬홍Nguyên Hồng, 남까오Nam Cao, 또화이TôHoài, 1920~1951, 부이히엔Bùi Hiển, 1919~2009, 만푸뜨Mạnh

PhúTư, 1913~1959, 응엔딘랍Nguyễn Đình Lạp, 1913~1952, 김런Kim Lân, 1920~2007 등이 있다.

●● 소수민족문학

베트남의 다수민족을 이루고 있는 킨Kinh족 외에 53개 소수민족들의 문학 또한 베트남의 귀중한 문화유산이다. 이들 소수민족의 문학은 성문화된 작품보다 구전되어 오는 작품들이 더욱 가치가 있으며, 이 작품들을 녹음으로 기록하고, 베트남어로 번역하여 책으로 발행하기 위한 노력이 이루어지고 있다. 특히 서부 산악지역인 떠이응웬Tây Nguyên 지역의 서사시는 매우 가치 있는 자료로서 베트남 소수민족의 찬란했던 과거를 되돌아볼 수 있는 귀중한 자료가 되고 있다.

소수민족의 문학작품들은 대부분 서사시, 신화, 전설 등으로 구성된 구전문학이다. 유명한 작품으로는 므엉Mường족의 땅과 물의 탄생ĐéĐất Đénước, 에데ÊĐê족의 담산Đam San과 씬냐아Xinh Nhã, 라글라이Raglai족의 아캇주칵Akhat Jukar, 써당XoDang족의 허몬Homon 등이 있다. 이러한 소수부족의 신화적인 요소는 오히려 다수종족인 비엣족의 신화보다 스케일이 크고 장대한 특성이 있으며, 자연현상을 설명한 신화도 다양하다. 므엉족 신화의 내용은 창소신화와 영웅을 찬양하는 신화가 대부분이다. 이러한 신화를 통해서 고대 므엉족의 '창세론'을 반영하며 므엉족 공동체의 형성과 발전과정 및 종족의 영토를 확장하고 수호하는 데 공헌한 영웅에 대해 알 수 있다.

사랑과 혼인을 주제로 한 소설 중 므엉족의 작품으로는 『낭응아하이모이Nàng Nga Hai Mối』, 『낭엄과 장봉흐엉Nàng Ớm chàng Bồng Hương』, 『웃로호리에우Ut Lót HồLiêu』 등이 있으며, 허몽H'Mong족의 작품으로는 『며느리의 노래Tiếng hát làm dâu』가 있다. 이 외에 따이Tày족의 『남김티단Nam Kim ThịĐan』, 타이Thai족의 『쿤루낭우이아Khun LúNàng Uia』, 『연인을 배웅한다Tiễn dặn người yêu』 같은 작품이 유명하다.

베트남의 유명한 문학작품

응웬주Nguyễn Du의 『쭈엔끼에우Truyện Kiêu』

『끼에우Truyện Kiêu전』은 한자로 '금운교전金雲翹傳'이며, 베트남에서는 단장신성斷腸新聲, Đoạn trường tân thanh이라는 이름으로 널리 알려져 있다. 이 작품은 베트남의 대문호 응웬주Nguyễn Du, 1765~1820에 의해 쯔놈으로 집필된 명작으로 일종의 운문소설이다. 베트남 사람들은 이 끼에우전을 모르는 사람이 거의 없으며 몇 구절씩 외우고 있을 정도로 인기가 있다. 이 작품은 중국 청나라의 유명작가인 청심재인青心才人, Thanh Tâm Tài Nhân의 『낌번끼에우Kim Vân Kiêu, 金雲翹傳』라는 소설에서 모티브를 얻어 집필되었다. 『금운교전金雲翹傳』은 운雲과 베트남어로 끼에우Kiêu인 교翹라는 자매의 파란만장한 생애를 그린 소설로서 쯔놈 문학의 정수로 꼽히며 6 · 8조의 연서체로서 분량은 총 3,254행에 달하는 대작이다.

운문소설 끼에우전의 배경은 중국의 명Minh나라의 가정제嘉靖, Gia Tĩnh, 1522~1567 시대이다. 주인공인 왕취교王翠翹, Vương Thúy Kiêu라는 처녀는 착하고 예쁘고 재능이 많은 여자이다. 그런데 어느 날 낌쭝Kim Trong이라는 남자에게 첫눈에 반해 운명적인 사랑에 빠진다. 그러나 얼마 후 끼에우翹는 중병에 든 아버지의 약값을 구하기 위하여 술집에서 기생생활을 해야 하는 어려운 상황에 처하게 된다. 이때 봉건세력인 마얌신MãGiám Sinh, 서칸SởKhanh, 뚜바TúBà 등이 끼에우를 속이고 매춘굴로 데려가 강제로 팔아넘긴다. 이때 끼에우를 사랑한 툭신Thúc Sinh이라는 사람이 끼에우의 몸값을 치른 후, 그녀를 데려가 자신의 첩으로 삼는다. 그러나 툭신의 부인인 환트Hoạn Thư가 질투

응웬주의 쭈엔 끼에우 작품표지

심으로 끼에우를 납치하며 노예로 팔아버린다. 이에 끼에우는 몰래 도망을 가서 절에 숨지만, 결국 여기에서도 봉건세력에게 속아 다시 매춘굴로 끌려가게 된다. 이때 봉건왕조에 대항하여 싸우는 혁명군의 수령인 뜨하이Từ Hải가 끼에우의 몸값을 주고 구해준다. 그리고 뜨하이는 끼에우가 옛날의 원수를 갚도록 도와준다. 하지만 끼에우와 뜨하이는 호종헌胡宗憲, Hồ Tôn Hiến 총독의 음모로 오히려 화를 당하게 된다. 호똔히엔이 뜨하이에게 항복을 하면 우대해주겠다고 설득한 후, 뜨하이의 혁명군이 무기를 내려놓았을 때 갑자기 반격하여 뜨하이Từ Hải를 죽여버린 것이다. 이에 끼에우는 첸당강錢唐江, Tiền Đường에 투신하여 자살을 기도한다. 이때 다행히도 지나가던 지약주엔Giác Duyên 스님이 끼에우를 발견하고 구해준다. 이후 끼에우는 가족과 꿈에도 그리던 낌쭝Kim Trọng을 다시 만나게 되는데, 그때 낌쭝은 이미 끼에우의 여동생인 취운翠雲, Thúy Vân과 결혼했기 때문에 두 사람은 결합할 수 없는 상황이 되었다.

운雲과 교翹 자매의 비극적인 운명의 내용을 노래한 『쭈엔끼에우』의 특징은 먼저 베트남어의 특징인 성조를 잘 살린 아름다운 쯔놈의 어휘를 사용했다는 점이다. 표현 또한 베트남의 문학작품 중 『끼에우전』에서 사용된 문장만큼 독특하고 다양한 감정을 표현할 수 있는 문상을 사용한 삭품은 전무후무한 것으로 알려져 있다. 그리고 내용면에서 작가 응웬주Nguyễn Du는 여자의 운명을 무참히 짓밟는 사악한 봉건세력을 고발하고, 자유와 평등과 인권이 보장되는 인도주의적인 사회를 추구하였다. 뿐만 아니라, 이 작품은 중국의 한자로 된 원작과는 달리 베트남 고유의 민중의식을 표현하고 있으며 대중불교의 특성이 녹아 있다.

『끼에우전』의 결과로 나타난 문화현상

『끼에우전』이 출간된 후 베트남에는 이와 관련된 여러 가지 문화현상이 나타났다. 우선 끼에우전에 나타난 다양한 인물들은 그대로 대명사화되었다. 예를 들어, 예쁜 아가씨는 끼에우Thúy Kiều라고 하고, 사랑을 속인 남자는 서칸 SởKhanh이라고 하고, 사창가의 주인은 뚜바Túbà, 질투가 심한 아내는 환트Hoạn Thư, 공처가는 툭신Thúc Sinh이라고 하는 등 등장인물 자체가 그와 같은 성격을 가진 사람을 표현하는 대명사가 된 것이다.

또한 이 작품의 요소와 관련된 문화활동이 동시에 나타나게 되었다. 예를 들어, 이 운문소설을 '노래하듯 읽기'인 빈끼에우Vịnh Kiều, 원작에 있는 '문장을 재구성해서 새로운 운문소설을 만드는 작업'인 라이끼에우lẩy Kiều, 원전에 나오는 '단어나 문장을 다르게 변경하여 적용시켜 보는' 떱끼에우tập Kiều, 원작에 나온 '인물과 현상에 관련된 수수께끼'를 만드는 도끼에우ĐốKiều, 끼에우전을 통해 점을 치는 보이끼에우bói Kiều 등과 같은 다양한 문화활동이 생겨나게 되었다. 이와 같이 끼에우전은 하나의 문예작품일 뿐 아니라, 생활 전반에 크게 영향을 준 문예사조이자 철학이며 생활양식이다.

『끼에우전』을 집필한 응웬주는 1965년 유네스코로부터 '세계문화명인'에 지정되었고, 『끼에우전』은 '세계의 명작'으로 지정되었다. 오늘날까지 이 명작은 1885년 Abel des Michels의 프랑스어 번역본 이외에 20여 개의 언어로 번역되었으며, 우리나라에서도 안경환 교수가 2004년 한국어로 번역하였다.

호쑤언흐엉胡春香, HồXuân Hương의 쯔놈시

한자 이름으로는 호춘향胡春香인 호쑤언흐엉은 18세기 말에서 19세기 초까지 활동한 여류시인으로 국제적으로 유명한 작가이다. 그녀는 시를 쓸 때 한자와 쯔놈 두 가지를 사용하였으며, 쯔놈으로 쓴 시는 더 독특하고 유명하다. 그래서 그녀를 '쯔놈 문학의 여왕'이라고 부른다. 호쑤언흐엉이 창작한 쯔놈시의 특징은 유교적 성향이 강했던 당시의 동양문학에서 선도적으로 여성의 권리에 대해 노래하였다는 점이다. 또한 표현기법에 있어서 호쑤언흐엉이 지닌 독특한 재능은 성관계를 암시하는 이중적 이미지를 지닌 어휘를 사용했다는 점이다. 그녀가 사용하는 단어는 원래의 뜻과 함께 성과 관련된 이미지를 떠올리게 하는 것이다. 그녀가 사용하는 단어는 주로 남녀의 생식기관에 관해 암시한다. 예를 들어, 떡의 일종인 반쪼이느억bánh trôi nước, 잭푸르트quả mít, 북cái trống, 그네의 기둥cột Đánh Đu, 동굴hang Động 등이 그것이다. 이와 같은 표현 방식은 유교적 가치가 대세였던 당시의 분위기에서는 매우 대담한 것이었다. 이러한 시도는 고대 여성상위의 모계사회를 기반으로 당시의 억압되었던 여권에 대한 재조명을 시도한 것이라 볼 수 있다.

호쑤언흐엉의 영어 번역본 작품

이와 같이 독특한 호쑤언흐엉의 시를 알리기 위해 미국 노스캐롤라이나대학의 존 발라반John Balaban 교수는 그녀의 시 50여 편을 번역하여 2000년『Spring Essence』라는 시집으로 출간하였다. 이 시집을 통하여 호쑤언흐엉의 시는 매우 독특하고 뛰어난 작품으로 평가받았으며, 미국 사회에 커다란 반향을 일으켰다.

02

전통 공연예술

수상인형극Water Puppets

인형극은 전 세계적으로 다양한 형태로 존재하지만, 수상인형극은 베트남 이외에는 존재하지 않는다. 따라서 수상인형극은 베트남의 가장 독특한 공연예술의 형태라고 말할 수 있다. 수상인형극은 이Lý 왕조 시대1009~1225에 북부지역의 홍하 유역에서 시작되었다. 이 지역은 홍하의 범람에 의해서 생긴 연못이 많아서 그 연못이 수상인형극의 공연장소로 사용되었으며, 주변에 있는 푸른 잔디는 관객들의 좌석이 되었다. 이 인형극이 시작된 마을에서는 인형을 다루는 기술의 비밀을 유지하기 위해서 그 기술을 아들에게만 전수하였다고 한다. 딸에게 전수하면 그녀가 시집을 가기 때문에 기술이 외부로 유출되는 것을 두려워했기 때문이다. 그러나 이제는 많은 여자들이 장막 뒤에서 인형을 조작하고 있다.

수상인형극은 주로 설날이나 명절 등 특별한 날에 공연되었다. 인형은 보통 50cm 내외 길이의 나무로 만들며, 물이 잘 흡수되지 않도록 페인트로 칠한 독특하고 수준 높은 공예작품이다. 일반적으로 가장 흔하게 사용되는 인형인물들은 농부, 농촌처녀, 어린이와 일상생활의 동물들인 물소, 개, 닭, 물고기, 학, 거북이, 사자 등과 상상의 동물인 용, 봉황 등이다.

인형을 조작하고 있는 장인들

수상인형극의 가장 독특한 점은 수면을 무대로 사용한다는 것이며, 연못의 중앙에는 인형들과 인형을 조작하는 예능인들이 있는 '인형의 집'이 있다. 인형의 집 앞 수면이 인형극이 펼쳐지는 무대이며, 붉은 원단이나 대나무발로 만들어진 커튼으로 인형을 조작하는 사람들을 가리고 있다. 그래서 관객들은 예능인들이 스크린 뒤쪽에서 인형을 조작하는 것을 볼 수 없으며, 수면에서 역동적으로 움직이는 인형들만 볼 수 있다. 무대주변은 깃발, 부채, 차양, 우산 등으로 장식된다. 스크린 뒤쪽의 공연자는 활기차고 생기 있게 인형을 조절할 수 있도록 몸의 반 정도를 물속에 담아야 한다. 공연 예능인은 물속에 있는 대나무와 줄의 시스템을 이용하여 멀리 떨어져 있는 인형을 역동적으로 조작한다. 무대의 한쪽에서는 전통음악을 연주하는 악사와 명창들이 인형극의 전개에 따라 음악을 연주하며 효과음을 낸다. 또한 인형극의 내용을 변사가 열변을 토하며 전개해 나간다. 내용은 용춤, 사자춤, 봉황춤, 농촌의 전원적인 풍경과 민담民譚, 그리고 환검호의 전설 등 영웅담들이다. 또한 최근에는 현대의 일상생활로도 소재를 확장시키며 현대화를 꾀하고 있다.

●● 핫보이Hát bội – 전통가극

핫보이Hát bội는 14세기 쩐Trần 왕조 시대에 나타난 전통가극으로 핫보Hát bộ 또는 북부에서는 뚜옹Tuồng이라고도 불린다. 핫보이는 베트남의 전통 가무와 중국의 가극이 결합된 무대 예술로 공연 내내 전통악단의 연주와 더불어 노래와 춤이 이어진다. 이것은 동양의 오페라라고 할 수 있으며, 현재 희극, 비극, 풍자극 등 약 600여 편이 전해지고 있다. 1945년 공산혁명 이후 봉건주의 색채를 이유로 상연이 금지되었으나, 1975년 통일 이후 완화되었으며, 중부 베트남 지역에서 그 원형이 잘 보전되어 있다.

핫보이를 구성하는 두 가지 요소는 대본과 공연예술이다. 다른 공연예술 대본과 마찬가지로 핫보이는 배역과 대사가 있다. 특히 중국 삼국지의 줄거리를 모방한 '삼국지 핫보이'의 대본은 주로 쯔놈으로 작성되었으며, 수천 쪽에 달하는 대본이 전해 내려오고 있다. 핫보이 작품은 뚜옹터이Tuồng Thầy와 뚜옹도Tuồng Đồ 두 종류로 나눌 수 있다. 뚜옹터이Tuồng Thầy는 보통 삼국지나 동주렬국지 등 중국문학이나 역사서, 반진Phan Trần, 화전기Hoa Tiên ký 같은 베트남 문학에 기초한 작품들이다. 그

베트남의 전통 가무와 중국의 가극이 결합된 핫보이

리고 뚜옹도Tuồng Đồ는 주로 서민 친화적이며, 희극적인 작품들로 유명한 작품은 "굴, 조개, 달팽이, 홍합Nghêu, Sò, Ốc, Hến", 쯔엉바의 "영혼과 정육점 주인의 껍데기Hồn Trương Ba da hàng thịt" 등이 있다.

유랑극단과 비슷한 핫보이는 원래 무대에 크게 영향을 받지 않고 마을 마당이나 사당에 멍석을 깔아놓고 무대로 사용했다. 배우들은 화려한 복장을 하고 인물의 성격이 잘 드러나도록 얼굴에 다양한 화장을 하였다. 공연은 대사와 노래, 춤이 어우러진 형태이며 북, 피리, 나팔, 비파 등의 악기로 구성된 악단이 함께한다.

핫보이에서는 세 가지 노래 형식인 핫박Hát Bắc, 핫칵Hát Khách, 핫남Hát Nam이 있고, 고유한 동작의 춤이 있다. 핫보이는 일반적으로 과장과 상징기법을 사용한다. 예를 들어, 연기자가 무대를 한 바퀴 도는 행동을 통해서 관람객들은 만 리를 갔다고 생각한다. 내용 면에서 핫보이는 주로 삼강오륜 등 유교적 색채가 강했으나, 차츰 애국과 조국을 위한 자기희생 등의 영웅극으로 발달하였다. 핫보이에서는 가극, 춤, 음악의 요소들이 조화롭게 결합되고, 지혜로움과 해학적인 요소들이 적당하게 결합되면서 발달하였다.

●● 째오Chèo

째오는 핫보이와 마찬가지로 네 요소인 고전과 노래, 춤, 음악이 결합된 종합적인 공연예술이지만, 핫보이에 비해 서민적이라 할 수 있다. 째오는 11세기부터 홍하 삼각주 지역에서 시작되었다. 민간의 째오는 보통 축제 때 전문가가 아닌 프엉째오phường Chèo, 간째오gánh Chèo라고 하는 아마추어들이 공연한다. 째오 공연장은 마을 사당의 놀이터이다. 여기에 멍석을 깔고 터를 잡으면, 이것을 중심으로 관람객들은 사방으로 둘러앉는다. 그렇기 때문에 째오 공연은 찌에우

풍자와 해학이 넘치는 째오

째오Chiếu chèo, 즉 '멍석 안에서 공연되는 째오'라고도 부른다. 나중에는 실내에서도 째오가 공연되기도 하였지만, 무대장식은 하지 않았다. 째오 공연은 이야기의 진행에 중점을 두며, 효도하는 며느리를 주 내용으로 하는 쯔엉비엔Trương Viên, 심술꾸러기 부인, 쯩엉신Trương Sinh, 신의가 있는 친구 등이 있다. 째오의 대사는 베트남 민요, 속담, 관용어를 많이 인용한다. 째오 공연에 사용되는 음악은 베트남 민요이며, 춤은 부채춤이나 모자춤Múa nón 등 전통적인 춤이다. 째오 공연에 사용되는 악기는 비파, 해금, 북, 징, 대나무피리, 나팔 등이다.

째오에 등장하는 인물들은 일반적으로 선인과 악인으로 뚜렷하게 구분된다. 특수한 분장과 노래, 춤사위 등이 선과 악의 인물을 상징한다. 째오 무대에서 가장 인기가 있는 인물은 관객들에게 많은 웃음을 선사하는 해학가이다. 해학가 역은 일반적으로 하인이며, 하인은 항상 주인을 비판하며 고발한다. 해학가는 미친 점쟁이가 될 수도 있다. 째오는 우리나라의 탈춤처럼 해학가들을 내세운 풍자를 통해 당시의 불합리한 사회상을 고발하며 억눌렸던 서민들의 생활을 위로해주는 역할을 수행하였다.

●● 까이르엉Cải lương

까이르엉은 20세기 초에 형성된 공연예술로 다른 부문에 비해서 뒤늦게 등장한 예술양식이다. 까이르엉의 배우는 연극처럼 연기를 하지만 말을 많이 하

뮤지컬 형식의 까이르엉

지 않고, 주로 노래를 부른다는 점이 연극과 다르다. 다시 말하면, 까이르엉은 베트남식 뮤지컬이라고 할 수 있다. 까이르엉 연기자의 대사와 동작은 핫보이처럼 과장되지 않고 가사와 일치한다.

까이르엉은 처음에 남부지역에서 유행하다가, 나중에는 전국적으로 퍼져나갔다. 까이르엉은 처음에는 독립된 무대를 갖지 않고 시장이나 마을의 공공장소, 대갓집 마당으로 이동하면서 공연된 단순 음악이었으며, 점차 무대예술로 발전하였다. 까이르엉은 노래, 음악, 대본이 결합된 형식이다. 까이르엉에 사용된 가사와 음악은 남부지역의 다양한 민요와 베트남화된 중국음악 그리고 궁정음악인 나냑Nhạc cung Đình에서 유래한 것이며, 주로 사용되는 악기는 현악기와 비파이다.

초기 까이르엉의 각본은 짬찐언Trảm Trịnh Ân, 응우번티에우의 "아내가 화살을 맞는다Vợ Ngũ Vân Thiệu bị tên", "성묘하는 응으우까Ngưu Cao tảo mộ", 토아이칸과 쩌우뚜언Thoại Khanh Châu Tuấn 등 역사적인 이야기가 주류를 이루었다. 그러다가 점차 대중들의 심금을 울리는 서정적인 내용도 등장했으며, 기쁨과 여유로움을 노래하는 쑤언xuân, 春, 슬픔을 노래하는 아이Ai, 哀, 용감성과 기백을 노래하는 박Bac, 魄, 애처로움을 노래하는 오안Oan, 悲과 같은 네 종류의 가사를 바탕으로 구성되어 있다. 20세기까지 가장 대표적인 곡은 20여 개가 있으며, 그중 가장 유명한 곡은 까오반러우Cao Văn Lầu에 의해 작곡된 쟈꼬호아이랑Dạ cổ hoài lang이란 곡이며, 이것은 '밤에 북소리를 들으며 신랑을 그리워한다``라는 뜻이다.

시간이 지날수록 까이르엉의 내용은 대중적이고도 융통성 있게 발전하였으며, 고전이나 연극, 영화에서 그 모티브를 얻기도 했다. 고전적인 내용은 낌번끼에우Kim Vân Kiêu, 룩번띠엔Lục Vân Tiên 등이 있고 '르우의 일생Đời cô Lựu', '누구의 죄냐Tội của ai', '무한한 애처로움Khúc oan vô lượng' 등은 연극으로부터 그 모티브를 얻었다. 이와 같은 까이르엉의 가장 큰 특징은 인간의 내면을 자극하여 관객들과 쉽게 공감하며 교감하는 것이다.

03

전통미술

전통그림

원시시대부터 지리적 정보나 주술적인 의미의 그림이 그려진 것은 어느 지역이나 공통적이다. 그러나 베트남 그림의 특징은 동양화 성격의 종이그림뿐만 아니라, 대량생산을 염두에 둔 목판화 분야도 크게 발달했다는 것이다. 그래서 베트남에서는 약 12세기부터 본격적으로 동양화와 목판화가 발달하였으며, 지금은 전통 민속마을에서 장인들에 의해 그 명맥이 이어지고 있다. 베트남의 그림은 민속화와 세사 등을 위한 종교적 그림으로 분류할 수 있다.

종이그림에 사용되는 종이는 우리나라의 한지와 비슷하며, 조dó 종이라고 불린다. 조종이의 특징은 가볍고 부드러우며, 그림이 선명하게 그려진다는 점이다. 그리고 잘 찢어지지 않으며 곰팡이에도 강해 내구성이 높다. 그림의 주제는 일반 서민들의 다양한 생활을 담은 민속화, 제사에 사용되는 성스럽고 주술적인 내용은 물론 유명한 문학작품인 끼에우Kiều전, 느이도마이Nhị Độ Mai 등이 그림의 주제로 사용되기도 한다. 또한 여장부인 쯩짝Trưng Trắc이 전장에 코끼리를 타고 싸우는 그림, 응오꾸옌Ngô Quyên 장군과 딘보린Đinh Bộ Lĩnh 장군의 활약 등 베트남 역사에 등장하는 위인들의 활약상도 그림의 주제 중 하나이다. 현대사

동호 목판화 〈쥐의 결혼식〉

의 내용도 그림의 주제가 되며, 베트남의 독립과 호치민의 모습 등의 주제들이 있다.

이러한 그림의 내용은 매우 상징적이다. 그림은 인생의 의미를 담고 있기도 하며, 그림을 그리는 사람의 다양한 기분을 표현하는 동시에 소원 성취를 기원하기도 한다. '돼지그림'을 통해 넉넉한 생활을 소망하거나, 위풍당당한 '수탉그림'을 통해 남자들의 불굴 의지를 표현하기도 한다. 또한 '쥐의 결혼식 그림'은 사회 내에서 강한 쪽이 약한 쪽을 협박하는 관계를 유머러스하게 풍자한다. 쥐들이 결혼식을 할 때 고양이에게 준비한 공물을 바치며 결혼식을 방해하지 말도록 부탁하는 내용이다.

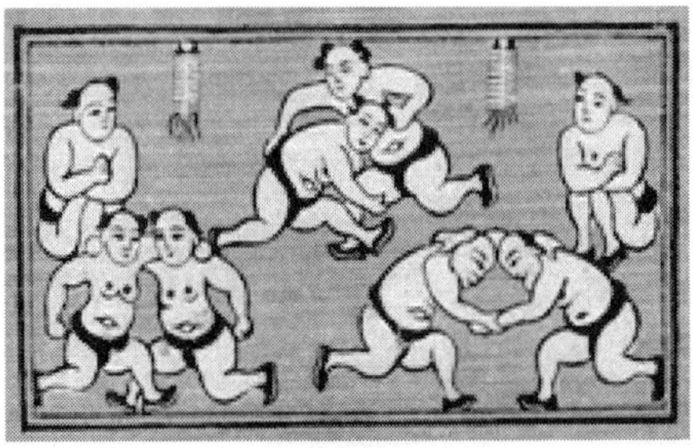

동호 목판화 〈씨름〉

박닌 성의 동호Đông hồ 그림

제사를 위한 제단의 장식이나 설날Tet 등 명절의 장식을 위하여 어떤 그림은 대량으로 생산되어야 하며 가격이 비싸지 않아야 한다. 이를 위해서 공예 장인들은 목판에 그림을 조각하여 여러 장의 그림을 찍어내는 목판화의 방법을 사용하였다. 이 목판화는 박닝Bắc Ninh 성의 동호 그림이 유명하며, 17세기에 시작하여 20세기 초까지 발전하다가 쇠퇴하였다. 현재 이 동호판화는 실용성은 떨어졌지만 그 문화적 가치는 매우 높다.

목판화의 제작은 밑그림 그리기, 목판 조각, 색 입히기, 인쇄하기 등의 절차에 따라 진행되며, 다양한 색을 사용하는 기법은 특별히 주의를 기울여야 한다. 동호판화는 생활과 밀접한 관계가 있는 주제를 그리기 때문에 일반 서민들과 쉽게 친숙해질 수 있으며, 그들의 문화생활에 깊숙이 파고들었다. 동호판화의 주제는 두꺼비, 닭, 씨름, 야자열매 채취, 본처와 첩 간의 질투 등 민간생활과 관련이 깊은 주제들이 있고, 부귀富貴, PhúQuý나 미녀TốNữ 등의 주제도 있다.

동호 목판화 〈두꺼비 훈장〉

하노이의 항쫑Hàng trống 그림

항쫑 그림은 하노이Hanoi의 항쫑, 항논Hàng nón 거리에서 많이 그려지는 민간 그림이다. 항쫑 그림은 동호 그림과는 달리 목판 전체를 조각하여 색칠하지 않고 부분적으로만 조각하여 인쇄한 뒤 나머지 부분은 수작업으로 색을 입힌다. 항쫑 그림에 사용되는 주요 색깔은 남색, 분홍색, 녹색, 빨간색, 오렌지색, 노란색 등이다. 그래서 이 그림은 다양하고 세련된 색감의 변화를 나타낼 수 있으며, 동호 그림보다 화려하게 그릴 수 있다. 전체적으로 보면 항쫑 그림은 불교와 도교의 영향을 받아 제사를 지내기 위해 제작된 그림인 탱화에 중점을 두었다.

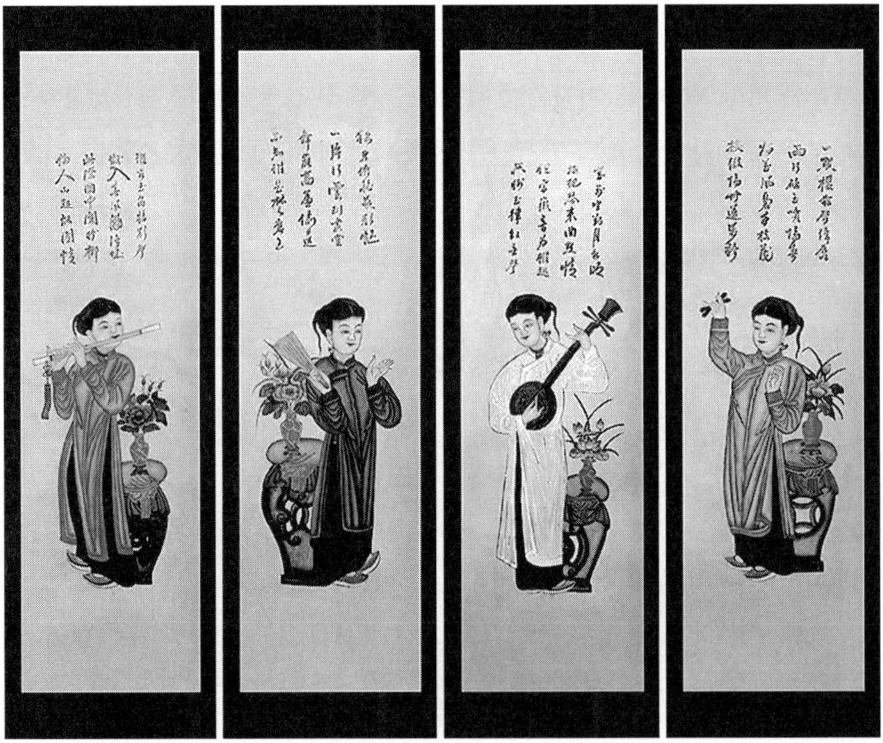

하노이의 항쫑 그림

하떠이의 낌황Kim hòang 그림

하떠이Hà Tây의 낌황 그림은 1700년대에 김방Kim Bảng과 황방Hòang Bảng 두 마을이 통일된 후 만들어진 작품이다. 이 마을 사람들은 음력 11월 보름부터 설날까지 그림을 제작한다. 이런 그림은 동호 그림에 사용된 지엡Điệp 종이와 항쫑 그림에서 사용된 홍디에우Hồng Điều 종이와 달리 빨간 종이나, 중국의 노란 종이인 따우방Tàu vàng 종이에 인쇄된다.

낌황 그림

후에의 신Sình 마을 그림

후에Huế의 향Hương 강가에 위치하는 신 마을의 그림은 조상숭배를 위해 만든 그림이다. 고대신앙을 반영하는 50여 개의 주제로 그려진 그림을 통해서 마을사람들은 개인과 마을 공동체의 안녕을 기원하였다. 그림의 크기에 따라 인쇄방법도 다르며, 큰 그림을 인쇄할 때는 그림이 새겨진 목판을 바닥에 반듯이 놓고 마른 야자 섬실로 한쪽을 고정한 다음 인쇄판 위에 도색을 한다. 그 다음 목판 위에 종이를 덮고 색깔이 종이에 잘 흡수되도록 두드린 다음 종이를 걷어낸다. 작은 그림일 경우, 먼저 밑에 종이를 놓고 위에 목판을 덮어 제작한다. 신 마을 그림의 특징은 공예가가 비교적 자유롭게 자신의 의도대로 채색할 수 있다는 것이다. 그래서 부분적으로 색을 강조하기도 하고 조화롭게 채색된 그림을 창작할 수 있는 특징을 가지고 있다.

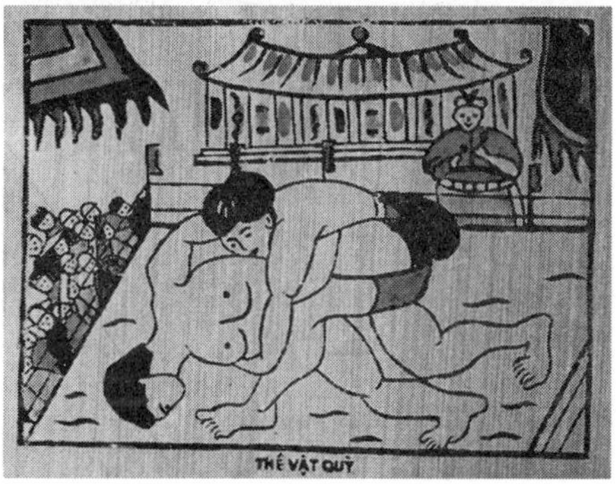

비교적 채색이 자유로운 신 마을 그림

전통조각

고대 베트남의 조각예술이 가장 찬란했던 시기는 기원전 7세기에 형성된 동썬Đông Sơn 문화 시기이다. 동썬 문화의 결정체인 청동북이나 청동그릇에 새겨진 기하학적 무늬나 두꺼비, 개 등의 동물조각들은 세계적인 수준의 작품이다.

베트남의 불교조각은 11~12세기 이Ly 왕조 시대로 거슬러 올라간다. 가장 유명한 작품은 박닌Bắc Ninh 성 팟틱Phật Tích 사찰의 아지다A Di Đà 석불이다. 연꽃 위에 가부좌하고 있는 이 석불은 베트남 불교조각의 우수성을 보여주는 대표적 작품이다.

쩐 왕조 시대13~14C의 예술은 묘지조각에서 뚜렷이 나타난다. 타이빈Thái Bình 성의 쩐투도Trần ThủĐộ, 1194~1264의 묘지에 만들어진 거대한 '석조 호랑이'는 편안한 휴식을 취하는 상태의 조각상이지만, 역동적인 힘이 내재된 느낌을 주는 대작이다. 1270년에 만들어진 탄화Thanh Hóa 성 통Thông 사원의 '사자상'이나 호 왕조 시대1397의 궁정계단에 조각된 '석조 악어상'은 일상생활과 더불어 불교적인 색채가 가미되어 있다. '꽃을 바치는 선녀'라는 목각 조각이 있는 홍옌Hưng Yên 성 타이락Thái Lạc 사찰은 순수하고도 환상적인 아름다움을 나타낸다.

천 개의 눈과 천 개의 손을 가진 관세음보살상

17세기 박닌Bắc Ninh 성의 붓탑Bút Tháp 사원에 금으로 도금한 '천 개의 눈과 천 개의 손을 가진 관세음보살상'은 3.7m의 웅장한 대작으로서, 생활과 불교예술이 함께 어우러진 작품이다. 이 불상에는 특이하게 쯔엉Trương 선생이라는 작가명이 새겨져 있기도 하다. 떠이선Tây Sơn, 1786~1802 시대의 조각으로는 하떠이HàTây 성의 떠프이풍Tây Phương 사찰 불상과 그 주위에 있는 16나한이 유명하다. 16나한은 보통 무서운 표정을 하고 있지만, 이 사찰의 16나한은 매우 정겨운 표정을 하고 있다.

응웬 왕조 시대Nguyễn, 1802~1945의 조각은 섬세하고 화려한 아름다움을 나타내는 작품으로서 주로 유적지와 무덤에서 발견되었다. 이 시대의 조각들은 프랑스의 영향을 받아 로마네스크풍의 조각도 선보이고 있으며, 대표적인 작품으로는 11년1920~1931에 걸쳐서 만들어진 카이딘Khải Định, 啟定, 1885~1925 황제의 능으로 능의 내실은 화려하고 세련된 도자기 모자이크로 가득 차있다.

●● 전통건축

베트남의 촌락은 수렵과 채취생활이 용이한 산악지역이나, 토지가 비옥하여 농업활동이 유리한 삼각주 지역을 배경으로 발달하였다. 평야지역에서는 기원전 3세기경, 어우락Âu lạc 국의 형성과 더불어 강이나 호숫가의 언덕자연제방에 촌락이 형성되었으며, 이것은 홍수 피해를 줄이기 위해서이다. 강가에 지은 집들은 홍수의 피해를 줄이기 위해 원두막처럼 나무 말뚝 위에 집을 짓는다. 고대의 생활을 엿볼 수 있는 청동북Trống Đồng의 조각에서도 말뚝 위에 건축된 집Nhàsàn을 볼 수 있다. 건축의 재료는 목재나 대나무 그리고 야자나무의 잎이며, 이러한 것들은 훌륭한 건축 재료이다. 특히 베트남 같은 열대지방의 나무는 매우 단단하며 내구성이 좋다. 나무는 기둥이나 들보로 주로 사용되고, 대나무는 내부의 기본 틀이나 벽채로 이용되며 질기고 통풍성이 탁월한 건축 재료이다. 그리고 야자나무 잎은 지붕이나 벽에 이용된다.

북부지방의 전통가옥

귀족의 대갓집은 튼튼한 목재로 뼈대를 갖추고 기와지붕을 이으며 벽돌을 쌓아 벽채를 구성한다. 대갓집의 구성은 가옥의 본채와 부엌과 작은 방이 딸린 바깥채, 가축우리, 마당, 정원, 연못, 우물, 울타리, 담, 대문 등을 포함한다. 방의 수는 보통 음양오행에 따라 홀수로 만든다. 가옥의 본채는 시원한 바람이 통하는 남향으로 지으며, 집 앞에는 그늘과 조경을 위하여 잎이 큰 나무를 심는다.

11세기부터 베트남에는 강력한 중앙집권제가 성립되었고, 수도 탕롱Thăng Long, 하노이의 옛 지명에 대규모의 성곽이 건축되었다. 그래서 성 안에는 상업을 중심으로 한 다양한 직업을 가진 사람들이 모여들어 새로운 건축물들이 생겨났다. 성곽 안에는 궁궐, 사원, 상업 및 민간주택 같은 다양한 건축물들이 발전되었다. 탕롱왕성은 중국의 건축양식과 베트남 고유의 양식이 혼합된 아름답고 웅장한 건축물이다. 이 시기에는 또한 특징적으로 종교적 건축물이 발전하였

견고하고 웅장한 탕롱왕성

다. 박닌Bắc Ninh 성의 지암Giám 사원과 팟띡Phật Tích 사원, 바오티엔Báo Thiên, 탑 탕롱Thăng Long, 숭티엔지엔린Sùng Thiện Diên Linh, 그리고 하남HàNam 성의 도이Đọi 사원 등이 아름다운 건축물로 유명하다.

쩐Trần 왕조 시대와 호Ho 왕조 시대에서는 특히 사원이나 탑 등의 건축물이 발전하였다. 빈푹Vĩnh Phúc 성의 빈선Bình Sơn 탑, 남딘Nam Định 성의 포민PhổMinh 사원과 탑, 훙이엔Hưng Yên 성의 타이락Thái Lạc 사원 등이 이 시기의 대표적 건축물에 속한다. 큰 규모의 건축물은 '내공외국内工外国'의 원칙이 적용되었는데, 내부에서는 공工자 모양으로, 외부에서는 국国자 모양으로 건물을 배치시키는 것을 이른다. 18세기의 건축물로서는 박닌Bắc Ninh 성의 딘방Đình Bảng, 하떠이HàTây의 떠이프엉Tây Phương 사원 등의 마을 사당들이 남아 있다. 19세기의 응웬Nguyễn 왕조시대에 이르러 베트남 건축 역사의 새로운 전환점을 맞이하게 되었으며, 그

닌빈 성의 팟지에 성당

것은 프랑스의 영향을 받은 고도古都 후에Huế의 건축물들이다. 후에의 황성과 황제능들은 베트남의 전통적인 건축양식과 프랑스를 통한 유럽의 로마네스크 양식이 어우러져 세계적인 건축 예술품들이 탄생되었다.

19세기 말 닌빈Ninh Bình 성의 팟지에Phát Diệm 성당은 독특한 건축물로서 큰 돌을 쌓아 건축되었다. 이 성당은 베트남의 사찰 건축양식과 유럽의 성당 건축양식이 결합된 형태이며, 24년의 건축기간을 거친 대작이다. 20세기 중반에는 좀 더 현대화된 건축이 이루어졌지만, 남북분단이라는 사회적 배경으로 인해 북부지역과 남부지역 간 건축예술은 독립적으로 발전하였다. 북부지방의 대표적인 건축물은 호치민HồChíMinh 묘소와 바딘Ba Đình 광장을 들 수 있고, 남부지방의 대표적인 건축물은 통일광장과 국립도서관 등을 들 수 있다.

04

민족음악

나냑

베트남의 독특한 궁정음악인 나냑Nhã nhạc은 역사적으로나 예술적인 면에서 귀중한 가치를 지니고 있다. 나냑은 중국에서 도입되어 14세기인 쩐Tran 왕조 시대부터 19세기 초 응웬Nguyễn 왕조 시대까지 꾸준히 발전되었다.

나냑에 사용되는 악기는 현악기인 단땀Đàn tam, 단느이Đàn nhị, 단응우옛Đàn nguyệt, 일종의 비파인 띠바tỳbà, 각종 피리, 북을 비롯한 타악기 등 민속 악기를 주로 사용한다. 단땀Đàn tam에서 단Đàn은 현악기를, 땀Tam은 3을 의미하는 말로 단땀은 3현으로 이루어졌으며, 뱀가죽을 댄 울림통이 있는데 구조면에서 중국의 산시엔, 일본의 샤미센과 같은 3현 악기이다. 단느이는 2현 악기이며, 단응우옛은 4현 악기이다.

궁정음악은 대악大樂, Đại nhạc과 소악小樂, tiểu nhạc 두 가지로 구분된다. 대악은 팬파이프의 일종인 캔Khèn과 북 그리고 각종 타악기와 현악기로 구성된다. 규모가 큰 대악은 설날Tết이나 궁중에 큰 행사가 있을 때만 사용된다. 소악은 각종 현악기와 타악기 그리고 대나무 피리 등으로 구성된다. 현악기의 현은 예전에는 비단실로 만들었으나, 지금은 나일론 현으로 대체되었다. 나무로 된 타악기

현악기의 일종인 단바우Đàn bầu

는 실로폰 같은 악기이고, 금속으로 된 타악기는 우리나라의 편종編鐘같이 다양한 크기의 종으로 되어 있다.

궁정음악 나냑은 경우에 따라 다양한 형태로 공연된다. 트엉찌에우느악Thường triêu nhạc은 황제가 조정에 나갈 때 사용되는 음악이며, 대연악Đại Yến nhạc은 궁중잔치에서 공연되는 음악이다. 또한 지아오느악Giao nhạc은 3년에 한 번씩 왕이 하늘과 땅에 예를 올리는 제사의식인 남지아오Nam Giao에 사용되는 음악이며, 묘악Miếu nhạc은 선왕의 능에 제사를 올릴 때 사용되는 음악이다. 다이찌에우느악Đại triêu nhạc은 환갑 축하행사와 대사접견 같은 큰 행사에 사용되는 음악이며, 그우느앗응우옛지아오중악Cứu nhật nguyệt giao trung nhạc은 일식이나 월식이 일어났을 때 하늘에 제를 올리며 공연하던 궁중음악이다.

나냑은 중국의 궁중음악에서 영향을 받았지만, 여러 왕조를 거치면서 고유하고도 장엄한 음악으로 발전되어온 베트남의 수준 높고 귀중한 문화유산이다. 그래서 2003년에는 후에Huế의 궁정음악인 나냑이 유네스코로부터 인류의 무형문화유산으로 지정되었다.

궁정음악인 나냑

●● 까쭈Ca trù

베트남 전통음악의 한 종류인 까쭈는 우리나라로 말하면 시조창이나 민요라고 할 수 있다. 까쭈는 오늘날의 하노이인 탕롱Thăng Long과 하떠이HàTây 등의 시역에서 약 16세기를 전후하여 등장하였다고 추정된다. 그 후 까쭈는 역사적인 변화를 거치면서 곡절이 있었지만 베트남의 특징을 잘 나타내는 독특한 예술의 한 장르로서 오늘날까지 잘 이어오고 있을 뿐만 아니라, 세계에서도 그 중요성을 인정하여 유네스코로부터 인류의 무형문화유산으로 지정되기도 하였다.

까쭈는 시와 음악이 잘 융합된 음악으로 6 · 8음절인 룩밧lục bát, 어린 남자와 여자들이 노래를 주고받으며 돌림 노래처럼 부르는 핫도이hat doi 등의 장르가 있으나, 주로 기생들이 선비들에게 들려주는 형식으로 발달하였다. 또한 까쭈는 지역과 공연시점에 따라 아다오ảĐào, 꼬더우CôĐầu, 냐떠Nhàtơ 등과 같이 분류

우리나라의 시조창이라 할 수 있는 까쭈

되며, 어떤 이름으로 불리든지 가장 중요한 것은 노래를 부르는 여자인 다오느엉Đào Nương이다. 다오느엉은 아름다운 목소리와 음악적 재능을 타고나야 하며 부단한 연습이 필요하다. 또한 음악과 시문詩文에 대한 지식을 갖추어야 한다. 최근까지 명맥을 이어온 명인들은 꽈익 티호Quách Thị Hồ, 트엉 후옌Thương Huyên, 낌 주웅Kim Dzung 등 훌륭한 예술가들이 있다.

다오느엉은 북과 2현 악기인 단느이Đàn nhị 등으로 구성된 악단의 반주에 맞추어 노래하며, 노래만 하는 것이 아니라 대나무 막대기를 이용해 작은 나무판 또는 대나무판인 파익phách을 치며 박자를 맞추며 노래한다. 베트남의 나무나 대나무는 매우 단단하여 간단히 두드리기만 해도 맑고 청명한 소리를 내므로 훌륭한 악기가 된다.

옛 시인들은 까쭈 음악의 멜로디에 어울리는 아름다운 시를 쓰곤 했다. 가장 잘 알려진 시인은 쭈마인찐Chu Mạnh Trinh, 1860~1905으로 베트남 북부의 유명한 사원인 쭈어흐엉Chùa Hương, 香寺으로 향하는 순례의 아름다움을 노래한 시를 썼다.

●● 관호

노래를 주고받는 관호

관호Quan họ는 베트남 전통문화의 발상지인 박닌Bắc Ninh 성에서 유래한 독특한 민요이다. 관호는 남녀 두 사람이나 네 사람이 짝을 맞추어 부르며, 노래를 주고받거나 돌림노래처럼 돌려 부르기도 한다. 관호는 주로 마을 행사에서 공연되며, 남녀를 서로 연결시켜주거나 마을 간 결연을 맺는 목적으로 공연된다.

관호민요의 가사는 사랑의 아름다움 등 서정적인 내용이 대부분이며, 노랫소리는 매우 부드럽고 유연하다. 유명한 관호민요로는 '매력이 넘친다Còn duyên', '배에 앉아 논다Ngồi tựa mạn thuyền', '물고기 사이로 구름이 흘러간다Bèo dạt mây trôi', '만남Tương phùng tương ngộ' 등이다. 현재 가장 유명한 관호공연은 림Lim 축제의 공연 팀이다. 림축제는 음력 1월 중순에 박닌 성 림 마을에서 개최된다.

●● 쩌우반

쩌우반Chầu văn은 우리나라의 굿과 비슷한 베트남의 렌동Lên Đồng과 결합된 주술적인 노래이다. 쩌우반을 부를 때는 4현 악기인 월금, 북 등 여러 악기를 사용하지만, 리듬을 주도하는 북이 중요한 역할을 한다. 까쭈는 부드러운 분위기를 연출하는 반면, 쩌우반은 신명나는 분위기를 연출한다. 이러한 신명나는 분위기로 인해 렌동을 행하는 무속인의 영혼이 육체를 벗어나 신령이나 죽은 사람의 몸에 들어가는 느낌을 관람객들에게 준다. 쩌우반의 가사 내용은 일반적으로 신령들의 기적이나 업적 그리고 죽은 사람의 사연에 대한 이야기이다. 그렇기 때문에 쩌우반의 리듬은 부드럽다가도 갑자기 신명나는 리듬으로 변하며 청중들의 감정을 움직인다. 이와 같은 특징으로 인해 쩌우반은 렌동에 이용되기도 하지만, 민요 형식으로 대중 앞에서 공연되기도 한다.

핫탠Hát then

핫탠은 북부베트남의 산악지역에 거주하는 따이Tày족과 농Nùng족의 주술적 민요로서 16세기부터 시작되었다. 핫탠은 옥황상제인 탠Then에게 소원을 빌기 위해 하늘로 가는 여행 이야기이다. 핫탠은 다양하고 방대한 내용을 담고 있으며, 그 가사가 35장으로 구성되고, 어떤 장은 5,000행의 문장으로 이루어져 있다.

핫탠은 노래, 음악, 춤 등으로 구성된 종합적인 공연예술이다. 공연자는 공연 도중 종합적인 연기자 역할을 하며, 제사의식을 진행하여야 한다. 핫탠에서는 음악이 주도적인 역할을 하며, 단띤Đàn Tính이라는 악기가 사용된다. 단띤은 따이Tày족의 전통 현악기이며, 두 줄이나 세 줄로 된 현을 튕기면 정감 있는 부드러운 소리를 낸다. 이 악기의 틀은 낙엽송 관목으로 만들고 울림통은 수세미 껍질로 만든다. 단띤의 소리는 따이족의 전통적인 의사소통의 수단으로서 정신적으로 서로 결속시키는 역할을 하기도 한다.

단띤이라는 악기와 함께 노래하는 핫탠

●●● 참고문헌

국내문헌

곰돌이 CO.(2009),『베트남에서 보물찾기』, 아이세움.

권쾌현(2010),『아주 특별한 베트남 이야기』, 연합뉴스.

김재민 외(2005),『인사이드 베트남 앙코르 방콕』, 엘까미노.

김재민(2004),『인사이드 베트남』, 엘까미노.

김종욱(2005),「베트남 문화에 대한 이해」,『국제지역정보』제9권 제12호(통권 제149호), 한국외국어대학교 국제지역연구센터, pp. 79-83.

무경(2000), 박병희 옮김,『베트남의 신화와 전설』, 돌베개.

서인화(2010),「한국과 베트남 문화교류의 흐름에서 본 양국 전통음악 교류의 현황」,『민족문화논총』제46집, 영남대학교 민족문화연구소, pp. 583-609.

송정남(2010),『베트남 역사 읽기』, 한국외국어대학교출판부.

시공사 편집부 엮음(2011),『베트남』, 시공사.

완서(2000), 박희병 옮김,『베트남의 기이한 옛이야기』, 돌베개.

임홍재(2010),『베트남 견문록』, 김영사.

조영태(2012),『베트남에서 기회를 잡아라』, 매경출판.

장준영 외(2012),『Enjoy 베트남』, 넥서스 Books.

최병욱(2008),『베트남 근현대사』, 창비.

베트남 문헌

Cao Xuân Hạo(2001), Tiếng Việt - Văn Việt - Người Việt, Nxb Trẻ, TP HCM. Cao Xuân Hạo(2001),『베트남어-베트남 문학-베트남 사람』, 호치민 젊은이 출판사.

Cung Khắc Lược, Lương Văn Kế(2010), Đồng Vĩnh trịthủy - cổtích vềhậu duệcủa Đức Thánh Dóng // Ngôn ngữ văn hóa Thăng Long - HàNội 1000 năm, Nxb Thông tin và Truyền thông, HàNội, tr. 230-251. Cung Khắc Lược, Lương Văn Kế(2010).『Đồng Vĩnh trị thủy - 타잉종의 후손에 관한 전설』1000년의 탕롱 - 하노이의 언어와 문화, 하노이 정보통신 출판사. pp. 230-251.

Đại Việt sửkítoàn thư(1993), bản dịch, Nxb Khoa học Xãhội, HàNội. 대월사기전서(大越史記全書)(1993), 번역본, 하노이 사회과학 출판사.

Đặng Đức Siêu(2002), Hành trình văn hóa Việt Nam (giản yếu), Nxb Lao Động, HàNội. Đặng Đức Siêu(2002),『베트남의 문화과정』, 하노이 노동출판사.

Đặng Nghiêm Vạn(2003), Cộng Đồng quốc gia dân tộc Việt Nam, Nxb Đại học Quốc gia TP HCM. Đặng Nghiêm Vạn(2003),『베트남 민족과 국가 공동체』, 호치민 국가대학교 출판사.

Đặng Việt Thủy(Chủbiên) (Sưu tầm và biên soạn)(2008), Hỏi Đáp về lễ hội truyền thống hàng năm ởViệt Nam, Nxb QĐND, HàNội. Đặng Việt Thủy(엮은이, 2008).『베트남의 전통축제에 관한 문답』, 인민군대 출판사, 하노이.

Đinh Gia Khánh(1993), Văn hóa dân gian Việt Nam trong bối cảnh văn hóa Đông Nam Á, Nxb Khoa học xã hội, HàNội. Đinh Gia Khánh(1993),『동남아문화 속의 베트남 민간문화』, 사회과학 출판사, 하노이.

Đinh Xuân Lâm, Trương Hữu Quýnh (chủbiên)(2006), TừĐiển nhân vật lịch sử Việt Nam, Nxb Giáo dục, HàNội. Đinh Xuân Lâm, Trương Hữu Quýnh(엮은이, 2006),『베트남 역사인물 사전』, 교육출판사, 하노이.

HàVăn Tấn(2005), Đến với lịch sử văn hóa Việt Nam, Nxb Hội nhà văn, HàNội. HàVăn Tấn(2005),『베트남 역사와 문화로의 산책』, 작가협회 출판사, 하노이.

HàVăn Thùy(2006), Tìm lại cội nguồn văn hóa Việt, Nxb Văn học, HàNội. HàVăn Thùy(2006),『베트남 문화의 뿌리를 찾아서』, 문학출판사, 하노이.

Hội Khoa học lịch sử Việt Nam(1997), Người Việt Nam ở Triều Tiên và mối giao lưu văn hóa Việt – Triều trong lịch sử, Hội Khoa học lịch sửViệt Nam xuất bản, HàNội. 베트남 역사과학협회(1997),『한반도의 베트남 사람과 역사적인 월-조 문화교류』, 베트남 역사과학협회 출판, 하노이.

Hội Ngôn ngữhọc HàNội(2001), HàNội – những vấn Đề ngôn ngữ văn hóa, Nxb Văn hóa Thông tin, HàNội. 하노이 언어학회(2001),『하노이 – 언어와 문화』, 문화통신 출판사, 하노이.

Hội Ngôn ngữhọc HàNội(2004), Tiếng Hà Nội trong mối quan hệ với tiếng Việt và văn hóa Việt Nam, Nxb Lao Động, HàNội. 하노이 언어학회(2004),『하노이 언어와 베트남 언어, 문화와의 관계』.

Hội Ngôn ngữhọc HàNội(2007), Ngôn ngữ văn hóa Hà Nội, Nxb ĐHQGHN, HàNội. 하노이 언어학회(2007),『하노이 언어와 문화』, 하노이 국가대학교 출판사, 하노이.

Hội Ngôn ngữhọc HàNội (2010), Ngôn ngữ văn hóa Thăng Long – HàNội 1000 năm, Nxb Thông tin và Truyền thông, HàNội. 하노이 언어학회(2010),『1000년의 역사를 간직한 탕롱 – 하노이의 언어와 문화』, 정보통신출판사, 하노이

Jeon Hye Kyung(2007), Nghiên cứu so sánh truyện cổHàn Quốc và Việt Nam thông qua truyện Sựtích con muỗi, Con bò(Hàn Quốc), Con trâu(Việt Nam)// Hội thảo khoa học Hiện trạng và triển vọng giao lưu văn học trong quan hệ phát triển năng Động giữa Hàn Quốc và Việt Nam. Hội Giáo dục tiếng Hàn và Nghiên cứu Hàn Quốc tại Việt Nam – Hội Ngôn ngữhọc Việt Nam, Tạp chí Ngôn ngữvàĐời sống, HàNội, 21/12/2007, tr. 61–76. 전혜경(2007),「베트남과 한국 설화 비교연구, 한국의 모기, 소 기원담과 베트남의 물소 기원담을 중심으로」, '베트남과 한국의 능동적인 관계발전에 있어서 문학교류의 현황과 전망' 학술대회. 베트남 언어학회 – 베트남에서 한국연구와 한국어교육학회, 하노이, 2007/12/22, pp. 61-76.

Jeon Hye Kyung(2004), Nghiên cứu so sánh tiểu thuyết truyền kì Hàn Quốc – Trung Quốc – Việt Nam, Nxb Đại học Quốc gia HàNội. 전혜경(2004), 『한국–중국–베트남 설화 비교연구』, 하노이 국가대학교 출판사.

Jeon Hye Kyung (2005), Nghiên cứu so sánh truyện cổ Hàn Quốc và Việt Nam thông qua tìm hiểu sự tích Động vật, Nxb Đại học Quốc gia HàNội. 전혜경(2005), 『한국과 베트남의 설화비교연구: 동물기원담을 중심으로』, 하노이 국가대학교 출판사.

LêBáThảo(2001), Việt Nam – Lãnh thổ và các vùng Địa lí, Nxb Thếgiới, HàNội. LêBáThảo(2001), 『베트남 – 영토와 지역』, 세계 출판사, 하노이.

Léopold Cadière(1997), Về văn hóa và tín ngưỡng truyền thống người Việt, Nxb Văn hóa thông tin, HàNội. Léopold Cadière(1997), 『베트남 사람들의 전통신앙과 문화』. 문화 통신 출판사, 하노이.

NgôĐức Thọ(chủbiên)(2007), Từ Điển di tích văn hóa Việt Nam (tổng hợp tưliệu thư tịch Hán Nôm), Nxb Từ Điển bách khoa, HàNội. NgôĐức Thọ(엮은이)(2007), 『베트남 문화유적 사전(한–놈 자료)』, 백과사전 출판사, 하노이.

Nguyễn Du(thếkỉXIX), Truyện Kiều(Trần Nho Thìn, Nguyễn Tuấn Cường khảo dị, chú thích, bình luận, 2007), Nxb Giáo dục, HàNội. Nguyễn Du(19세기), 『쭈엔끼에우(Trần Nho Thìn, Nguyễn Tuấn Cường)에 의해 해석과 평론』 (2007), 교육 출판사, 하노이.

Nguyễn Duy Hinh(1999), Tư tưởng Phật giáo Việt Nam, Nxb Khoa học Xã hội, HàNội. Nguyễn Duy Hinh(1999), 『베트남 불교사상』, 사회과학 출판사, 하노이.

Nguyễn Khắc Thuần(2007), Tiến trình văn hóa Việt Nam(từ khởi thủy Đến thếkỉXIX), Nxb Giáo dục, HàNội. Nguyễn Khắc Thuần(2007), 『베트남 문화여정(기원부터 19세기까지)』, 교육 출판사, 하노이.

Nguyễn Khắc Viện(1993), Tâm tình Đất nước. Nxb Khoa học Xãhội, HàNội, 2007. Nguyễn Khắc Viện(1993), 『국가 이야기』, 사회과학 출판사, 2007.

Nguyễn Quang Ngọc(chủbiên)(2008), Tiến trình lịch sử Việt Nam, Nxb Giáo dục, HàNội. Nguyễn Quang Ngọc 외(2008), 『베트남 역사여정』, 교육 출판사, 하노이.

Nguyễn Tài Thư(Chủbiên), Hà Thúc Minh, HàVăn Tấn, LýKim Hoa, Minh Chi

(1991). Lịch sử Phật giáo Việt Nam, Nxb Khoa học Xãhội, HàNội. Nguyễn Tài Thư(엮은이), Hà Thúc Minh, Hà Văn Tấn, Lý Kim Hoa, Minh Chi (1991), 『베트남 불교역사』, 사회과학 출판사, 하노이.

Nguyễn TừChi(2003), Góp phần nghiên cứu văn hóa và tộc người, Nxb Văn hóa dân tộc, HàNội. Nguyễn TừChi(2003), 『문화와 인종 연구』, 민족문화 출판사, 하노이.

Nguyễn Văn Huyên(2005), Văn minh Việt Nam, Nxb Hội nhàvăn, HàNội. Nguyễn Văn Huyên(2005), 『베트남 문명』, 작가협회 출판사, 하노이.

Nguyễn Xuân Hòa(2001), Những Địa danh sông nước, biểu tượng văn hóa của Thăng Long - HàNội qua ca dao, tục ngữ// HàNội - những vấn Đềngôn ngữvăn hóa, Nxb Văn hóa Thông tin, HàNội, tr. 138-151. Nguyễn Xuân Hòa(2001), 『민요와 속담을 통한 탕롱-하노이의 지명과 문화상징』// 하노이 - 언어와 문화, 문화통신 출판사, 하노이.

Nguyễn Xuân Hòa(2007), Hình tượng các con vật trong thành ngữ, tục ngữtiếng Hàn nhìn từ góc Độ ngôn ngữvăn hóa (có liên hệvới tiếng Việt) // Hội thảo khoa học Hiện trạng và triển vọng giao lưu văn học trong quan hệ phát triển năng Động giữa Hàn Quốc và Việt Nam. Hội Giáo dục tiếng Hàn và Nghiên cứu Hàn Quốc tại Việt Nam - Hội Ngôn ngữhọc Việt Nam, Tạp chí Ngôn ngữ và Đời sống, HàNội, 21/12/2007, tr. 61-76. Nguyễn Xuân Hòa(2007), 「문화와 언어학의 시각으로 본 한국어 속담의 동물 상징(베트남어와 비교하여)」// '베트남과 한국의 역동적인 관계발전에 있어서 문학교류의 현황과 전망' 학술대회. 베트남 언어학회, 언어와 생활 잡지, 하노이, 2007/12/22, pp. 61-76.

Nhiều tác giả(1996), Tương Đồng văn hóa Hàn Quốc - Việt Nam, Nxb Văn hóa thông tin, HàNội. 공동저자(1996), 『베트남과 한국문화의 유사점』, 문화통신 출판사, 하노이.

Nhiều tác giả(1997), Văn hóa nghệthuật Nam bộ, Nxb Văn hóa thông tin, HàNội. 공동저자(1997), 『남부의 문화예술』, 문화통신 출판사, 하노이.

Nhiều tác giả(1999), Những vấn Đề văn hóa Việt Nam hiện Đại, Nxb Giáo dục, HàNội. 공동저자(1999), 『현대 베트남 문화의 성향』, 교육 출판사, 하노이.

Nhiều tác giả(2002), Văn hóa, xã hội vàngôn ngữ Hàn Quốc, Nxb Đại học Quốc gia TP HCM. 공동저자(2002),『한국의 문화, 사회, 언어』, 호치민 국가대학교 출판사.

Niculin N. I.(2006), Dòng chảy văn hóa Việt Nam, Nxb Văn hóa thông tin, HàNội. Niculin N. I.(2006),『베트남 문화의 흐름』, 문화통신 출판사, 하노이.

Phạm Đức Dương(2007), Bức tranh ngôn ngữ- văn hóa tộc người ởViệt Nam vàĐông Nam Á, Nxb Đại học Quốc gia HàNội. Phạm Đức Dương(2007),『베트남과 동남아의 인종문화와 언어』, 하노이 국가대학교 출판사.

Phạm Quỳnh(1922~1932), Tiểu luận viết bằng tiếng Pháp trong thời gian 1922-1932, Nxb Tri thức, 2007. Phạm Quỳnh(1922~1932),『1922~1932년간 프랑스어로 작성된 소논문』, 지식 출판사, 2007.

Phan KếBính(2005), Việt Nam phong tục, Nxb Văn hóa Thông tin, HàNội. Phan KếBính(2005),『베트남의 풍습』, 문화통신 출판사, 하노이.

Phan Ngọc(2002), Bản sắc văn hóa Việt Nam, Nxb Văn học, HàNội. Phan Ngọc(2002),『베트남 문화의 특색』, 문학 출판사, 하노이.

Tổng cục Du lịch Việt Nam - Trung tâm Công nghệThông tin Du lịch(2006), Non nước Việt Nam. Sách hướng dẫn du lịch, HàNội. 베트남 관광총국- 관광 정보 통신 기술 센터(2006),『베트남』. 관광 안내책, 하노이.

Trần Ngọc Thêm(2004), Tìm về bản sắc văn hóa Việt Nam, Nxb Tổng hợp TP HồChíMinh, TP HCM. Trần Ngọc Thêm(2004),『베트남 문화의 특징을 찾아서』, 호치민 시 종합출판사, 호치민 시.

Trần Quốc Vượng(2000), Văn hóa Việt Nam - Tìm tòi và suy ngẫm, Nxb Văn HoáDân Tộc, HàNội. Trần Quốc Vượng(2000),『베트남 문화의 이해와 성찰』, 민족문화 출판사, 하노이.

Trần Quốc Vượng(2009), Trên mảnh Đất ngàn năm văn vật, Nxb HàNội, HàNội. Trần Quốc Vượng(2009),『하노이의 천년문화유산』, 하노이 출판사, 하노이.

Trần Quốc Vượng(2010), Đất thiêng ngàn năm văn vật, Nxb HàNội, HàNội. Trần Quốc Vượng(2010),『천년문화유산의 성스러운 대지』, 하노이 출판사, 하노이.

Trần Trọng Kim(1921), Việt Nam sửl ược, Nxb Tổng hợp TP HồChíMinh, TP HCM, 2005. Trần Trọng Kim(1921), 『베트남 사략(越南史略)』, 호치민시 종합출판사, 호치민 시, 2005.

Trần Văn Giàu(2001), Văn hóa Thăng Long thời Đại Lý - Trần // HàNội - những vấn Đềngôn ngữvăn hóa, Nxb Văn hóa Thông tin, HàNội, tr. 9- 33. Trần Văn Giàu(2001), 『이왕조와 쩐왕조의 탕롱문화 - 하노이의 언어와 문화』, 문화통신 출판사, 하노이, p 9~33.

Trương Chính, Đăng Đức Siêu(1978), Sổ tay văn hóa Việt Nam, Nxb Văn hóa, HàNội. Trương Chính, Đăng Đức Siêu(1978), 『베트남 문화의 가이드북』, 문화출판사, 하노이.

Trương Thìn(chủbiên)(1996), Văn hóa phi vật thể xứ Huế, Nxb Văn hóa Thông tin, HàNội. Trương Thìn(엮은이, 1996), 『훼 지역의 무형문화』, 문화통신 출판사, 하노이.

Viện Triết học(1994), Nho giáo tại Việt Nam, Nxb Khoa học xãhội, HàNội. 철학원(1994), 『베트남의 유교』, 사회과학 출판사, 하노이.

VũNgọc Khánh(chủbiên)(2001), Làng văn hóa cổ truyền Việt Nam, Nxb Thanh Niên, HàNội. Vũ Ngọc Khánh(엮은이, 2001), 『베트남의 전통문화 마을』, 청년 출판사, 하노이.

VũTựLập (chủbiên)(1991), Văn hóa vàcưdân Đồng bằng sông Hồng, Nxb Khoa học xãhội, HàNội. VũTựLập(엮은이, 1991), 『홍하 삼각주의 인구와 문화』, 사회과학 출판사, 하노이.

찾아보기

ㄱ

ㄴ

ㄷ

ㄹ

ㅁ

ㅂ

ㅅ

ㅈ

ㅍ

ㅎ

A

B

C

D

E

F

G

H

I

J

K

O

P

Q

R

S

T

U

V

W

X

Y